山东省推进县域教育特色化发展研究成果

追寻真正的教育

苗成彦　著

南海出版公司
2019·海口

图书在版编目（CIP）数据

追寻真正的教育 / 苗成彦著. -- 海口 : 南海出版公司, 2019.10
ISBN 978-7-5442-9666-3

Ⅰ. ①追… Ⅱ. ①苗… Ⅲ. ①中小学－校长－学校管理－文集 Ⅳ. ①G637.1-53

中国版本图书馆CIP数据核字（2019）第197854号

ZHUIXUN ZHENZHENG DE JIAOYU
追寻真正的教育

著　　者　苗成彦
责任编辑　余　靖
出版发行　南海出版公司　电话：（0898）66568511（出版）
（0898）65350227（发行）
社　　址　海南省海口市海秀中路51号星华大厦5楼　邮编：570206
电子信箱　nhpublishing@163.com
经　　销　新华书店
印　　刷　北京永顺兴望印刷厂
开　　本　710毫米×1000毫米　1/16
印　　张　17.75
字　　数　284千
版　　次　2019年10月第1版　2019年10月第1次印刷
书　　号　ISBN 978-7-5442-9666-3
定　　价　58.00元

序

随着时代的进步，教育对于人和社会发展来说，其价值显得越来越重要。那么，什么是教育？爱因斯坦说过，教育就是当一个人把学校所学全部忘光之后剩下的东西。对照这一结论，反思现行的学校教育，我们到底有没有给学生留下一点儿终身受用的东西？

教育作为一种特殊的社会实践活动，根本在于它的对象是人，是学生。教育要按照人的成长规律，一切服务于人的成长，最终指向人的全面发展和人生幸福，因此，教育的本质在于确立人在教育中的崇高地位，让教育成为人的生命和心灵发育成长的过程。临沂的优秀校长们面对既管理又教书育人的教育领域，用先进的办学思想和智慧，为师生找到向往学校的理由。这些学校在素质教育的办学探索中，立足当下，关注未来，着眼学生的长远发展，为学生留下难以忘怀的美好记忆，充分反映了校长们对真教育求索的轨迹，办出了教育的“味道”，体现了学校教育向本真教育的回归。

那么，什么是真正的教育，什么是好的教育？对于这些问题的回答，关键在于是否坚持以社会主义核心价值观为指导，能否坚持素质教育的办学思想，校长是否拥有高远的教育情怀，始终如一地追寻真正的教育，为每个学生的终身可持续发展负责。

正因如此，探寻真正的教育，可以从素质教育那里找到答案，就是说，真正的教育就是素质教育，就是对党的教育方针的全面贯彻与执行。素质教育的核心是解决培养什么人，怎样培养人的问题。素质教育旨在提高国民素质，更加契合教育精神，符合教育规律，这也正是对教育原点的回归。教育是灵魂的塑造、道德的陶冶、人格的历练、思维的启迪、心理的健全、意志的强化、习惯的养成、体质的锻炼、技能的提高、知识的积累、潜能的发现和培养，等等。

这才是素质教育的目标任务所在。

德国哲学家海德格尔认为，以什么为职业，在根本意义上，就是以什么为生命意义之寄托。画家以绘画为生命意义之寄托，农人以在大地上耕作为生命意义之寄托，而作为一名教师，也就意味着把真正地理解教育，做真正的教育作为自己一生意义之寄托。朱永新教授把教师行业分为职业、事业和志业三个境界。他认为，只有教师把教育作为志业时，才会把工作视为生命意义之旨归，职业与生命融为一体。① 这些校长从生命内在力量出发，着眼于人的完整发展，找准基础教育综合改革的切入点，努力创造适合学生发展的教育；这些校长坚持基于生命，为了生命，回到生命，拥有对教育意义的深刻理解和执着信念，通过学生的发展，使自己的事业和生命得以丰富补充，不断实现自己的人生价值和人生幸福，进而迈向更高的人生境界。

我们认为，要实现真正的教育，就要坚持学生立场，基于生命，为了生命，回到生命，创办适合学生发展的多样化教育，充分满足青少年学生各方面的发展需求，促进学生德智体美等方面全面发展。

怎样办真正的教育？不同的人拥有的价值观不同，不同的价值观决定了办学者的不同办学方式。本书中的15位校长立足本校实际，充分挖掘学校历史文化和优势资源，推崇个性化办学，在特色化办学实践中努力“寻找属于自己的句子”，不断凝练形成学校教育哲学，在学校教育供给侧改革中先行先试，走出了极不平凡的一步。

多年来的改革，临沂形成了一大批具有鲜明办学特色的中小学校长，这是临沂教育的骄傲。在这个优秀的群体中，既有一批历史名校，它们与时俱进，学校又焕发出新的生机与活力，也有一批原来并不知名的学校，借助教育科研的春风，成为新的“名校”。这些名校办学成功的共同特点，就是校长都有自己的办学主张，构建积极而独特的学校文化，让每个人拥有对美好教育的追求。在这个优秀的群体中，一些校长站在时代的制高点上，用较高的教育领导力推进学校教育机制创新，办出了立体生态的美好学校；一些校长将自己的人格魅力渗透日常的管理工作中，公平公正，追求卓越，带出了一支素质优良的

---

① 朱永新.什么是真正的教育[M].福州：福建教育出版社，2010.

师资队伍；一些校长善于以课程改革为契机，撬动学校整体改革，让学校焕发出立德树人的育人魅力；一些校长始终突出德育在教育中的核心地位，带动学校综合改革，探索出以德育人的办学新路；一些校长抓住学生整体性发展的关键环节，推动学段衔接和学科融合的双线育人改革，整体推动了学生的可持续发展和学校教育的根本转型，某种程度上有效解决了教育发展不平衡不充分的问题。

把这些校长的办学经验、办学智慧研究、挖掘出来，并让这些智慧和典型在临沂基础教育的新一轮发展中发挥引领作用，是我们研究者的重要职责。随着基础教育发展的转型，我们的教研科研也引发随之转型，教研工作需要宽阔的视野，要在更完整的意义上去研究教学改革和发展问题，既能立足于教材教法，又能关注到教学的全过程，考虑到教学质量的全要素。同时，教研工作既要面向课堂、学生、教师，还要对学校的整体发展，进行整体设计、规划引领。从而实现由单纯的关注教材教法研究向加强对教学质量的全要素研究以及服务区域及学校发展转变。[①] 教研方式要由一事一研、一科一研等单一的方式向发现、总结、提炼、推广的方式转变。本书以独特的视角和思维，将校长的办学智慧和办学典型作为研究对象，通过发现、总结、提炼、推广等方式，形成基础教育阶段优质办学的成果，也可作为基础教育课程改革的成果。作者的愿望是：让这些校长的智慧和办学成果在临沂市中小学新一轮基础教育课程改革的中焕发出新的光彩，发挥出聚变式的效应。我完全同意作者的想法，赞同作者的做法。希望新时代的校长们博采众长，站在巨人的肩上，创造出更加辉煌的业绩，把临沂的基础教育引向一个新的高度。

是为序。

宋玉良作于临沂琅琊

2019 年 5 月

---

① 田慧生．由传统教研转向现代教研 [N]. 中国教育报，2014-03-05.

绪 论

这是深入探讨学校素质教育的一本书，也是个人多年来教育研究的一项成果，算是献给中华人民共和国成立 70 周年的纪念礼物。

素质教育从 20 世纪 80 年代提出；90 年代，素质教育在全国开始深入、持续推进；2010 年 10 月，《国家中长期教育改革和发展规划纲要》提出“全面实施素质教育”，并把“坚持德育为先、坚持能力为重、坚持全面发展”作为教育改革发展的战略主题①；十九大又将“发展素质教育”写入党章。2018 年，素质教育再次成为全国亿万人民关注的热点与焦点，再次将素质教育这个主题推向一个新高度，充分体现了党和国家坚定推行素质教育的信念和决心。

素质教育之所以受到党和国家的高度重视，因为素质教育符合人的全面发展规律，体现党和国家的教育意志，符合人民群众对美好教育生活的需求。素质教育首先回答“培养什么人，怎样培养人，为谁培养人”的根本问题，它立足人的全面发展，将学校教育的变革着力点聚焦于人才培养模式改革，坚持立德树人，为中国特色社会主义培养全面发展的建设者和接班人。笔者认为，落实立德树人任务的根本途径就是全面实施素质教育。本书优选 15 位校长的先进办学经验，就是这些典型学校实施素质教育成功的见证，也是不忘初心，牢记使命，矢志不移推进素质教育改革的最好说明。

时代发展到今天，中华民族更加接近人类社会美好梦想，更加接近实现“两个一百年”的奋斗目标。我们知道，人的全面发展是人类社会发展的伟大梦想和价值追求，而素质教育将“全面发展的人”这一培养目标作为一条主线贯彻始终，体现着全体人民对全面发展理想的追求，也是中华民族和中国人民亘古不变的价值追求。

---

① 国家中长期教育改革和发展规划纲要(2010—2020 年) [N]. 人民日报，2010-07-30(13).

尽管不同的时代对人才发展有不同的标准，实施素质教育的路径和策略有所不同，素质教育的内容和要求当然要与时俱进。但素质教育永远不会改变和动摇。然而，多年来，在素质教育与应试教育的不断博弈中，素质教育虽然取得可喜的成果，但依然是难以推行、难以落地。为什么？笔者认为，除了受功利化思维、片面人才观和社会传统文化影响等客观因素之外，教育者缺乏科学教育观、教育素养不高、缺乏教育常识、思想观念保守等问题，是素质教育不能全面深入推进的根本原因。所以，要全面实施素质教育，首先要对教育者实施素质教育。要克服素质教育停留在口头，杜绝应试教育倾向，准确把握素质教育内涵本质；要在观念、理念方面跟上时代发展的步伐；要克服停留浅层、碎片化，对素质教育系统进行顶层设计、整体规划等，形成一系列的整体推进思路和策略。

笔者从事教学和教育研究 31 年，不断用自己的实践努力践行素质教育，试图改变教育不科学、教育存在的乱象，用自己的微薄之力，为国家、民族，为中国梦的实现做出应有的贡献。作为一名教育者，首要的职责就是发挥自己的优势，拿起奋进之笔，发现好、挖掘好、提炼好、推介好素质教育典型，努力贯彻好十九大精神。

教育的根本宗旨是“使人成为真正的人”，教育改革的使命是让每位学生向往美好，让教育中的每个人过一种幸福完整的生活。教育培养的人既然是完整的生命存在，因此教育也应是完整的，要关注人的整体性发展，为学生发展创造良好的环境，引导他们构建完整的精神世界、智慧的知识世界、完整的生活世界，促进人的全面发展理想的实现①。

如何更好地发现、提炼和推介素质教育典型学校、校长、教师，让我倍感重任在肩。笔者依据素质教育的标准与要求，寻寻觅觅，寻找真正的教育，真正的好学校。从多年的发现、研究和实践中，在深度推进素质教育实验中，选择 15 所代表性的学校和学校校长，对他们的办学理念、实践探索及其成功经验进行挖掘和提炼，对学校办学发展过程、师生生活方式、管理方式等情景进行充分的还原，较真实地再现这些学校办学的原生态，挖掘典型中蕴含的素质教

① 张旺．人的类生命与素质教育 [J]. 教育研究，2010(8).

育，发现一批典型，树立一批标杆，将他们取得的先进办学经验等及时传达出去，帮助更多学校在实施素质教育实践中学有榜样。

教育现代化关键是人的现代化。这 15 位校长拥有高远深厚的教育情怀，坚持学生立场，坚持一切为了学生，为了学生一切，把学生的健康和全面发展作为办学的最高追求。在路径选择上，这些学校紧紧围绕立德树人这个核心，对学校特色课程改革、德育创新、管理与活动的主题性改造、课堂文化建设名师队伍建设、发展性教育评价以及学段衔接、家校协作办学，特色创建等进行了不懈的探索，无论怎么改、怎么变，改到什么样，都最终坚持“是否为了学生的健康成长”这一唯一标准进行研判，并将其作为检验改革成效的试金石。

这 15 位校长从教育的逻辑起点出发，他们不忘初心和使命，按照的人的发展目标系统设计规划教育主题，坚决制止学校办学中“半教育”“知识教育”或“工具教育”现象的出现。他们认为，教育应该是完整的、不应是残缺的。他们对待每一个教育细节，都从关系学生全面发展、终身发展的角度，思考身体健康教育、作息制度、心理素质培养、活动开展、应试技巧等方面的主体设计问题；他们或许从规则意识、协作做事，学会沟通，将来在社会和岗位如何、如何进行职业规划等细微处，思考学生未来可持续发展的问题，这些学校在他们的带领下，用自己科学的办学实践成果，验证了“好的教学成绩是素质教育实施的副产品”的结论。同时，也是他们坚守素质教育，培养完整人的有机组成。所以，我们的教育必须回归本真，从生命的内在力量出发，用心办完整的教育，构建有道德的学校生活。

这 15 位校长扎根沂蒙大地，深入挖掘沂蒙文化、沂蒙精神蕴含的社会主义核心价值观和红色基因，用真心办真教育；他们大胆改革，有思想见地、教育智慧和实践智慧，他们身上拥有很强科学研究能力和较高的教育领导力。这 15 位校长用自己的思想和切身的实践，坚持素质教育办学，对什么是好教育、什么是好学校，做出了较为精准、铿锵有力的回答。他们很受笔者的感佩，同时更受广大教育者和教师的敬佩，从他们身上可以汲取到大量有益的办学经验和办学方略，为学生的全面发展办真教育，并取得了令人满意的办学成果。

综上，本书从教育逻辑起点、机制创新、德育改革、特色化办学等方面，较为系统地阐述了素质教育办学追求的目标、实施原则和实践路径，具有全面性、系统性、专业化、科学性的特点。本书坚持以马克思主义关于人的全面发展理论为指导，坚持教育的理想与现实结合、理论与实践结合、简单与复杂结合、个别与整体结合等，对 15 所学校的办学系统加以概括，具有很大的启发意义和创新价值，既能与名校长在更高平台上实行对话，也能给新校长、新教师朋友，提供可资借鉴的先进办学经验和实践路径，共同为深度推进素质教育注入力量。

从教以来，笔者一直推崇素质教育，潜心研究素质教育，努力践行素质教育，素质教育现已经成为个人的生活方式和观察教育、看待社会的世界观和方法论。笔者曾赴江浙名校参观考察，感动于这些名校素质教育办学的力量和品位，悟到“教育其实很简单”之道。笔者认为，兴办名校、培养人才，只要抓住办学的核心价值观，教育人的素养提升起来，学生的素质培养起来，办出一流的名校，创新人才大量涌流，就是很自然的事情了。出版本书，既是广大读者的期盼和校长的愿望，也是笔者个人理想落地的一次行动。希望这本书的出版，能与更多的学校共同书写素质教育的“得意之作”。

目　录
CONTENTS

第一章　教育的逻辑起点与本真教育回归

导　言

什么是教育，教育的价值意义是什么？

教育是人的教育，而人是有生命的。因此，教育是关于促进每个人生命和谐发展的社会实践活动。真正的教育应该从生命的整体出发，而绝不能从知识的、道德的、技能的等单一维度出发，导致人的片面的、畸形的发展。学校教育应该以人的生命为起点，遵循生命成长的内在逻辑办学，坚持人学立场，尊重每一个生命及其内在成长的规律，让每个人按照其生命成长的内在逻辑茁壮成长，进而在为中国特色社会主义培养合格人才的同时，促进每个人的全面发展。

学校办学要坚持以学生发展为中心，依靠师生，为了师生，全心全意为学生健康成长服务。临沂册山中学李思栋校长带领师生从教育逻辑起点出发，坚持以人为本，以“尊重人、发展人、完善人”为育人的根本宗旨，坚持以“开启智慧，润泽生命”为办学理念，把爱与创造作为教育的起点，积极探索新人本教育的办学规律，以共同体建设作为校本管理创新总抓手，以学术委员会制度、学科首席教师制度、班教导会制度、教育议事会制度为支撑，以课程整合改革为根本路径，着力打造“一体两翼”学校特色建设工程，为学生提供适合的发展平台。老师和学生共同成长，幸福生活，快乐工作，快乐学习，放飞自由的梦想，舒展着自由的个性，享受因创造带来的愉悦体验。

教育的最终目的是每个人在接受适合教育的基础上，获得自身潜能的最大解放，实现个人全面发展的最大可能，从而实现对美好生活的需求的目的。临沂市沂南县第三中学原校长袁俊会带领学校师生共同推进全人教育研究与实验，从关注学生思想、个性、情感、思维、兴趣、健康、知识等生命整体出发，用全人教育思想办教育，促进了城乡教育一体化发展和区域教育高位均衡发展。袁俊会认为，只有当教育全面观照学生的整全生命，实现由“半人”教育转变为全人教育时，我们的教育才能把学生培养成为某一种人，自我实现的目标才可能达成。

教育就是服务。沂南三中坚持以“办全人教育，育全面发展之人”为根本宗旨，做到教育活动的设计始终保持与学生生命成长的节律合拍，为学生提供课程服务，让每个学生都成为某一种人；教育就是发现。学校教育让每个人在参与中体现自身生命价值的力量，为学生一生的成长担当，让受过教育的人达致自我实现的境界。教育本来就是“整体人”的教育。教育的目的使学生成为完整的人，即养全人之德，育人格健全之人。三中人认为，教育是一场人生“马拉松”接力赛，从一程接过一程。要求教育者学会终点的思考，教学生三年想学生一生。人生需要规划，教育衔接要做好前伸与后延这篇文章。他们坚信，唯有教师心怀生命整体做教育，才能促成学生走向完整的人。多年来，这些学校用素质教育办学成果证实了好的教育关注学生的全人发展，好学校是培育全人学校的论断。

“有教无类”“因材施教”，是千百年来人类伟大的夙愿。宏观意义上的教育均衡，往往是区域之间、校际之间的均衡，而微观意义的均衡则是学校内部班级之间、教师之间和学生群体之间有内涵、高品位的均衡发展。临沂第二十二中学在李凯校长带领下，以促进人的生命完整成长为根本价值追求，坚持“人人成长，个个成功”的办学方向，以“生命•实践”教育特色促进学生主动健康成长。他们把学生个体生命成长需求，作为学校深度变革的逻辑起点，立足课堂，把成长权还给每一个学生；他们关注学生生活，从不怀疑每个孩子身上潜藏的能力，让校园里每个人有尊严地成长，想方设法让每个孩子成长得最好。李凯认为，只有教师的完整发展，才有学生的主动健康成长。他们搭建平台，不断优化教育要素和师生成长方式，让教师和学生一起成长、让教师和学校共同发展，校园里每一个人都体验着生命成长的幸福与快乐，每个人都不断实现着从超越走向卓越的理想。二十二中人以坚韧的毅力、超拔的智慧、坚守改革的文化精神，用智慧启迪智慧，用灵魂唤醒灵魂，用人格润养人格，将每一个学生的成长权和学习权还给他们，让他们不因性别、年龄、民族的差异而得到最优发展，从而实现了“人人成长，个个成功”的深度均衡，走上了一条“让教师、学生和学校生态和谐发展”的办学新路。

柏拉图认为，教育就是使人成为人。只有坚持素质教育办学方向，坚持人学立场，以立人、成就全人、和谐发展为办学目标，以“心怀生命，成就全人”的教育情怀，不断“开启智慧，润泽生命”，努力唤醒教育的生命内在力量，共同营造“和合共生，守正出新”的教育生态。唯有如此，才能实现教育的本真回归与发展，促进人的全面发展目标的实现。

一、离真正的教育近些、再近些

——姜怀顺校长和他的“本真教育”

2010年春天，山东省淄博市张店区的数学老师们，听说了一位“神奇”的数学老师：

他只用40多节课的时间，就能带领学生完成初中三年的数学教材学习。

他从不布置课外作业，也没有一次加班加点。

他的学生，90%以上，都觉得数学很好玩、很有趣，学习数学不累。他所带的班级，平均成绩位列级部第一，优秀率也是最高的……

张店区的数学老师向领导请求：“什么时候咱能够亲自去他的课堂看一看？”机缘巧合，他们听到了这位老师一节课，所有人啧啧称奇：“这样的课，别说我们亲眼见了，就是听也没听说过！”

依旧在这所学校里，有位年轻教师。她工作仅五年，却摸索出了一套独特的教育教学方式：一学年完成初中三年语文教材的教学，剩余时间，便与学生共同研读莎士比亚。

孩子们乐此不疲，流连忘返，对名篇名著的阅读远远超过了其他班级，成绩也名列前茅。

济南市教科所一位领导听说此事，难以置信：农村孩子也能研读莎士比亚？

他悄悄到学校去考察，一堂《哈姆雷特赏析》让他惊叹不已：孩子们自信大方，侃侃而谈，分析人物透彻到位，准确细腻，“称得上是一流的学生、一流的课堂表现”。

赞叹之余，他产生了新的疑问：在巨大的升学压力之下，是什么让这所学校满怀勇气，引领教师拒绝做教材的奴隶、做教学进度和教学模式的奴隶？

抛弃掉外在的秩序、有序和浮华，实在是一件太不容易的事情。

2009年，教育部一位领导曾到这所农村初中——山东省临沂第二十中学视察，她连说三个“没想到”：“没想到这所学校会有这么好的精神状态，没想到这所学校会有这么高的办学品位，没想到这所学校的个性优质课堂这么精彩！”

“许多老师都力图给学生一个完整的知识世界，没承想，反倒把自己和学生给淹没了”

张店区拜访的数学老师，名叫刘建宇，如今是临沂二十中的副校长。

不同于时下的许多老师，想方设法把知识又快又准地教给学生，刘建宇却反其道而行之，做着一件看上去不可思议的事情：讲知识之间的联系，讲数学学科的基本思想，而不是对教材上的知识亦步亦趋。

一节初一的常态课《如何学，是为了更会学》，把他对数学教学的思考表现得淋漓尽致。

刘建宇问：“平行四边形的性质和判定，大家会吗？”学生说，不会。

“为什么不会？”“老师，我们还没学过呢。”

“没学过就不会吗？这节课，我带着大家把前面的知识复习一下，虽然没学过平行四边形的性质和判定，但我认为，你们也会。大家信不？”

“不信！”学生们笑着，嚷嚷起来。

“那咱们试一试。同学们，判定等腰三角形的时候，有哪些方法？”学生七嘴八舌，说得非常流利：两边相等，两角相等以及一个角的角平分线、该角对边上的高、中线等三条线合一。看来，对等腰三角形的判定，他们掌握得不错。

“我提一个问题，三角形的内角和为180°，假若我说，内角和为180°的三角形为等腰三角形，对不对？”

在学生看来，这个问题太“小儿科”。他们异口同声，立即否定。

刘建宇没有停止，而是追问下去：“大家想一想，为什么不对？之前你们说的等腰三角形判定方法，依据又是什么？”

学生们陷入沉思。过了一会儿，一些学生率先醒悟。

“所有三角形的内角和都是180°，所以，不能据此判定一个三角形是否是等腰三角形。但是，两个边相等的三角形，一定是等腰三角形，其他两个判定方法也是如此。”

“这就对了。刚才同学们列举的判定等腰三角形的依据，都是等腰三角形独有的性质，而不是一般三角形都有的性质。”刘建宇一转身，在黑板上写道：“独有、都有。”

他说：“等腰三角形独有的性质，就是一般三角形不具有的性质，我们可以称它为特殊的性质。找到了特殊性质，就找到了判定方法。对三角形如此，对其他图形也是如此。”随即，他板书道：“特殊、一般。”

学生们这下明白了：“原来，所谓的判定，就是找出它的特殊之处，是相对于一般而言的。”

接下来的课，顺风顺水。怎么去判定平行四边形？只要找到相对于一般四边形而言的平行四边形的特殊性质就行了。

有的学生说：“我觉得应该是两个边相等，一般四边形没有这个性质，我觉得可以作为平行四边形的判定。”

还有的说：“两条对角线平分的四边形是平行四边形，因为一般四边形也没有！”

此时，学生不再是在学习特殊图形的判定方法，而是在探寻特殊图形的特殊性质。他们寻找着“特殊”，并为自己发现了这么好的方法而兴奋万分。

“具备了这种思路，再遇到特殊图形的判定，诸如梯形、圆等，能解决吗？”

“能——”

听到学生自信的回答，刘建宇会心地笑了。

但课上到这里，还远远不够。这不，新的问题又来了：“数学中有关一般和特殊的案例有很多，那么，一般和特殊的关系是什么？”

学生们一愣，初一的孩子还没这个思维啊。

刘建宇提示说：“等腰三角形是特殊的三角形，对它的判定是不是包含了一般三角形判定的所有方法啊？”

“是的！”

“但我们判定等腰三角形又有自己独特的方法。所以说，是特殊包含了一般。”

学生们恍然大悟。一位学生不觉高呼起来：“我明白了！特殊三角形包含了一般三角形所有的性质。平行四边形也包含了一般四边形的性质。而正方形则包含了矩形、菱形、平行四边形的所有性质！”

“哗——哗”，掌声一片。

“几何的性质判定遵循‘特殊包含一般’的规律，那代数是不是这样呢？”刘建宇随即板书了4道代数计算题：1.$(2x+3)(3x+5)$。2.$(3x+2)(3x+4)$。3.$(3x+2)(3x+2)$。4. $(3x+2)(3x-2)$。

“从第一题到第四题，存在什么关系？”刘建宇开始发问。

渐入佳境的学生发现，从第1题到第4题，越来越特殊。第4题是平方差公式。

学生们开始发言：“越是特殊的，计算的方法越多，凡是一般式子所用的方法，特殊的式子都能用；但特殊式子的特殊方法，一般式子是不能用的。”

“这是不是代数方法上的特殊包含一般呢？”刘建宇不失时机地提问道。

“是！”回答得特别响亮。

快要结束时，刘建宇问学生：“通过这节课，大家收获了什么？”

“老师，我觉得学数学重要的是去找联系，进行归类。”

“我认为，只要找到了方法，找到了规律，就能掌握学习之道！”

一节课，就这样轻轻松松地结束了。

然而，听课的老师却是心潮起伏。“内行看门道”，这短短的40分钟，竟然包括了常规教学中的几何6课时、代数4课时，即10课时的内容。

一个老师惊讶地说：“俺听你的课，又很短，又很长。讲它短，是觉得一节课很快就结束了，学习毫不吃力；讲它长，是学生有那么充裕的时间、学那么多的东西。”

她又说：“俺有次上课，教了整整一节课，连线段如何表示还没有讲明白，气得要命。”

刘建宇笑着对她说：“知识是人创造的，在创造的过程中，一定会遵循某种思维规律。教数学，就要找到知识中思维的痕迹，让学生掌握数学的基本思想。”

一言以蔽之，教材不过是个例子，知识服务于思想方法。

像《如何学，是为了更会学》一课里，知识是载体，知识被重组，让学生去领悟“特殊与一般的关系”这一基本思想。

在刘建宇那里，我们看到了他的教案，与教材大相径庭：第一课《数学运用之奇，联系推论之美》；第二课《感悟数学》；随后还有《a说：“你们对我了解多少”》《全等三角形在全局中的地位与作用》……

此时，初中三年的知识全部被打碎、被糅合。乍一看，知识的完整性没有了。但是，“我教给学生的是思想方法的完整性啊”！

“许多老师都力图给学生一个完整的知识世界，没承想，反倒把自己和学生给淹没了。”

只是，有多少老师能意识到这一点，并敢于去打破教材知识的权威与完整呢？几年前，临沂二十中曾召开大会，研讨“教什么”的问题。

很多老师不满意，认为是一种侮辱：“俺连教什么都不知道，还当什么老师？”

校长姜怀顺说：“你还真不知道！看看日常课堂，有多少人是在教教材，是在考什么教什么。弄不清楚‘教什么’这个教育的元问题，环节打造得再精美，知识教授得再流畅，也不过是个优秀的匠师。”

“三流的教师讲知识，二流的教师讲方法，一流的教师讲基本思想和方法产生的过程。对照这个标准，你做到什么程度了？”

会场上，老师们陷入了沉思。

真正的教学并不是观摩课上那些完美的环节

刚参加工作不久，王丽花就让年级主任很头痛：“这个‘小年轻’，怎么不按常规出牌？”

很多时候，王丽花的课堂太安静。学生们坐在座位上，不读教材，却捧着《莎士比亚全集》等课外名著；读书有了心得，就提笔写下，长短不拘、体裁不限，只需写出自己的真诚感悟即可。

还有些时候，课堂却像煮开了锅的饺子。学生们大声辩论、开心表演，好几次，声音大得连隔壁班的老师都忍不住提意见。

屡劝不改，年级主任一气之下，向校长姜怀顺反映情况：“教学环节没有了，模式没有了，教学常规也不遵守，教学质量怎么有保障？”

“可是，真正的教学并不是我们在观摩课上看到的那些完美的环节啊。教育，不过是把学生内心勾引出来的工具和方法。”王丽花轻轻几句话，一下子击中了姜怀顺的心，应和了他对知识和能力的看法。

记得前不久，他听了一节语文课，讲的是说明文《赵州桥》。

老师准备得很充分，讲得也非常精彩。

课后，姜怀顺问了老师一个问题：“这节课，你想让学生得到什么？”“要让学生得到说明文的方法，理解赵州桥是座伟大的桥啊。”

“你怎么让学生得到说明文的方法？”“他们知道了详略、重点、比喻、对比等手法，还知道了写作的顺序。”

可是，“这就转化为学生写说明文的能力了吗？”教师一考虑，对啊，当学生不会使用的时候，怎么能说他掌握了说明文的方法？没有活动，又怎么去呈现学生写说明文的能力？

此时，老师把无形的能力等同于有形的知识了。

有形的知识可以分析，而无形的能力无法拆分，也不能传授，只能靠学生的做和悟来加以把握。

如果用分析的方法去培养能力，就会像寓言里讲的那样，青蛙问蜈蚣：“你有上百条腿，是怎么走路的？到底是先迈哪条腿，然后动哪条腿的？”蜈蚣苦思不得其解，到最后，反而连路也不会走了。

“我们做的何尝不是青蛙的事呢？我们总以‘深挖’为借口，把课文搞得支离破碎，以为把文章从内容到写法都分析清楚了，学生就有了相应的能力，实际是一个极大的误区。”

姜怀顺问老师们，中国第一部研究语法的著作是《马氏文通》，写于1898年，在那之前，难道中国人的语文能力不好吗？“这就是知识和能力的区别啊！”

“王丽花不过是想通过《莎士比亚全集》，把学生带进一个学习和使用语言的世界，一个表达情感和形成价值取向的世界，一个用文学的特有思维方式来呈现生活的世界。她的关注点在能力，我们能不能静下心来，等待花开？”姜怀顺对年级主任说。

三年后，学生用成绩证明了姜怀顺的预测。王丽花带的两个班，入校时，语文成绩在全年级垫底；中考时却一跃为年级的二、三名。一下子，大家刮目相看。要知道，这是刚毕业的王丽花带的第一届学生。

“过去，我们常说‘教是为了不教’。原来，还有不教而教。”对王丽花的成长，许多老师很有感慨。不教而教的真谛何在？在于让学生在生机勃勃的、不强求一致的教育境界里，自我感悟，自我成长。

不久后，语文老师们聚在一起，商讨出了语文教学的六大策略：大阅读、大背诵、大演讲、大复述、大欣赏、大写作，目的就是超越教材，为学生能力养成创造条件。

学校语文教学的境观，为之一变。

孩子们爱上了语文，爱上了阅读，笔下也慢慢有了灵性：从最初的一两句话，到后来的提笔千言，有的学生甚至在班刊上连载小说，一次写作就在万字以上。

超越教材的关键，是把学科逻辑变成学生的认知逻辑

“就拿初中地理来说，教材上罗列着枯燥的知识，前面讲个问题，后面立即跟着答案，学生哪里有感悟和思考的空间？又哪里有从感性认识走向理性思考的路径？”地理教师上官景进从教 20 多年，不止一次思考过这个问题。

像《新疆》一章讲到坎儿井，不仅有示意图，还有很详细的解释。这不坏事儿了吗？“为什么不把示意图直接删掉，让学生设想自己是新疆人，该如何生存？能力必定是在探究中形成。”

为了实现自己的设想，去年，上官景进花了整整两个月的时间，重写《新疆》一章的教材。

在他自写的教材里，没有任何结论性的东西，只是用美丽的笔触介绍新疆：“高山与盆地相间，酷寒与奇热并存，冰川与火洲为邻，荒漠与绿洲相映。正是这种独特的地理外貌、气候特点，造化出新疆神奇的塞外风光……”

如诗如画的文字，吸引着学生，让他们对新疆这个神奇的地方产生了强烈的好奇心。抓住机会，上官景进抛出了问题："为什么新疆会呈现出这样的地理景观？""渤海水西调入疆可行吗？""在这么极端干旱的自然环境下，当地居民怎样才能生存下来？"……

学生们相互讨论着、质疑着。一节课结束，学生们跟在上官景进身后，叽叽喳喳："老师，地理真有趣儿！"

对学生的表达，不以己律人，不以成人化的观点和态度来评价

学生们很喜欢生物老师田宗秀。

因为她从来不拿学生的成绩说事儿。不管谁问她成绩，这个大眼睛的女老师眼睛更大了："我不记得哦。"随后，她补充道："我只记得孩子向我提出了什么问题。"她给我们看自己随身携的一个小本子，上面写满孩子们的问题："鱼的鼻孔是干什么的？""中国有狮子吗？"……

其中一个问题让田宗秀特别得意。那是学习"癌细胞可以无限分裂"的时候，一个学生提出来的："能不能利用癌细胞无限分裂的特征，让已经衰老的细胞重新分裂，让人长生不老呢？"

田宗秀遇到这个班的班主任，乐呵呵地表扬起了提这个问题的学生。没想到，班主任眉头一皱，说，这个学生调皮得很，老是问些不搭调的问题，哪有那么好！

田宗秀默然了。后来，她在教学日记中里写道："求学问，需学问，真正的好课，应当越讲学生的问题越多。"

可现实是，学生年龄越大，越提不出有意义的问题，最后连回答问题的积极性也没有了。

问题在哪里？

几年前，学校曾派田宗秀到华东师范大学学习。一个心理学故事让她感触颇深：科学家给一只初生的小猴子，做了两个假的猴妈妈。一个猴妈妈用铁丝做成，但有一个奶瓶；另一个猴妈妈是用温暖的绒布做成的，没有奶瓶。慢慢

地，科学家发现，小猴子只有在饥饿的时候，才会到铁丝妈妈那里；其他时候，都依偎在温暖的绒布妈妈怀里。

“这个实验里的奶瓶，不就像我们教给学生的知识吗？而我们给学生的情感，给他们的心理影响，就像绒布的温暖一样。同样的道理，在课堂上，学生希望学到知识，但他们更渴望得到情感上的回应与温暖。只有这样，学生才会感到放松、感到安全。只有当学生感到安全和放松时，他们才会敢于提问、敢于表达。”

如何让学生感到安全和放松？临沂二十中的老师想了不少的办法。

初冬到，临沂飘下了雪花。

学生们望着窗外，眼里是欣喜和渴望。语文教师吕金峰看在眼里，微微一笑，大手一挥：“走，我们到教室外面去！”

伴随着一阵欢呼声，学生们“飞”出了教室。操场上，有的学生迎着纷飞的雪花狂奔，有的漫步徜徉，还有的捧起雪花，任凭它在手中慢慢融化……

一个男生俨然忘记了寒冷，把外套一脱，来了个前空翻，又仰卧在雪地上，大吼一声。吕金峰一惊：“你咋了？”

“老师，我还想再脱下一件衣服。我就是感觉太爽，太爽了！”

渐渐地，学生们聚集到了吕金峰的身边。师生一边赏雪，一边开怀敞聊。

“谁愿意给大家讲讲自己看到的、想到的？”

“看花园的树木，挂满了雪花，让我不由得想起了‘忽如一夜春风来，千树万树梨花开’的美妙景象。”刚才在树下徘徊的学生，曼声说道。

“真是温婉细腻。”吕金峰颔许赞叹。

“刚才我大吼一声，任凭雪花落在身上，只是希望能扫去我这几天的郁闷，我那是兴奋，是发泄啊！”其他学生也抑制不住地表达自己。

“老师，我听到了地下小草的欢喜，它们急切盼望的棉被来了，可以过一个温暖的冬天了，不信您听。”

……

放下心防的学生，争相说出自己的感受。没有对错，没有高下，有的只是个性化的、多彩的表达。

等学生们说得差不多了，吕金峰这才笑着说道："同学们刚才说的，不正是'一切景语皆情语'吗？"

"你们所观察到的，如树下、草坪上，就是写作时的角度与顺序；你们或欣喜或沉寂的反应，就是作文的情感。如果把今天的收获记录下来，不就是一篇绝妙的文章吗？"

不知不觉中，下课铃响了，学生们却依然热情高涨，意犹未尽。

第二天，学生们交上来一篇篇对雪景的观察感受，真诚而自然，个性而富有情感。

"我尊重学生的自由言说、个性表达。对他们的表达，我不限制，不提要求，不以己律人，不以成人化的观点和态度来评价。"吕金峰说，为此，自己特地每周开设一节口语课，日常课堂也以说为核心，以说促读，以说带写，引领学生享受语文的快乐。

自由的表达，唤起了学生的自信，也唤醒了他们对语文的热爱。

一位家长对吕金峰说："吕老师，你用的什么好办法？孩子读小学时，我是他的语文老师，六年都没调动他的积极性。但现在回家以后，他总是积极和我们交流，然后就是思考、写作。"

"哪有什么好办法？表达与言说本来就是人的本能，我不过是让学习重新成为生活的一部分，让它不再是神秘和艰难的事。"吕金峰说，对于学习的恐惧感，往往是我们成年人给学生的，我所做的，只是纠正与回归。

"教育如果不能启发一个人的理想、希望和意志，单单强调学生的兴趣和习惯，那是舍本逐末的办法"

"教育的最高境界，应该是向美而生。"在校长姜怀顺看来，如果老师不能创造一个审美的境界，那教育就是低层次的。

有一次，姜怀顺看电视节目，心被狠狠地揪痛了。节目报道说，在广西的一个村子里，出了100多个抢劫犯，几乎每个家庭都有。而这些抢劫犯的年龄都在18~25岁。

记者到村里的小学采访，校长和老师一致说："我们的孩子很老实、很听话，认真学习，平常没有什么问题。"和学生交流，记者问这些孩子，将来大了干什么？孩子百分之百地回答说："出外打工挣钱。"

看到这里，一股子热血，直顶姜怀顺的脑门儿。他大声追问道："教育到底给了孩子们什么？当一个人没有远大的目标和高尚的志趣时，他就不是一个精神意义上的人。他的人生只是在物质层面徘徊，如果不能满足，他怎能不去抢劫、不去掠夺？"

"现在，学生成人化倾向很严重。很小的孩子就知道挣钱、消费，这不是社会深刻的表现，而是一种平庸和媚俗。他们长大后，有知识无智慧，有欲望无理想，有规则无道德，社会该是什么样子！"

他反复跟老师们讲，教育的本质是超越性的，而不是工具性的。

没有情感的注入，没有人性的放大，没有人性中最光辉的诚实、善良、感恩、同情这些有活力的东西，教育就成了驯化。

有一回，听语文老师孙庆晓的课，让姜怀顺感动不已。

课的内容是《诗经·蒹葭》。孙庆晓告诉学生，歌曲《在水一方》就是根据这首古诗改编而成的。学生们兴奋起来，请求她："老师，你唱唱吧！"

果真，孙庆晓放下教学进程，放声高歌，学生们听得如醉如痴。一曲既了，掌声雷动。

尽管部分教学环节没有完成，但姜怀顺却给了这节课很高的评价。他说："唱歌仅仅是作料吗？仅仅是增加了一个花絮吗？不是的。唱这首歌恰好就是《蒹葭》的最好的教学方式！"

"只有音乐，才能把学生带入'蒹葭苍苍，白露为霜'那种朦胧的、不可言说的意境之中。依靠单纯的讲解和翻译，怎么能带学生进入这样一种审美的境界？"

在孙庆晓的课堂上，总是充满着音乐。

她认为，音乐的美和文字的美是相通的。美是一种强大的力量，它能激荡起所有的正面情感，让人对生命有尊崇，对道德有感悟，对信仰有尊崇，对自然有敬畏，对人生的意义，也能有一种全新的把握。

这样的课堂，对学生有着持续的吸引力。如今，孙庆晓所带的班级，不仅成绩优秀，而且连续三年没有一个学生辍学。这在许多农村初中，几乎是一个“不可能完成的任务”。

“上孙老师的课，是一种享受。”很多学生，都对她的课有着深深的依恋。

“按照美的规律去塑造人，让学生获得一种审美的快乐。”这是同事对她的评价。

只有美的情感，才能让教育触及生命的内核。

而崇高感，则是美的一种极致。

为什么有时会抽出大段时间，甚至是整节课，给学生们讲励志故事、热点时事和自己的哲学思辨？数学老师刘建宇说，是因为“学生是否有崇高的人生目标和志趣，比知识重要得多”。

有一次，刘建宇在网上发现了一篇文章，他特意在班上为学生们朗读。文章的大意是，有人到某大学演讲，演讲前问在座的听众抗美援朝中两位中国志愿军烈士的名字时，没想到，一名大学生抢答说：“我们在座的这些人都知道这两人太傻了。”演讲者由此感慨万分。

文章读完，一位女学生站起来，泪流满面，她问刘建宇：“老师，如果青年人都这样的话，我们中华民族还有希望吗？”

“你就是希望啊，当你落下热泪的时候，就预示着你可能成为明天的脊梁！”

这个学生，刚入学时，成绩在全班居于下游。但从那后，她却迸发出了强大的学习动力。到了初三，以全区第一名的成绩考入了当地最好的高中——临沂一中。

离校的时候，她对刘建宇说：“我一直记得初一时你读的那篇文章，也因此知道了自己为什么学习。”

“要让学生进入一个崇高的精神世界，要让他们拥有春水般的情感。”校长姜怀顺由此感悟。

每次交流，他都鼓励老师不要做只关注技巧、在细节上精益求精的“小老师”，而要做“大老师”，做一个站在制高点上、引领学生走向一个更加广阔、丰厚天地的老师。

他说：“教育如果不能启发一个人的理想、希望和意志，单单强调学生的兴趣和习惯，那是舍本逐末的办法。”

教育，从来都不只是知识和技能的问题，而是关系到精神和心灵的格局。

回到北京，翻看资料时，我们看到了校长姜怀顺的一篇文章。里面有这样几句话：

“教师首先是学生人生成长的导师，然后才是教育教学活动的组织者；只有当教师成为学生学习、生活、成长的‘课本’时，教育的真正意义才有可能实现。”

“我们今天所施加的教育，应当被学生视为一件无比高贵的礼物而欣然接受，并成为他们一生的依恋和一世的拥有。”

“教育，必须遵循生命本身的逻辑和教育教学深刻的内在合理性。我们所做的一切，不过是希望离真正的教育近些、再近些。”

【记者手记】

姜怀顺：做逆风而行的理想主义者

临沂，已是冬季。

接受采访的姜怀顺，在会议室大踏步走来走去，高声讲着自己对教育教学的理解和思考。谈到教师培养，激动处，他一个转身，甩掉身上的西装，白色的衬衣映得他的脸更红了。

“我们不能天天在政策和机制上发牢骚，应该从能改变的地方做起。”做了多年的校长，对教师队伍存在的问题，姜怀顺心里跟明镜儿似的。

现在，教育教学都讲究个“模式”。有模式，是学校改革成熟的标志，更是教师成名的旗帜。许多人对“模式”顶礼膜拜，期盼“把别人的玫瑰移栽到自己的花园里”。所以，学校热衷于让教师盲目地模仿、照搬别人的模式，教师们也投入精力和热情，去研究模式、打造环节，甚至详细到导语怎么说，后边结论怎么讲，中间怎么弄花花肠子，在细枝末节上打转转。

姜怀顺特别不赞同这种做法，他说："没有任何模式可以通吃所有学科。那套路子，是引着教师往匠师的路上走啊！"思考经年，他为教师成长设计了自上而下的"六级之路"：教育价值观—学科思想—把握学习规律—教育教学策略—教学流程—专业技巧。

在他那里，教育价值观就是教师成长的方向。方向错了，越努力就会离目标越遥远。

姜怀顺对价值观这类基本问题看得特别重。临沂二十中倡导教师创设"个性优质课堂"，相应地提出了"三四四策略"。一次，有位专家听完课，评价说："你们的三四四模式非常好！"

私底下，姜怀顺对他说，能不能纠正一下？因为"三四四"不是一个模式，而是一种策略、原则，或是一种价值引领，它解决的只是方向性的问题。

在这个方向下，姜怀顺把教学权完全放给了老师们，让他们的个性想怎么张扬就怎么张扬，特色想怎么打造就怎么打造。他理解教师劳动的个体属性，到处张扬"自由，才是教师创作的力量"。

刘建宇刚参加工作时，做法得不到大家的认可。一位教研员在听了他的课后，勃然大怒地训斥说："这上的是什么数学课，简直是瞎胡闹！"再听说，他还从不布置作业，从不写备课教案时，教研员拍着桌子，愤怒之极。和他一道听课的姜怀顺，却冷静得多。他从刘建宇看似信马由缰的、大跨度的教学中，看到了一个教师追寻教学规律的奇思妙想的萌芽。

"此时，他教学生命中那种很光彩的东西已经呈现出来了，你再用那种综合的、传统的评价来套他，不是在叫他平庸吗？'三岁不成驴，到老是驴驹子'！"

姜怀顺当即拍板，给刘建宇量身定做了"三免"政策：免参加综合评估、免备课、免修改作业。受到保护的刘建宇，快速成长，先后被评为"山东省优秀教师""首届沂蒙名师""山东省十大教育创新人物"。

与教研员的评价背道而驰，对一个校长来说，需要极大的勇气。其实到今天，姜怀顺也仍然面临着方方面面的压力。可姜怀顺站在那里，厚重得像沂蒙山一样，给愿意改革的老师们撑起了一片天空。现在，学校有志于改革的老师，都可以申请享受“三免”政策。

“很多时候，校长以领导的认可为目的，所以领导怎么说，就怎么做。还有很多校长，充当着制度的‘卫道士’，他们不去研究制度本身的科学性，却做着坚定的执行者。我们把改变当目的，把领导的决策和评价当目的，把维护制度当目的，却从来没有把老师和学生的发展当目的。”

“老师无法张扬自己生命的权利，也就无法给学生发展生命的自由空间。这个时候，工具论便大行其道。看看我们的学校，有多少学生成了老师的工具？又有多少校长成了教育行政部门的工具？”

姜怀顺说，我就是要打破这些充满了伪科学的东西！

前不久，有一位校长带队到临沂二十中参观交流。他们提出来，能不能看一下学校管理制度方面的文件？姜怀顺双手一摊，诚恳地对他们说：“我们没有啊。”原来，在临沂二十中，教学也好，管理也罢，核心都是价值引领，对教师的具体行为并无多大的约束。

“学校是一个文化场，一个学术场，不能单靠行政来解决问题。”姜怀顺解释自己的做法时说，当校长，他的胸襟、气度是第一位的。

在临沂，姜怀顺对老师的宽容是出了名的。曾有教师犯倔脾气和他大声争吵，到了评优的时候，和这位老师有过冲突的人都投反对票，独姜怀顺力排众议。他说，要看到这位老师的长处，我们评优，不是在评圣人和完人。还有老师因待遇问题给他难堪，姜怀顺也只是一笑而过，并不放在心上。

结果，在他手下，吸引了一批性格迥异、思想独立的老师，即使有的人古怪执拗，也都对他信服尊重。

地处农村，让姜怀顺至今不为多少人所知。

他带领着一个普通的、无名的教师团队，无拘无束、泼辣恣肆地进行着教育教学改革。他们在现实中依凭理想而生，哪怕有时需要逆风而行——这是理性主义者的生活状态，他们为波澜不惊的教育注入一丝灵气，以它的卓尔不群证明着理想的高贵。

教育，本来就是理性主义者的事业。

附：校长风采

1. 姜怀顺简历

姜怀顺，男，1963年9月出生，汉族，山东蒙阴人，中共党员，高级教师。1995年12月—2002年5月，任册山中学校长；2002年5月—2015年12月，任临沂第二十中学校长。2015年12月—2018年3月，任临沂青河实验学校校长，2018年3月至今任临沂双语学校总校长。

先后荣获山东省特级教师、山东省十大年度教育创新人物、齐鲁名校长、山东省初中骨干校长、山东省十佳科研创新校长等荣誉称号，被山东省教育创新工程聘为专家组成员，是山东省基础教育课程研究中心特聘专家，山东创新教育研究院初中学校发展联盟理事长，中国教育报刊社“人民教育家研究院”特聘导师，齐鲁名校长培养人选实践导师。

主要研究领域：基础教育学校管理。先后主编《追求卓越——一所初级中学教师团队的专业发展之路》（东北师范大学出版社2010年6月出版），《个性优质课堂建设的理论与实践》（国家行政学院出版社2013年9月出版），出版专著《姜怀顺与全人教育》（北京师范大学出版社2016年11月出版）。先后在《人民教育》发表《教育改革需要制度智慧》《毫厘之间——有几个概念引发的思考》等文章30余篇，其中教育长诗《永远和童年在一起》在《教师月刊》发表。个人成果《农村初中发展性教学质量保障体系的建构与实践创新》获得国家级教学成果二等奖，《基于教师专业发展的个性优质课堂探索》获得首届山东省省级教学成果一等奖，《多元异步评价：让师生个性灵动发展》获得临沂市第九届教育科研优秀成果一等奖，《个性优质课堂建设的理论与实践》获得临沂市第二十次社会科学优秀成果一等奖，《有担当的新生活教育》获得临沂市第十三届自然科学优秀学术成果一等奖，《追求卓越——一所初级中学教师团队的专业发展之路》获得山东省教育科研优秀成果二等奖，《问题导向中学德育课程“冲动与自控”专题开发与实施策略研究》获得临沂市第三届教学成果二等奖，《揭开“软腰”不软的奥秘》获得临沂市第十三届自然科学优秀学术成果二等奖。

2. 办学主张

校长办学不仅要有使命担当，更要有教育情怀。要带领团队创办担当教育的品牌学校，努力为培养担当民族复兴大人的时代新人做出贡献。办“有担当”的教育，关键要坚守本真的教育理想，通过“有担当”的教师来实施。校长作为有专业领导力的管理者要有对教师专业发展和专业成长担当责任，和老师们一道唤醒生命自觉，共同担当起为民族未来培养创新人才的重任，担当起为师生共同幸福着想，担当起教师个性优质发展、学生个性优质发展和学校优质发展负责的重任，担当起教育创新的光荣使命与责任。

二、让教育回归本真
——李思栋校长和他的“立人教育”

教育是以人为本的幸福事业。办学如何坚持以人为本？册山中学以“尊重人、发展人、完善人”为育人的根本宗旨，坚持以“开启智慧，润泽生命”为办学理念，把爱与创造作为教育的起点，积极探索新人本教育的办学规律，以共同体建设作为校本管理创新总抓手，以学术委员会制度、学科首席教师制度、班教导会制度、教育议事会制度为支撑，以课程整合改革为根本路径，着力打造“一体两翼”学校特色建设工程，为学生提供适合的发展平台。这里，老师和学生共同成长，幸福生活，快乐工作，快乐学习，放飞自由的梦想，舒展着自由的个性，享受因创造带来的愉悦体验。

让教育回归真正的起点：唤醒生命，立德树人

什么学校是好学校，如何办好一所学校？在李思栋看来，到学校求学的每个孩子除了获得身心和谐发展之外，还应获得理想的中考成绩。通过三年的学习，不仅让学生获得可持续发展的后劲，同时也为每个升入高一级学校学习深造的学生打下系统的知识基础，给每个学生插上腾飞的翅膀。

1. 把握教育起点，办有灵魂的教育

“办学要有超然的情怀与境界，我们应静下心来，让教育回归起点，回归教育的本真，要结合自己的办学实践，不断总结、反思，办有灵魂的教育。”对于教育的“本真”，李思栋认为，“本真”应蕴含于学校日常生活之中，这是教育最重要的回归。教育只有遵循人的最真实、最自然的生命本意，去发现和开掘每个学生生命最绚烂，也是最初的辉煌，让孩子们从此带着满身的阳光与信心，带着对世界的真善美的追求，走向人生未来。唯有如此，基础教育才能担当起

回归本真的使命。

“李思栋这位同志厚道、有思想、素养高，把学校交给他办定会让大家放心。”区教体局局长周广军与班子会达成了共识。2012 年 7 月，册山中学业务校长李思栋出任校长，成了这所学校的“掌门人”。

针对教育教学活动重复、交叉、低效的现象，在李思栋带领下，册中人确立了“开启智慧，润泽生命”办学理念，提出了“尊重人、发展人和完善人”的办学宗旨，并以生命价值理念统整各项教育活动，① 发挥校园建设、校本管理、课堂教学、班级创建等各个环节的育人功能。

“对人不感激，对己不克制，对物不珍惜，对事不关心”②，是当今青少年身上普遍存在的问题。初中阶段是学生人生观、世界观和价值观形成的关键时期，抓住了这一关键期，教育就会得到事半功倍的效果。“初中办学的根本任务就是充分利用现有的教育资源，让教育回归本真，为每个学生将来成为自主自立、勇于担当、乐于合作、立德立行、具有批判精神和创造品格的‘大写人’打下基础，让每个人成长得更好。”李思栋这样说，“回归教育本真，要求教育者把这种‘真’蕴含在管理的每个细节，把责任、生命与求知放在一个共同的教育平台。让这个平台充满情感又融入理性思维，通过教育教学凝练人生的品质和内涵，让生活其中的每个学生诚实、率真、善良，富有同情心和责任感，充满智慧和理性，实现品性与知识的共长进。”

基于对教育的长期思考与积淀，李思栋带领大家对学校发展规划进行顶层设计，提炼形成了独特的办学思想、办学目标、办学特色等方案，并出台了“三步走”的可持续发展战略，形成近期、中期和长期发展的“校本发展规划书”。

“其实，爱与创造才是教育的真正起点。教师的首要任务就要坚持人本教育观，把准教育的起点问题，把整个身心放在对生命尊重与唤醒上。否则，教育的其他一切都将无从谈起。”李思栋说。

尊重人，就要从尊重师生的生命开始。只有对教师生命的尊重与热爱，才有教师对学生生命的尊重和呵护，才有从知识课堂向生命课堂的回归。2014 年

① 朱俊林 . 当代生命价值观教育研究 [D]. 长沙：湖南师范大学，2013 (5) .

② 甘彦章 . 对体验性德育的几点思考 [J]. 甘肃教育，2015 (12) .

2月，学校确立了“生命教育”的科研课题，实行课题研究全员化。围绕生命教育和生命教育的课堂构建等问题采取了一系列研究行动，如“引导学生热爱学习，先从修养身心开始；实施立德树人工程，先从精神启蒙开始”等。

2014年5月，册中人围绕“立人教育”的办学目标，对教学、德育、文化建设等各项活动进行多元价值整合，初步形成了包括生命教育、尊重教育、唤醒教育、激励教育、差异教育、自我教育等六大教育序列，分层、分类落实立德树人根本任务。

教育的本质到底是唤醒、激励，还是教技术、教技能或方法？册中人向高校取经，把教育教学作为学术研究，[①] 在斟酌试验中选择了唤醒与启迪，他们靠智慧摸索到自我批判、自我反思和故事唤醒等教育方式。王天河老师对待犯了错误的学生，绝不动用批评“武器”来教育学生，而是以心灵关怀、细节呵护的方法，引导学生自我反省、自我批判，让学生从错误中学会正确的东西。“学生犯了错误，是学生学习成长的好时机，是一笔宝贵的资源，也是学校亟待开发的一门德育课程。”王天河说。

尺有所短，寸有所长。尊重人，就是承认与尊重学生之间的差异，把差异作为教育的前提。[②] 智慧的册中人把教师发展中的“师徒结对”方法运用到学生发展中，在学生中间建立起“师友结对”和谐互助的学习方式。他们根据学生天赋、生活背景和学习基础的差别，每两名学生之间通过双向选择自愿结成师傅与徒弟关系，无论在学习还是生活、做人、做事方面，徒弟自觉接受师傅指导，同时师傅也主动指导徒弟不断进步。这种动态新型的师生关系、同伴关系的建立，激活了课堂、激活了教育生活场，已成为册中教育发展的新的生长点。

2013年9月，新学期开学，学校针对学生成长中存在理想、信念、意志等动力不足的问题，启动了励志教育活动工程。一是利用课间操、班会课等时机举行宣誓活动；二是利用课堂教学等进行课前一分钟演讲；三是结合特色班级

---

① 李中国，黎兴成．我国高校教师教学研究的热点状况分析——基于2005-2015年CNKI文献的共词分析[J]．教育研究，2015(12)．

② 薛欣晨，沈贵鹏．差异及差异教育的再认识：一种教育哲学的批判[J]．教育理论与实践，2017(6)．

创建活动，举行誓词写作与演讲比赛。针对各班级、年级开展的励志教育情况推选出“励志人物”，每周一利用升旗仪式对“励志人物”进行表彰。目前，该校已形成了包括榜样激励、同伴榜样、评价激励在内的序列化激励教育课程。

王贤明这位从教10年、做了9年班主任的老师，课前都要用至少5分钟时间对学生进行“德育热身”，目的是把学生的学习热情、激情和兴趣激发出来。在他看来，这才是高效的课堂教学。“正班风，聚人心，树权威，比进步”，是王贤明教书育人的“四部曲”。希望自己和所有的同事都应走进学生的生命，成为学生生命成长中的“贵人”。

“‘尊重人，发展人，完善人’，是学校倡导的立人教育的核心内涵，也我们做决策、定规划的出发点和落脚点。”李思栋说，“只有以人为本，凝心聚力，才能把每个孩子培养成现代公民，把学校办成现代化学校，实现学校发展的共同愿景。”

2．把教师引入“专业”，让教师更富激情与尊严地教学

“一所好学校离不开一批优秀的教师队伍。校长的重要使命就是不断为素质教育培养专业化的师资队伍，这支队伍应首先是‘大写人’的队伍，而不是其他。所以，学生核心素养的培育需要教师职业素养的回归。”李思栋说。

2012年10月，学校启动了从新教师到特色骨干教师、从新手型教师到老教师持续成长的“四大工程”：即青蓝工程、青年教师签约工程、扬名工程、再塑工程，引领各类教师持续地幸福成长。

实施“青蓝工程”，主要以提高其教学基本功、教改意识和个性潜能，发现教学特色为目标。先是指导教师制订职业发展规划，开展“新老教师结对”活动。“青年教师签约工程”作为“青蓝工程”的配套工程，通过学校与青年教师签订合约，双方明确各自权利和义务，导师让青年教师找到适合自己发展的舞台。通过三年努力，青年教师实现“一年入格、两年定格、三年出格”的目标，并向名师迈进。“扬名工程”即特色教师培养工程。通过制订特色教师发展规划，出台一系列骨干教师培养与使用办法，将特色教师发展情况实行动态考核机制，发挥骨干特色教师的示范带动作用。而“再塑工程”是弱师帮扶和中老年教师的再提高工程，不仅让中老年教师避免职业倦怠并发挥原来的优势持续发展。“四大工程”的实施有力地促进了教师的专业化发展，每位教师都实现着职业素养的回归，也促进着学校的良性发展。

让每位教师保持自我更新、自觉发展的激情，是该校教师教育与校本培训所采取的另一策略。李思栋在担任教务主任时，发现教师的评价激励存在“一劳永逸”的弊端，他和大家制定了《骨干教师动态管理条例》和《册山中学教师发展性评价考核办法》，规定对获得市、区、校各级教学能手、教学新秀的教师实施动态考核。对考核结果连续三年优秀的教师直接聘为下一届骨干教师，对连续两年考核不合格的教师则取消骨干教师的荣誉称号。骨干教师的“动态考核”机制打破了教师荣誉终身制，唤醒了教师积极进取的激情，唤起了每位教师教书育人的职业尊严和幸福感。

李思栋敏锐地发现，实践中常会出现教学与德育“两张皮”的现象，教师只管教学不管德育，或者只管德育不管教学，教师的专业发展很不完善，导致教育的效果打折扣。[①] 一段时间的观察，李思栋决定将学校现有资源进行整合，把原有教科室职能回归本位，构建真正意义上的教育科学研究机构，并集课题研究、教师教育、德育研究、校本课程、综合评价等职能于一体，发挥研究对学校教育改革的指导与服务作用，破解教师发展中遇到的德育专业化缺失的“短板”，让教育走向本真。

2012 年 11 月，一场“用生命拥抱事业”的班主任论坛拉开了“德育专业化研究”的序幕。该校每学期举办一次班主任专业化论坛，通过年级选拔、学生评议、校长认定等程序推出“有思想、有特色、有创新”的优秀班主任，在全校做报告与成果展示。“通过这种活动，引领教师树立师德新观念、育德思想和科研意识，整体实现教师专业化的完整发展。”李思栋说。

当不少教师在把目光只盯在“考什么、教什么”，注重分数、名次的时候，李元杰老师却“慢下来”，反“其道”而行之。开学初，李元杰总是带领学生每天坚持跑步半小时、玩飞机航模、画数字油画。这时，家长的质疑声、担心孩子成绩下滑的声音不绝于耳。

在这次论坛上，李元杰讲述起他那鲜为人知的动人故事。

---

① 赫尔巴特. 赫尔巴特教育论著精选 [M]. 李其龙，译. 杭州：浙江教育出版社，2011.

针对学生社会实践体验缺乏、意志力薄弱的现状，李元杰带领学生开展“万米长跑走进民俗馆”社会实践活动，让学生感悟到时代变迁、了解民俗文化，同时也培养了学生的爱国情怀、审美素养和美好情感。

李元杰觉得保护学生的好奇心和想象力，要比学习本身更重要。① 他在班里开展航模比赛活动。从搜集资料到制作，再到试飞、不改进，让学生体会到简单的一个模型却蕴含着如此之多的奥秘。学生放飞飞机的同时，还不仅拓宽了知识面，放飞着美好的梦想。

一段时间过去了，学生的学习成绩非但没有下降，反而稳步上升，取得了意想不到的育人效果。李元杰老师处心积虑为学生精心设计一系列活动，表面上看来是占用了学生的时间，但最终保护下来的是学生的学习兴趣和持续学习的动力。“教师不仅要有深厚的专业技术知识，同时还应具备全面的职业素养，做教育要贯穿育德意识和人性观念。只有把教育教学工作当作塑造学生人格的过程，才能做出有味道的教育，学生也才能在人生的道路上走得更远、更有张力。”刘福寿副校长说。

看到班上每个学生主动健康成长时，他更富激情、更有自信，也更加执着地爱着他那心爱的“班主任一亩三分地”。

“每位教师所教学科的属性虽然不同，但每个学科的育人目的是一致的。学科教学应体现学科之美、思想之美和沟通之美，教师的教学要树立学科德育思想，让学科育人功能发挥得淋漓尽致，才不愧对师者得称号。”教学校长高新中说。

为了打通学科之间的育人“壁垒”，学校建立了学科协同教研机制，围绕学科德育进行“大学科”间的协同研究。通过集体教研、协同攻关破解实践中遇到的重大课题，有效解决了单一学科教学无法解决的育人难题。随着一个个难题的解决，每位教师不断走上幸福的研究道路。

这里的每位教师在促进学生实现自主成长和学校科学发展的同时，自身也得到自我实现，教师的职业幸福指数也不断攀升。这正应了那句话：“只有唤醒教师自我生命成长的自觉，才能真正有教师对学生教育的自觉。”

---

① 潘庆玉.富有想象力的课堂教学[M].广州：广东教育出版社，2009.

让教育回归整体：凝聚愿景，和谐育人

“办学要有整体精神，让教育回归整体，要把整个心献给学校、献给师生。”李思栋说。册中人始终关注人的完整发展，致力于学校发展共同体建设，把办学目标、办学愿景分解为每个共同体的发展目标中，通过提高教育领导力，将共同体愿景凝聚为学校发展愿景，实现整体办学效益的最大化。

1. 构建愿景引领机制，提升校本管理领导力

“生本教育，师本管理”，是该校共同体管理机制的最大特点。据介绍，该校从 2012 年起，先后构建起年级管理共同体、学科研究共同体、班级成长共同体和家校（社区）教育共同体四个共同体。共同体实行愿景管理，共同指向学生的发展，指向教师的成长和学校的可持续发展。

“构建共同体机制是校本管理一次创新，是对教育资源有效整合的一种方式。年级管理共同体，以学术委员会制度为支撑，实现全面育人；学科研究共同体，以学科首席教师制度为支撑，实现全课程育人；班级成长共同体，以班教导会制度为支撑，实现全员育人；家校教育共同体，以教育议事会制度为支撑，实现全程育人。每个共同体通过和谐发展、有效运作，实现对教师发展和各类教育活动的价值引领和专业引领，促进了每位教师教育领导力水平的提升。”高新中介绍说。

初中每个年级都有发展的重点与核心，共同体中每一年级都有不同的发展愿景与管理目标，如七年级重点实施礼仪教育和理想教育，目标是培养学生“做一个知书达理、胸怀理想的人”；八年级重点实施感恩教育，培养学生“做一个言行一致、知恩图报的人”；九年级重点实施励志教育，培养学生“做一个志趣高远、敢于担当的人”。三个年级发展的目标虽然有所不同，但因为有了共同愿景，每个学生实现了台阶式、连贯式的持续成长。年级主任、班主任、年级学科组长、科任教师、学生、家长在学术委员会的价值引领下，都各自担当起不同的育人责任。“‘年级管理共同体’好像学校的‘二级单位’，直接对校长、对学校发展负责。年级管理共同体的每一个年级实体都通过学科研究共同体、班级成长共同体和家校教育共同体的协调配合、衔接一致，实现全面育人的愿景。”

学校在年级管理共同体良性推进的基础上，积极探索形成班级成长共同体，实现师生的和谐发展。“班级共同体由班主任、科任教师、学生、家长共同组成，班主任是核心、学生是主体、任课教师是主导、家长是纽带，四位一体。他们之间既有明确的分工，又相互联系，形成一个育人合力系统。”学生发展指导中心主任王新江说。

“不让一个学生掉队的前提是，不让一个教师掉队。”为确保班级成长共同体的健康发展，该校出台了《班级成长共同体考核细则》，规定以师生和谐成长为核心追求，把教师的师德表现、常规落实、课堂教学、学科成绩、活动创新等综合量化，形成班级共同体成绩，对班级成长共同体的所有任课教师实行捆绑式评价，充分调动每位学科教师参与班级管理的积极性，实现了全员育人的愿景。

“大家好才是真的好”，该校建立了包括学科首席、学科教师、学生与异科教师、校外名家参与的学科研究共同体，各学科教研组通过建立学科首席教师制度和教研组文化建设，对学科发展、教师专业成长进行专业规划与指导，坚持以“争创品牌教研组”为抓手，先后制定出台了《品牌教研组评选方案》《教研组文化建设考核方案》《功勋教研组长评选办法》等一系列制度，对每个学科团队实行捆绑式管理与评价，形成了以育人为核心的团队文化精神。

英语学科首席教师孙振龙说：“学科组文化的形成首先应取得组内每个成员的价值认同，认同的前提是学科教育主张的正确，符合学生的发展规律。这样，组内每个成员求大同存小异，也才能心想到一个点上，干成要干成的事。每学年分年级借助英语学科优势，举行英语节、课本剧表演等富有特色的活动，增加了英语课教学的魅力，释放了孩子们无穷潜力。”

“每一个学生都是立体、鲜活完整的生命个体，他的成长应是全时空、全过程的，而不是一时一刻、一时一地的成长。”册中人依此创建了包括学校教育、家庭教育、社区教育在内的家校教育共同体，分别在校级、年级、班级建立了三级家委会，把校长、年级主任、班主任、学生、家长等每个主体都纳入教育系统，对学生进行全程跟踪教育。“教育者的责任不仅使教师和学生得到发展，同时也应唤醒家长参与教育的意识，让家长也成为教育的重要主体，从而实现全过程、一体化育人的愿景。”刘福寿副校长说。

谈起学校发展共同体建设的初衷，李思栋说：“通过分类建设共同体实行管理机制创新，为教育的每一个人（教师、学生合家长）创建一种‘既有统一意志，又有自由思想；既有共同愿景，又有自主行动’的环境，让生活其中的每一个人都按规律正确办事，让每个人的潜能得以发挥，让每位师生享受幸福而有尊严的教育生活。”

愿景管理模式实现了教育的“年级衔接、学科融合、主体一致、全过程覆盖”，每个学生都获得了可持续发展的“永动力”。

2. 创建学习型校园，提升教师学习力和教育力

“热爱读书，终身学习，是教师保持专业发展的动力源，也是教师的美德所在。”李思栋认为，学生要有“一杯水”，教师必须拥有“一桶水”的时代已不复存在了。新时期好教师的标准要求教师有“长流水”，校长要注重持续提升教师的学习力，不断实现教师由“经师”向“人师”的角色转换。

李思栋认为，做正确的事要比正确地做事更重要。学校只要用心经营师生读书，就是在做正确的事。“只有让教师爱上阅读，学生才能热爱读书，教师终身学习的能力和教师持续发展的问题才能解决。”为了提升每位教师的学习力，该校启动了学习型校园建设工程，并制定了“书香校园”建设实施意见，为书香教研组、书香班级和书香家庭建设提供了制度保障。

为保证有书可读，该校先后投资 150 万元建设全区一流的高标准图书馆，同时容纳 300 多人阅读。图书馆藏书有 30 万册，每年及时更新。学校建有图书吧、各班级建有图书角，同时还将读书活动向家庭延伸，创建“学习型家庭”，开展“小书房、小书桌、小书架”等评选活动。同时，学校不惜代价坚持创办《三月风》《庆云教科苑》《启航报》等校园刊物，为师生读书成果搭建展示的平台。学校每年有多名教师被评为“读书名师”，多名学生被评为“读书明星”。

苏霍姆林斯基说：“如果你想让教师的工作能给教师一些乐趣，使天天上课不致变成单调乏味的义务，那么就引导每一位教师走上从事一些研究的这条道路上来。”册山中学用主题性研究引领教师将读书与研究、读书与工作结合起来，为教师的幸福生活注入了源源不断的动力。

“在研究中进步，在研究中成长。”每学期开学，教学研究指导中心依据学校发展目标，都要确立一系列不同的教研主题。每一主题要在领衔人的主持下，进行团队攻关研究，共同破解制约教育教学管理的难题。目前，学校已形成了五项特色教研主题，如刘建春领衔的“课程整合育人”研究和“小组合作学习”研究，高新丽领衔的“语文主题性教学”研究，王兰军领衔的“生命教育”研究等。在主题性教研活动的引领下，定期或不定期开展教研日、教师论坛、读书沙龙、主题性反思等活动，极大地激发了教师读书、学习与研究的内驱力。

每逢周三“教研日”这天，被推出来的典型课例向全校师生公开，校长、家长和老师们都要到观课厅一起观课、研课、磨课。这种“主题教研日”活动，以课例研究的形式培养了教师的专业听评课能力、反思能力等，促进了教师专业素养的提升。

叶澜教授曾说过，教师写一辈子论文，不一定成为名师。但如果写三年反思，就可能成为名师。① 为了培养大批教育名师，册中每月推出系列反思主题，如“什么课是好课”“什么样的教师最受学生欢迎”等，老师们自主地选择适合自己成长需求的主题，将研究与思考撰写成教学反思、教育随笔、教育案例、教育日志、教育叙事、教育故事、研究报告、论文等，使得“研究工作化，工作研究化”。如今，“读书—反思—研究”的教育的生活常态，形成了“以研究为工作方式，以工作为研究内容”的教研文化业已形成。

“学习—反思—研究”实现了每个主体对立德树人工作的价值认同。”李思栋说，“每一个人都有自己的个性爱好，每个人追求的目标也不一样，每个人成长的路径也各不相同。学习型校园建设凝聚起团队每个成员的核心价值观，把力量聚合到立德树人这个主题，正是我们册中教育的使命所在。”

让教育回归创造：舒展个性，整合课程

李思栋深知，当前教育的“同质化”现象比较严重，突出表现为教师淹没了自己的“棱角”，学生缺失了个性。“统一教材、统一教案、统一进度、统一教

---

① 叶澜．“新基础教育”论——关于当代中国学校变革的探索与认识 [M]. 北京：教育科学出版社，2011.

法、统一评价、统一教学模式”，这种“大一统”模式使教育缺失了创新的本性。“尊重个性，回归创造，是学校教育的本真追求。”

1. 只有解放教师，才能解放教育

册山中学是一所地处偏远的农村中学，学校教师流动十分频繁，流动幅度也特大，同时年轻教师居多，他们的工作时间都在 5 年左右。这些年轻教师工作积极努力、热情高，对信息技术运用也得心应手。但由于工作时间短，缺乏相应的专业指导，在教学上存在很多困惑，急需专业发展方面的引导。唐国宏就是这样一位年轻教师。为了更好地为青年教师成长服务，杜凤锦决定依托名师工作室，在“开启智慧，润泽生命”理念指导下，帮帮这些年轻人成长。

国庆节刚过，唐国宏来到杜凤锦办公室，二人合计决定组建一个以课堂教学设计研究为立足点的“教师成长研究组织”。当把这一想法和活动规划向领导汇报时，立即得到校长的认同和支持，决定为这个“特殊组织”配备录像机、录音笔、多媒体等设备，并提供了专门的活动场所。

在领导的鼓励下，这个活跃于“民间”的学术组织公开招募一批年轻教师，组建成立一个教师成长互助小组，取名为“糖豆小组”。同时，他们借助网络建立起“糖豆小组”、QQ 群、“糖豆云”等平台，实现了小组信息资源的共享。“糖豆小组”现已发展为 9 人的学术研究组织。为实现课堂的根本转型，他们决定走“立足课堂”的专业成长道路。通过选择观课维度、制作观课量表，全面展开“合作观课”和“自主观课”活动，促进了每位成员自主自由地成长。

自由是生命的根本要求，没有自由的生命，无异于一具缺少心肝的躯体。这个由杜凤锦、唐国宏自发组织起来的“民间学术组织”，意味着在册中校园有一件伟大而美丽事物的诞生，意味着学校对教师个性自由的充分尊重与解放，意味着一所学校教育创造力的生成和蓬勃教育生态的形成。

“真正美的事物，一定包含天然本色的元素，对事物本色的探索过程，是老师从自然本真中获得丰富体验和至美享受的过程。[1] 当这个民间学术组织所有成员的发展诉求得到满足时，他们每一个愿望的实现都体现着自我生命的高峰体验，也实现着每位教师生命的自主发展。”李思栋说。

① 杨斌．教育美学十讲 [M]. 上海：华东师范大学出版社，2015.

为了让教师拥有更加宽松自由的发展空间，学校启动了“以培养特色教师为主体、以特色班级创建和特色课堂建设为两翼”的“一体两翼”特色建设工程。在师德修养、理论素养、实践技能等综合发展基础上，根据每位教师个性发展的需求，先是制订出台了“特色教师培养方案”和“课堂达标验收和特色课堂评选”办法。同时，对骨干教师实行特色教师“约谈制度”，促使更多教师“冒尖”，让每个教师“晒发展”。

对课堂达标的青年教师由骨干教师上引领课，然后将优胜者推荐参加“特色课堂”评选，最后确定“十佳特色课堂”“十佳课改能手”，并在全校进行课堂成果展示，引导教师既注重常规的落实，又注重专业素养提高，实现课堂育人。同时，将教师的教学基本功、教学反思、讲课比赛、课堂风采展示纳入学校德育、教育科研等方面进行多元性综合评估。

“要让学生热爱一门学科，首先就要让学生喜欢这个学科的老师。”在册山中学，有一个不成文的规定：每位教师任教何种学科都有自己的选择性和自由度，但前提条件是这位教师必须真心喜欢这门学科，并自立一个规矩，保证三年之内让这门学科成为学校或区里的“名学科”。刘建春、季相磊、高冬雷、刘祥玲等这些由原来学科改教其他学科的老师，几年来他们不仅适应了“新学科”的教学，而且从改任的学科教学中找到了潜力发挥的兴趣点，也为学校的师资结构优化做出了贡献。

课堂是育人的主阵地，也是教师专业成长的主渠道。册中人在前期“一三六”高效课堂建设的基础上，实施1+1和谐互助学习策略，实行“师友”“学友”结对活动，凸显学生的主体地位。为此，相继制订了“美丽小组评价方案”“1+1和谐互助学习共同体考核办法”，助推学习共同体的创建工作。在此过程中，该校抬高小组构成的基本单位，以师友成长结合体为小组基本单位，实施差异教学改革。通过“分层推进、差异促进、个性递进”，构建起新型的、更大意义的合作学习小组，促进了新型小组合作学习机制的形成。

学校积极探索师友结对的“小先生”教改策略，这些“小先生”在集体帮助下快速成长，成为老师的助手，成为“小名师”。让“小名师”尝试走上讲台，做课堂的设计者和操作者，把课堂还给学生，课堂充满了生命的气息。走上讲台的这些“小名师”成为“导生”，人人为师，人人为生，每个学生都动起来，兵教兵、兵促兵、兵练兵，不同层面的学生都获得了成功，体验着成长的快乐。

刘建春老师是一位罗庄名师。他的课堂根据学生的最近发展区，设置思维“陷阱”，把数学教材中最具“裂变”意义的题目或概念故意讲错，给学生制造一种“悬念”，引发学生的好奇心与求知欲，让学生举一反三、触类旁通地解决问题；或通过问题情境、故事情境的创设，引发学生深度思考与探究。刘建春创造的“思维课堂”深受学生喜欢，听他的数学课如沐春风，是一种高雅的精神享受。

“知识不是告诉的。只有经过学生的自主学习、自主探究，如让学生猜一猜、练一练、说一说，新知识就会变成自己的东西。”臧玉瑜老师的数学课善于给学生“留白”，最大可能地为学生留下自由想象、自主思考的空间。她的数学“问题课堂”带给学生一种崇尚创造的人生高峰体验的享受。

“一花独放不是春，万紫千红春满园。”随着“特色教师培养工程”的实施，许多教师形成了别具一格的教学特色，拥有了自己的教学主张。刘建春的“思维课堂”、董金玉的“语文体验教学”，杜凤锦老师的“成功课堂”、高新丽的“语文主题教学”等课堂特色品牌，如雨后春笋般不断涌现，催动着册山中学教改的深入发展，也促进了教师和学生创造力的生成。

2. 创造适合学生成长的教育

在李思栋看来，解决了学生“怎么学”问题之后，创造适合的教育还应为学生提供适合的课程，解决学生“学什么”的问题。“没有课程的整合创新，就没有适合的教育，也就没有本真教育的回归。”

“人的教育由人的课程来支撑，教育的课程应指向人，切不可把课程的指向搞错了。办学目标的实现要对学校课程体系进行整合与创新，课程建设要指向国家的教育方针，为学生提供更适合的教育服务。最终的目的是，更好地激发学生学习的兴趣，拓宽学生视野，保护学生的好奇心和创造力，促进全体学生的和谐发展、持续发展，实现轻负担、高效益的目的。”李思栋说。

2014 年 2 月，学校围绕学生自主能力培养，决定在数学、语文学科先行课程整合改革实验。

刘建春老师从改进学生的学习方式入手，围绕学生自主生成的需要，先是对数学教材内容进行小范围优化设计，对教学内容与配套练习题进行整合处理，突出教学内容主干。通过创设符合学生“最近发展区”的问题情境，为学生营造了一个独立探究又能相互研讨的学习氛围，学生真正成为课堂学习的主人。[①]

一年来的探索，刘建春和他的名师团队以育人为导向，对数学学科进行了以核心素养为核心的课程深度整合，实现了数学学本课程从零碎到系统的转变。目前，刘建春在数学课程整体与个案校本化改革方面，形成了知识结构网络化建构和个案系统整合体系。在优化知识自主生成、个案整合体系方面实现大单元整合、习题训练与对应章节内容的整合、数学题型的整合，形成了差异递增的“最近发展区”问题情境创设方法以及生活化数学教学思想和“思维课堂”教学特色。

对于语文课程教材改革，高新丽老师基于学生语文素养培养探索课程整合的规律，通过开展语文节、社团活动、读书节等综合实践活动，初步形成了以写人、记事、抒情为主题的记叙文系列、以审美、哲理、为主题的议论文系列，实现了语文课程与教材的主题性整合与创新。截至目前，已开发形成了“阅读写作一体化训练”“阅读教程”“阅读与写作”等校本课程。

册山中学的老师们深信，只要有教育的机智，课程资源就随机生成。“在课堂和各类教育活动中，当学生出现精神劳顿、缺乏继续前进的动力时，这时教师应善于停下来，变换一种方式或者幽默一把，让学生唱唱歌、跳跳舞或向窗外眺望一下，或与学生进行一番沟通与对话，达到学生思想上的认同，重新激起学生的兴奋点。学生思想通了，行动上才能步调一致，教育才能起到作用。这种对教学关系与时间的处理以及师生间的沟通本身，就是一种资源，就是一种课程。”高新中说。

一项调查发现，现在的学生随着年龄的增长，他们的想象力、创造力和好奇心等素养呈现下降的趋势。[②] 为了加强对学生的现代素养的培育，册中人

① 钟启泉．最近发展区：课堂转型的理论基础 [J]. 全球教育展望，2018.

② 王灿明．儿童创造教育论 [M]. 上海：上海教育出版社，2004.

决定对课程进行重构与整合，增加了艺体教育课程在学校教育结构中的比重和分量。“不重视艺体教育的校长不是好校长，也意味着对学生未来的极大不负责。”李思栋上任以来，顶住来自学生家庭等各方面的压力，先后启动了“体育节”“艺术节”等活动，组建了篮球、排球、国画、书法等各种艺体社团，逐渐形成了立德树人背景下的艺体综合实践活动。与此同时，还形成了别具特色的礼仪教育、感恩教育、励志教育等微课程体系，形成了以国学、开学文化、毕业文化等在内的课程文化。

据了解，册山中学现已开发形成了活动拓展类、衔接类、渗透类（学科德育）等几大类显隐性校本课程，其中以动态生成类校本课程为主。在册中，艺体教育课程已成为一门高贵的大学科。每到春暖花开的季节，校园里沸腾起来，所有的人都加入一年一度的体育节、艺术节活动中来。多年来，学校在各级艺体教育评比中获得的成果名列前茅，连续夺得全区第一名的好成绩。

“加强校本课程建设，不是减少或削弱国家课程，相反，是优化课程结构，对国家课程进一步整合，使课程更加符合学生发展的规律和教师的教学规律，使育人更有效益，让教育更有味道。”李思栋说。

实践证明，册山中学的课程整合改革已取得了可喜成果。在此基础上，学校按照新人本教育体系，对国家义务教育学科课程进行二度开发与整合，推动课程形态、课程内容、课程与人的整合。通过学科教学、研究性学习、综合实践活动、社区实践等各种教育活动，整体促进了学生人格、核心素养和核心能力的形成。

创造适合学生的教育，关键在于建构适合学生个性发展、具有弹性选择空间和有利于学生独立人格形成的现代意义的课程教学体系。[①] 眼下，一个以课程建设为核心的校本研究热潮正在册中风起云涌，弥漫于学校的各个角落、各个阶层以及教育的各个环节，形成一个“农村包围城市”的教研现象。这种基于学生和谐发展和教师幸福成长的研究自觉和教育自觉，必将带给学校发展一个万紫千红的春天，也必将引领一个农村中学科研兴校的新风尚。

---

① 王安女．素质教育的课程论解读 [M]. 杭州：浙江工商大学出版社，2013.

附：校长风采

1. 李思栋简历

李思栋，男，汉族，1972 年 1 月出生，中共党员，大学文化，高级教师。2009 年—2018 年 12 月任临沂册山中学校长，现任临沂第二十中学校长，临沂市罗庄区优秀教师、教学能手、模范校长、教育科研十佳校长，临沂市教科研先进工作者，执教市级公开课，先后主持过山东省科研课题《优化小组学习促进学生共同提高策略的研究》和《初中“136”自主生成课堂教学研究策略研究》研究并结题推广。任临沂册山中学校长以来，锐意学校教育教学管理创新，2015 年 10 月《山东教育》杂志以《让教育回归本真》为题报道其办学典型经验，2016 年 6 月《“立人教育”课程体系构建与探索》在《现代教育》杂志发表。2018 年 6 月获山东省教学成果一等奖。

2. 办学主张

“办学要有超然的情怀与境界，我们应静下心来，让教育回归起点，回归教育的本真，要结合自己的办学实践，不断总结、反思，办有灵魂的教育。”办学要让教育回归本真，“开启智慧，润泽生命”。要团结带领“册中人”一道，共同遵循人的最真实、最自然的生命本意，发现和开掘每个学生生命最绚烂、最具潜力的闪光点，让孩子们带着满身的阳光与信心，带着对世界的真善美的追求，走向人生未来，真正担当起基础教育回归本真的使命。

三、心怀生命　成就全人
——袁俊会校长和他的“全人教育”

2015 年 5 月 24 日这天，沂南县教育体育局批准“沂南三中全人教育城乡学校发展共同体联盟”正式成立。截至目前，已有沂南里庄中学、砖埠中学等学校相继加盟，一起推进全人教育研究与实验。这些学校拥有全人教育办学的共同价值追求，不唯知识，不唯分数，从关注学生思想、个性、情感、思维、兴趣、健康、知识等生命整体出发，用全人教育思想办教育，促进城乡教育一体化发展，不断推动区域教育高位均衡发展。

教育就是服务，教育活动要与学生生命成长的节律合拍；学校教育要为学生一生的成长担当，让受过教育的人达致自我实现的境界

康德曾说过，教育的真正目的是使人成为人。三中人坚持以“培养合格的人、健全的人”为培养目标，把“人”写进学校教育每项改革的核心，坚持教育服务的思想，促进全体学生的全面发展、和谐发展和持续发展，学校教育综合质量和学生综合素质发展水平稳居全县第一，为学校如何培养拔尖创新人才找到了答案。近年来，学校为高一级学校和社会输送了一批又一批优秀人才，赢得了社会各界的广泛赞誉，成为沂蒙大地上一颗璀璨的教育明珠。

1．最好的教育服务是为学生提供课程服务，让每个学生都成为某一种人

这所作为山东省创新教育实验基地和新道德教育研究基地的初中学校，曾一度创造过辉煌。由于管理体制的不善，学校发展进入“第二曲线”，跌入低谷和发展的瓶颈。2008 年 10 月，在沂南县依汶中学、苏村中学、高里中学、张庄中学等多处中学做过教师、教导主任和校长职务的袁俊会，成为沂南三中“掌门人”，出任学校校长。袁俊会上任伊始，和大家一起讨论、制定如何让学校东

山再起、实现再次腾飞的规划。

“学校还是这所学校，教师还是这些教师，资源仍然是这么多，为什么我们的学校教育却落伍了？”袁俊会的一席话，深深刺痛了教师、教干的心。看到老师们教学虽然很卖力，生源却大量流失，学校发展后劲却不知哪里去了，袁俊会一时不得其解。他走马上任后，做的第一件事情就是召集教师讨论梳理制约学校持续发展的根源、持续发展要突破的瓶颈。

“只要思想不滑坡，办法总比困难多。”袁俊会说，“教育就是服务，教育者要为学生一生的成长负责，不仅教好书，更要育好人，善做学生人生成长的导师，为每位学生提供最适合的教育。”

2009 年 2 月开学初，学校决定用问卷、听课和访谈法，对“学生成长动力”开展一次调研。调查发现，学生喜欢文学而不喜欢上语文课，喜欢运动而不喜欢上体育课，喜欢到学校和同学一起玩，而不喜欢上学。在听课和跟进调查中发现，大多数教师课堂上仅关注知识点、考点和成绩排名，严重忽视学生兴趣、情感、思维的培养激发，不顾学生的认知起点和“最近发展区”；课后作业大多除了让学生做练习题之外，其他无事可做，或多或少地存在着不道德的现象。“这种工具式的‘半人’教育不能从生命底层拨动学生的心弦，不能激发学生积极向上的内驱力。大凡教育教学活动都必须与学生的脉搏一起跳动，教育的节奏须与学生成长频度相合拍。唯有如此，学校教育才成为学生生命成长之必需！”袁俊会说。

“为把学生培养成为某一种人，学校首先必须要让学生实现全人的发展，改变过去那种单一的教育结构，为不同个性的学生成长提供不同类型的服务，满足他们多样化的成长需求。”2009 年 5 月，袁俊会和班子成员商讨，提出了“活动育人”的办学主张，用活动唤醒和激发学生沉睡的生命活力，让学生在校园里生活得多姿多彩。

“人的教育必须由人的课程来支撑，为学生提供服务首要的是为学生提供课程服务。因为课程是实现教育目标的载体，课程的设置、结构、实施等，都要满足不同学生成长的不同需求。”袁俊会说。

为最大限度地满足每个学生多样化成长的需求，学校启动了教师“特长发展工程”。要求每位教师在学科教学之外，至少要申报一两项特长发展项目，一方面为发展学生兴趣爱好服务，另一方面也让教师发现自我，展示自我，达到自我实现的目的。

“在确保文化课学习基础上，每位学生根据成长需求自主申报自己喜欢的活动或项目，实现自主发展、自我教育。”学校结合教师特长项目申报情况和学生发展需求，组建成立了校本课程研究室，以专业的视角开发学校特色课程。一时间，初步确定了兴趣类、活动类、社团类校本课程开发方向，分类组建了多个兴趣小组或社团。

随着学校办学理念向全人教育方向的转变，学校课程结构体系也在不断完善，逐步形成了“益智养性、修身育德、育心怡情、强身健体”等特色课程等。教师也从中学会了做课程规划，写课程纲要，组织课程实施等，教师的课程意识和课程执行力、课程领导力水平也得到了整体提高。

起初，这些“特色课程”的开设，着实让某些教师感到了一些压力。到了后来，老师们参加这些活动，成了实现自己人生价值的机会。他们普遍依据专业爱好、特长兴趣，自主申报开设课程，以生为本，充分尊重学生成长的差异性，重视学生的过程体验，打破年级建制，以社团为核心，以“大活动”为基点，全体参与、社团引导、课程指导，全面按照课程计划落实课时，并对实施情况进行定期评估督导。

随着全人教育办学的深入探索，三中人按照办学目标，盘活各种教育资源，大胆整合国家课程、地方课程、校本课程三级课程，逐步构建形成了“沂南三中全人教育课程体系”。这一课程体系包括生命生涯类、审美礼仪类、科技活动类、德育信念类、人文哲学类、生活实践类六大类，这些课程是为了培养学生全人发展的，简称为“全课程”。“全课程”坚持以“全人教育”核心理念为统领，以促进学生的全人发展和个性和谐发展为根本价值追求，全面关照学生的生命整体，以学生生涯发展规划为主线，培养学生的“真、善、美、信、健、富”六种品质，力求把每个学生都培养成为“某一种人”。

学校教育结构的变化、学习组织形式的转变以及课程整合、课程开发与课程体系的构建，不仅促进了学校的发展，而且为教师专业化发展和学生的个性和谐发展创造了广阔的舞台，学生对学习产生了持久的兴趣、爱好，激发起了自我发展的动机和愿望，初步实现了教育关注学生全人发展的目的。2011 年在全县教育教学质量总评中，沂南三中的教育质量重新跨入全县义务教育阶段质量综合评估第一方阵，居全市领先地位。

2. 教育就是发现，教育要让每个人在参与中体现自身生命价值的力量

袁俊会认为，教育就是信任，有效的管理服务是管理者大胆放权给教师和学生，让他们自主发现问题、解决问题，在问题解决过程中实现自我，成就自我。早在张庄中学担任校长时，袁俊会根据学生成长的需求和教师教育教学发展的需要，为师生发展特设课程、特设岗位，为每个师生搭建和谐成长的舞台。

教育无小事，事事皆育人。三中人在办学探索过程中，发现学校存在着管理粗放、不够精致的问题。“如果这些问题得不到及时有效的解决，就会影响到学校可持续发展和学校办学品位的提升。”袁俊会说。

2010 年开学初，袁俊会提出问题管理思想，制定了学校问题化管理方案。为鼓励教师、教干、学生、家长发现寻找学校教育教学中存在的细节问题，学校开展“每天发现一个亮点，每天推广一条经验”“每天发现一个问题，每天解决一个问题”，把发现亮点、推广经验和发现问题、解决问题与教师岗位职责、专业发展、量化考核、评先树优等结合起来，充分调动每个人参与学校管理的积极性和创造性。2014 年 11 月，学校精致化管理典型经验在全市学校精致化管理经验交流会上得到展示，受到全市同行和领导的高度赞誉，学校被评为“全市精致化管理示范学校”。

教育发展到一定时期，学校管理机制如果得不到及时的优化，就会成为学校发展的一种阻碍。这时，以管理转型推动教育转型的重任，自然就会落在校长的肩上。三中人在调研论证基础上，提出了“优化学校管理机制”的改革主张，“要紧扣落实立德树人根本任务，聚焦学生核心素养发展，全面提高管理效益和育人质量，必须向传统管理体制开刀！”袁俊会决心已定。

传统学校管理体制的最大弊端在于人为给学校造成了教书育人的割裂和对师生生命的肢解，严重扼杀了生命的创造性，使教育在低层次徘徊，陷入低效漩涡而不能自拔。一直以来，袁俊会将赫尔巴特“永远没有无德育的教学，也永远没有无教学的德育”的名言，作为自己治校、育人的指路明灯。他认为，教育从来就是教书育人的“和谐统一体”。

“学校教育管理职能不应该分离的，实际上却分离了；而应该分离的，实际却没有分开。”袁俊会说，“学校政教处与教务处职能的分设，形成两处室在立德树人上的对垒，往往为师资、时间、成绩等争得面红耳赤；教师只管教书不管育人，教书和育人分离。”

“学校教育评价也是问题多多，自己教、自己评；自己管、自己评，学校的‘教、管、评’职能不能剥离，失去了评价的科学性、公正性，严重扭曲了校长办学的价值追求，评价不能引导学生成为他自己。”

同时，学校教育为师生成长服务的职能，在原来各处室都有所涉及，服务的职责、权限不明确，给学校高品位内涵发展带来瓶颈与难题。2015 年 11 月，学校遵照“因事设岗、因才录用、岗位成才、和谐发展”的原则，整合各处室、各领域的教育资源，组建成立了学校发展研究中心、成长指导中心、评价管理中心、服务保障中心“四个中心”。“四中心”聚焦人（师生）的成长，服务人的成长，一切为了教育质量的提高和学校的可持续发展。

“四中心”管理以“中心”为单元，实施主任负责制，推行项目管理，聚焦人（教师、学生）的整全发展、和谐发展、可持续发展和管理的高效益。对于学校每项重大发展任务的完成，都要实行项目管理，每个人根据自己的才能优势与任务中项目的胜任情况，分别承担项目任务，集中推进整个任务的圆满完成，年终视每个人承担项目数量和完成情况进行量化考核。“每个中心推行扁平化管理，通过项目管理实现‘全管理’，既实现了管理重心的下移，又提高了管理的整体效益和文化品位。”学校发展研究中心主任李守峰说。

袁俊会介绍说，学校在具体管理过程中，将各领域、各阶段、各环节中需破解的重点、难点问题以项目的方式分解到各中心，各中心根据项目的性质、类型、专业特点和难易程度组成项目小组，坚持问题导向、项目引领，集中化解不同教育领域的难题，对结果实行捆绑式评价。“我只评价团队”，这一机制实现了“物尽其用，人尽其才”的目的，促使教育教学不断满足学生成长的需求，推动全人教育向更深层次发展。

对于体育文化艺术节这一项目，虽由成长指导中心负责，但需要发展研究中心对艺术节方案进行策划指导，保障服务中心提供器材器械等物质支持，实施和推进的效果最终由评价中心对参与部门、人员进行评价考核。这一项目涉及3个部门、4个领域30多位教职员工，共同参与，协力完成这一教育任务，实现了教育管理的“一盘棋”。

“问题导向、中心负责、项目管理、专业推动”，打破了学校延续多年来“教书与育人割裂、政教与教务分离，自己教自己评、自己管自己评”的弊端，管理体制的优化释放了每个人的内在潜能，极大地调动起每位教师干事创业、教书育人的积极性和工作热情，促进了教师专业发展。① 学校每个人都从自己的岗位中发现了自我，都在参与管理中体现了自身生命价值的力量，唤醒了教师职业的尊严感和职业幸福感。

教育本来就是“整体人”的教育，教育的目的是使学生成为完整的人；办教育要关注学生的全面发展，真正的好学校是一所培育全人的学校

校长袁俊会认为，全人教育办学主张就是把学生作为一个“整全的人”进行整体观照，发现学生身上蕴含的个性潜能、思想、性格、特长等优势，通过“全课程”“全管理”“全课堂”成就学生的“全人之性”“全人之智”“全人之德”“全人之格”“全人之美”“全人之生”，以全面发展的教育促进每个人的终身可持续发展，从而为未来领军人才奠基。

1. 办全人教育，育全面发展之人

袁俊会认为，学校之所以培养不出拔尖创新人才，其根本原因在于教育不能把学生作为一个整全的人来培养，造成学校无法促进学生的全面发展，他们的个性潜能、创造潜质无法得以培养。三中人以创办一所全人教育学校的历史担当，通过多年实践回答了教育如何培养拔尖创新人才的问题。

“孝能竭力王祥览，忠以捐躯颜皋真。所遇由来殊出处，端推诸葛是全人。”

---

① 李中国．综合实践型教师培养模式研究 [M]．济南：山东人民出版社，2013.

这首乾隆皇帝下江南途经临沂时所题写的诗，对智圣诸葛亮给予了以“全人”的极高美誉。我国伟大的教育家孔子首倡全人教育，提出教育要“志于道，据于德，依于仁，游于艺”的主张，强调文学和历史并重，哲学和艺术兼修，待人接物的礼节和安身立命的素质兼顾。孔子全人教育的课程，采用的是“礼乐射御书数”，教师是礼乐射御书数全科教师。而日本教育家小原国芳提出的全人教育，也是主张教育要促进人的全人发展，这种全人教育对学生进行“真、善、美、圣、健、富”的教育。2011 年 9 月，袁俊会和领导班子一起综合各种因素，立足当地文化传统和自身优势，提出了“全人教育”的办学主张，全面推行全人教育研究与实验，创建自己的特色品牌。

袁俊会认为，实施全人教育办学的目的在于促进人的整体发展，在于为了培养“完整的人”，即躯体、心智、情感、心灵力量融为一体的人。它实质是一种全面发展的教育，是对德、智、体、美、劳及参与社会实践综合能力的一种完美结合和体现。“教育不能因学段不同、教育类型的差异而使学生一生的成长隔断联系。要根据学生一生发展的心理需求、能力、经验、性格、意愿等主观条件，并加以配合来进行教学活动，全面激发学生求知欲和快乐学习的兴趣，进而促进学生的全面发展。”袁俊会说。

“全人教育与素质教育不同，素质教育着眼于对人的素质的开发与培养，是对应试教育的一种纠正；而全人教育则把学生看作可能的社会人，让教育聚焦学生知识、情感、道德、能力和价值观等充分和谐发展，为成为合格公民奠定基础。”副校长李兆勇说。

2012 年 3 月，在总结以前活动育人、全面育人基础上，学校提出了“厚德全人、博学全才”的全人教育办学主张，致力于学生全人发展的培养目标。“所谓‘全人’就是完整的人、全面发展的人、德才兼备的人；全人教育办学遵循‘全面发展、面向全体、全程发展、全员参与’的原则，强调全面关照学生的灵魂、心智、体魄等，把学生培养成为人格健全的人。”袁俊会说。

学生要把自己培养成为某一种人，其前提决定于学生自我教育能力和自我发展水平的程度。三中人将学生的自主学习能力、自主发展核心素养问题列为初中教育重大课题进行研究。他们的理由是：“学校教育不能仅仅在学校里教给学生知识，重要的是让每位学生在学校学到的东西在未来人生发展中产生持续的影响。”三中人想方设法为每位学生搭建各种舞台，锻炼培养他们的自我教育的能力、素养，并创造条件让每个学生在各个方面进行自我展示。学校校歌《放飞梦想》，就是由2012届毕业生刘梦真作词、集体谱曲做成的，这位同学已是对外经济贸易大学的一名高才生。值周班长制、值日班长制等各种岗位的创设，为学生自主管理能力的培养提供了条件，让学生在参与中提升了自我发展能力、责任意识和科学探求精神。

在沂南三中工作了26年的吉光梅老师，结合自己的全人教育的实践，说出了自己的感受。“我所理解的全人教育，一个是全面发展，第二个是能够持续发展，学校不以分数衡量学生，每个学生都是明星闪烁，到年终评比时都能拿到属于自己的‘奖状’。”

对于具有不同潜质、不同表现力的学生，学校开展“校园之星”评选活动，让每个学生都有获得“星号”的机会。每位学生在每一点进步都能得到及时的肯定和赞扬，激发内在的自信和能量，最大限度地发挥自己的潜能、个性和特长。据统计，学校创设了“全面发展之星”“组织管理之星”“文明守纪之星”“勤奋学习之星”“健康运动星”“艺术表演星”“书画特长星”“诵读演讲星”“科技创新星”“环境卫士星”“诚信正义星”等15类校园之星。群星闪耀，迎来了校园的“群星璀璨”。卢德麟、张东方、高周易、陈旭旭、张伟、杨晓鹏等同学多次获得省科技发明、省齐鲁情校园才艺大赛、科幻画比赛等多项活动一等奖；王春磊、袁珩等数十名同学获得市县“三好学生”、优秀班干部等荣誉称号。

如今，每当看到走在沂南大街上，那些富有朝气、阳光自信、乐观向上、举止优雅，“特守规则，特讲秩序，特讲公德的少男少女的时候，大家便一眼就会看出，肯定是从沂南三中出来的学生”。这种群体性特征，也印证了三中人选择全人教育、追求全人教育学校品牌的价值所在。

2. 养全人之德，育人格健全之人

为落实“全人教育”办学理念，三中人首先想到为每个学生打牢文化根基入手，通过国学经典教育全面提高学生的文化、思想、道德素质。他们精心为学生设计了“三一活动”，并配备一名专职教师，将其排上课程表。

初中阶段是学生人生观、价值观形成的关键时期。为了抓住这个关键期，2011 年新学期，学校组织薛金学、张元志、王春胜等三位老师编写“三一活动”校本课程专门教材，全方位对学生进行人生观、价值观教育。

据介绍，“三一活动”是指“一日一字，一日一句，一日一善”。其中，“一日一字”，就是要求学生每天理解、写好、读好、用好一个汉字，日积月累，从而学好汉字，进而扎牢中国文化的根基。如初中第一学期，学生必须学习的汉字有“善、恶、真、假、美、丑、义、仁、恕、爱、孝、诚、信、公、平、正、直、勤、劳”等 80 个。

一日一字，天天积累，学生的中国文化的根每天都在延长，学生对祖国的感情每天都在增长，进而提高学生的文化素质，培养学生热爱汉字、热爱中华文化、热爱祖国的感情。这样就能扎牢中国文化的根系，根深叶茂。

所谓一日一句，就是让学生每天领会背诵一句名言警句。通过“一日一句”，让学生领会优秀名言警句蕴含的深刻思想，提高学生对事物、人生的认识，形成自己的思想，外化为美好的行动，使学生成为一个有思想广度和深度的人。

“一日一句”的名言警句，主要由国学教师薛金学选自中国国学经典——《论语》《孟子》《大学》《中庸》《诗经》《孝经》《老子》《墨子》《荀子》等名言警句。通过理解名句、背诵名句、运用名句，日积月累，感悟国学，领受大师教诲，形成自己的思想，打牢自己思想高塔的塔基。

所谓“一日一善”，要求让学生知善、行善、扬善，积善成德。一日一善，也叫“日行一善”，每天做一件好事，记录在“三一活动”记录本上。善事好事做多了，自然积善成德。

“学生每天做一件好事，每日起心动念要为别人着想，起一善念，这是心行一善；每日言谈举止中说一句有益的好话，这是口行一善；每日身体力行，做一件有益别人、有益社会的事，无论大小，这是身行一善。”薛金学说。

学校为扎实搞好这一活动，还专门规定了“一日一善”的活动内容：知善、扬善、行善，善心、善言、善行，善待自己、善待他人、善待自然、善待社会，有了这些，从而保证了每位学生能真正做到“勿以善小而不为，勿以恶小而为之”。学生公政在 2014 年 10 月 21 日的“一日一善”活动中，这样写道：今天上历史课，老师要求用红笔改错，以便日后复习；高扬找来找去也没找到，我递过去一支红笔，他向我投来感激的目光，我回以微笑。

成长指导中心于成龙说，“学生每天记下自己的‘一善’，这既是学生成长的足迹，更是自己对自己的审视，还是自己对自己的督促。”“一日一善”，日积月累，学生就会筑起道德的大厦。正如荀子所言，“积善成德，而神明自得，圣心备焉”。“己所不欲，勿施于人”“己欲立而立人，己欲达而达人”，在沂南三中校园里，三中人在重构着新时期的“道德金律”。

袁俊会说：“一日一字，扎牢文化之根；一日一句，打牢思想之基；一日一善，筑起道德之厦。”三中人以“三一活动”纪实本为载体实现了“三一活动”的“三位一体”，通过“一日一字、一日一句、一日一善”三种活动，让学生在活动中实现了文化、思想、道德的同步发展、和谐发展，构筑起文化、思想、道德的大厦。

如今，“三一活动”逐渐成为沂南三中“全人教育”办学的重要支撑，促使学生在做人、心智、特长、体魄等各个方面都得到健全、均衡的发展，也推动着“全人教育”办学理念不断落地、变为现实。

2015 年 11 月，三中人决定在“三一活动”发展基础上，启动“道德实验室计划”。为的是推动德育实现专业化，由此推动教师专业的完整发展，促进全人教育理想向现实的转化。

作为山东创新教育实验基地和新道德教育研究基地，沂南三中始终坚持德育为先，育人为本的办学理念，关注学生做人胜于做事，品德胜过分数，素质教育办学成果多次受到省领导的表彰。为了进一步增强德育的针对性、实效性，沂南三中以思品课教改为突破口，实行思品课教学由学科知识体系向学校常规育人体系转变，思品课教师成为学校德育处的学生人生导师。省优秀教师吉光梅介绍说，“读名著、做全人”，学生选择自己最心爱的书阅读并撰写道德感悟，让学生在“道德实验室”不断实现着自己的道德成长。

当学校站在“人”的立场，从学生的生命、理智、情感和智慧作为教育起点对学生成长成才规律进行设计、规划时，教育会呼吸着生命的气息，教育就成了生命之间的交融与碰撞，生命的成长、生命的快乐与幸福就成为教育结果，而知识、分数和升学率却成了学校教育的“副产品”。正因为有了师生的全人发展，真正的好学校才有了诞生的可能。

教育是一场人生“马拉松”接力赛，从一程接过一程；教育者要学会终点的思考，教学生三年想学生一生

教育伴随着每个人一生的成长。生命的丰富多样性决定了教育过程的复杂和多彩，这也是全人教育所聚焦的根本问题。没有教师的全人发展就没有学生的全人发展。教育者要遵循学生成长成才的规律，对学生一生的发展进行整体设计和系统规划，确保教育的“不断层”“不割裂”“不游离”，用全人教育思想促进每个学生的可持续发展，用一生的教育成就学生一生的幸福。

1. 人生需要规划，教育衔接要做好前伸与后延这篇文章

在沂南三中校园里，矗立着一尊孔子塑像。每到新生入学这天，孔子塑像会迎来数百名学子的敬拜。每位新生在学生成长指导中心的组织带领下，缓缓来到孔子塑像前。他们一一向孔子行“拜师礼”，再向任课老师行完拜师礼，由班主任带回自己生活的班级，等待参加全校的开学典礼。行礼瞬间，“高山仰止，景行行止；虽不能至，然心向往之”的境界顿生胸间，每个人对圣人那种敬佩、景仰之情便会油然而生。“拜师礼”、举办开学典礼等入学仪式，唤醒了每名学生成为中学生的自豪感和归属感，如今入学仪式已成为学校一门必修课程。

“学会终点的思考，不仅考虑学生入学前的生活、生存状态，也要为学生未来的人生发展着想。”袁俊会说。作为一所初中学校，三中人开发了一系列“小升初”衔接课程作为对初中教育的前伸，有效化解了小学阶段与初中阶段之间的教育“断层”问题。作为初中后教育的后延，沂南三中的离校课程也别有特色。每当毕业季来临的时候，沂南三中的学子们都翘首以待，期盼这一时刻的到来。“母校栽培和养育了我们三年，不仅教会了我们求知的方法，还教我们学做人，我们拿什么来报答自己的母校？”2013 届毕业生尹东晓一篇《毕业了，我不想走》打动了多少人的心，说出了多少毕业生的心声。“毕业了，我不想走，我一边写，一边流泪，我真的不想走！我现在宁愿时光倒流回到三年前，这样

还能在母校，还能和大家在一起！可又不得不走，因为我们有更高的目标去追求！天下没有不散的宴席，希望我们以后有机会还能重聚校园！可无论今后我走到哪儿，我都不会忘记我那些可爱的同学，敬爱的老师和哺育我的母校——沂南三中。”

每逢毕业典礼，学校都要从国学经典《〈论语〉之道》中挑选出 27 条名言警句，让毕业生诵读。这 27 条包括学习、做人、尊师、做事、公德、交往、礼仪等内容，让学生懂得“修身、齐家、治国、平天下”的道理。在毕业典礼的各项日程中，老师赠言惜别学生，嘱托学生走好人生每一步；学生谢师恩为老师献花，表达学子们对母校的感激之情。“我们的初衷是想让学校把学生扶上马，还要送一程，让每位学生在沂南三中养成的好品质带到高一级学校和社会中去。”

每位学生入学必行“拜师礼”，毕业必行“谢师礼”，已成为校园里一道靓丽的教育风景。在沂南三中，每届毕业生用自己的零花钱为自己的母校捐赠雕塑石作留念，已成为一种习惯和风尚。从 2009 年毕业生捐献刻有“源心石”的雕塑起，以后连续三届毕业生相继捐献“三一亭”和孔子、王羲之、诸葛亮等“三圣”塑像。“三圣”塑像铭校园。三中人匠心独运，将这三尊塑像相继建成三座文化景观，纳入学校课程文化体系。

三中人把教育的全程性看作全人教育的重要特征，从开学第一天开始，就按照学生一生成长成才的规律，指导学生制订自己的人生规划。2012 年 5 月，学校在曲阜师范大学教科院指导下，组建成立“心语轩”心理咨询室，并配备了三名专职教师：一名国家注册二级心理咨询师、一名临沂市家庭教育讲师团成员、一名教育管理专业的硕士研究生。

“从入学第一课开始，我们都为学生全面建立心理健康档案，并开设各类针对性强、符合关键期特点的心理辅导课程。”心理咨询师高志芹老师介绍说。为了满足每位学生的发展需求，学校开设了五大类课程，即生命生涯课程、学习心理辅导课程、生活心理辅导课程、情感心理辅导课程、人际关系心理辅导课程。这样的课程都能化解不同年级、不同发展时期学生的心理问题，每个学生在个体咨询室、团体咨询室、沙盘室、OH 牌室、发泄室，通过心理健康讲座、个体咨询、团体咨询等方式得到有效解决。

作为一处初中学校的沂南三中，对学生三年教育的规划，从入学初期与小学的衔接到三年后与高中、社会的后伸，从课堂到课后，从校园到社会、家庭，综合学段、学程和阵地等各要素整体构建起一体化立德树人教育体系。

每到放假期间、双休日、课余时间，会出现学生德育的薄弱环节。三中人除了为学生布置学科作业外，还布置一些特殊的作业——“德育作业”。老师规定先完成德育作业后，再做学科作业。每逢寒、暑假期间，学生按照就近原则，自发组织开展“民风民俗调研”和社会实践活动。他们亲手记下自己对“除夕”“过小年”“贴春联”“元宵节”等习俗来历调研的感悟，或从对联中寻找身边的变化，激发热爱家乡、热爱生活和热爱祖国的情感；或从事社区服务活动，在打扫卫生、看望孤寡老人中感受生活的幸福；或参加“我为县长进良策”环保调查活动，增强建设文明城市的责任感；或在家庭开展“今天我当家”“我的零花钱怎么花”等活动，培养学生自理能力和自主理财能力等。一系列德育作业的完成，学生的社会责任感、创新精神和实践能力都有不同程度的提高，也不同程度地促进了学生的全人发展。

教育从来不是一个社会的“孤岛”，三中人把家校合力育人纳入全人教育结构体系，用自己的教育智慧和担当情怀把教育从“单行道”拽回，让教育行走在“家庭、学校、社会”三结合的立体育人轨道，实现了立德树人教育的统筹协调、和谐共进。

2. 唯有教师心怀生命整体做教育，才能促成学生走向完整的人

袁俊会认为，教师强，则学生强；教师进步，则学生进步；教师幸福，则学生幸福。培养全人学生，必须由全人教师来培养。

什么教师是全人教师？在三中人看来，教师除了具备基本的专业水准外，还要具备教育素养、教育自觉，同时要掌握一两项特长。“因为只有学生喜欢老师，才会喜欢老师上的课，才会产生终身热爱学习的兴趣，也才会实现学生的全面发展。”学校要把教师全人素质的培养纳入全人教育重心，利用一切机会培育教师的教育素养，张扬教师的教学个性。

2010 年，学校启动“全人名师成长工程”，推行“双师评选”活动。这一工程立足教师的全人发展和专业发展，对应教师成长不同阶段建构形成了梯级教师发展体系，即“合格教师—优秀教师—学校名师—首席教师—功勋教师”等不同层级，要求每个阶段都要有自己的成长规划和目标要求，并将规划纳入“学校教育发展规划纲要”之中，每年都要通过学生、家长、社区的网络投票，涌现出一大批“我最喜爱”的教学名师和德育名师。

为了发挥名师的引领示范带动作用，2010 年 9 月，学校启动名师大讲堂，目前已有 120 名校内外教师登上了三中名师大讲堂的讲台。2013 年 5 月，学校启动名师发展论坛活动，50 多场论坛有力地提升了教师的科研能力和理论素养，促进了教师的终身学习和持续发展。

没有教师的全人发展，就没有学生的个性全面发展。2015 年 10 月，三中人基于教师和学生内驱力发展的需要，组建成立了“名师成长俱乐部”。“名师俱乐部”每周三中午第一节课“开讲”，采取对外开放的形式。每位教师都根据自己的优势特长自主申报微课堂、微课程、微课题、微论文、微报告、微讲座等“六微”项目，学校根据教育发展规划遴选确定定期开讲内容。“一种思想传递着”，每位教师用自己的成长故事、创造成果等打动着每位“听讲者”，大家被“彼此”感染着，彼此之间的互动、共鸣与共享唤醒了教师专业发展的生命自觉，教师的专业水平和职业幸福感也在不断提高。

谈到教师专业发展的路径，市优秀教师吉光梅把课堂作为自己专业成长的主渠道。她结合思品课教学经历介绍了自己在全人课堂中学科教学的创造成果：“（思品课）教学应重视活动，以丰富多彩的活动触动学生的内心世界，引导学生感悟、体验、探究，从而内化成道德力量。”

“当初，把德育信念像盐块一样让学生吞下去，自己稀释、吸收，德育效果会打折扣；后来认识到，德育不是强调无痕吗，应该用许多的案例材料创设情境，让学生在感悟、讨论中自己得出结论。”她将自己的教学经验总结为“创设情境—体验感悟—探究交流—内化生成”，“德育教师要用活动引领，把德育信念（盐块）融化在一碗水里，让学生喝下去，自然地慢慢地内化，达到德育无痕的境界。”

“我们提出全人课堂模式的目的，就是为扭转课堂重知识、轻情感，重灌输、轻创新的状态，一切基于师生的全人发展，一切为了学生的全人发展。”科研处张元志老师说，“全人课堂以学生发展为中心，把教学资源与学情分析作为教学第一出发点，把学生（全人）发展作为目标归宿。”

2015年上学期期中考试刚过，语文老师徐晔华为学生上了一节《扬起自信的风帆》的课。当时，学生的思想情绪比较复杂，许多学生还未摆脱考试失利的阴影。为帮助学生们树立自信，徐老师决定课堂由学生唱主角，自己在幕后做导演，由名人、老师、父母、同学等人物的自信名言或事迹引导学生自身的言行，激发升华学生的自信。

在两位小主持人的引领下，全班同学依次完成六个板块的教学内容。到了第五个环节，班长梁雍绮精彩绝伦的回答一下子点燃了全班同学的热情，大家的情绪被调动起来，一些同学跃跃欲试。在第六环节“为我自己来点赞”，主持人让同学们写出自身十条以上优点的同学，站起来依次回答。那些超级自信甚至是自恋的言论引爆全场，那带着自信的欢笑声一浪高过一浪。此时此刻，同学们没有了羞涩，也没有了胆怯，没有了畏缩，真正成了课堂的主人。

“我的课堂我做主，自信英雄舍我其谁！”更令人拍案叫绝的是，两位小主持人在宣读完自己的优点之后，一个喊：“我的支持者在哪里？”另一个吼：“我的粉丝们请举手！”此时此刻，课堂在“生生互动”“师生生互动”中达到了高潮，学生们自信的欢呼声淹没了下课铃声。全人课堂的情境性、生命性、道德性、差异性、生成性在这堂课里得到了淋漓尽致的体现，师生的生命智慧璀璨绽放，他们的生命特质也得到充分张扬。

传统课堂里教师总在抱怨：“这道题，我都讲了二十遍了，你们就不往脑子了装！”要知道，学生的成长需要被尊重、被关注，学生的生命需要激活，课堂是生成的，不是教师在教案上预设的。没有生命张力的课堂，是低效甚至是无效的课堂。

全人课堂以问题导向，充分根据学生的学习需求，围绕学生的问题与困惑，着眼于每位学生的终身发展，将教师和学生的人生阅历、生命感悟、生活故事等作为教育资源，“用一生的功夫”备课、上课。学生在课堂里自主学习、自主探究、合作交流，由过去“要我学”变为“我要学”，学生真正成了课堂的主人，课堂成了师生之间相碰撞、相交融的生命课堂，每个学生在这种学习的课堂里实现着教学相长。

叶澜教授认为，教育是直面人的生命、通过人的生命、为了人的生命质量的提高而进行的社会活动，是以人为本的社会中最体现生命关怀的一种事业。近年来，沂南三中坚持“课堂即人生，人生即课堂”的大课堂观，重构新的教育质量观。① 他们在袁俊会校长的带领下，直面师生的整体生命、通过师生的整体生命，为了师生整体生命质量的提升而进行了一场全人教育的改革实验。

为了实现“走向完整的人”的办学理想，三中人的心中不仅自觉拥有全面的教育目标意识，而且拥有自觉选择更合理的教育教学方法的智慧；不仅关注学生作为学习者的知识与技能、过程与方法、情感态度与价值观，而且关注学习者的学习劳动和自主学习、自我负责精神的道德成长、艺术修养的提升及其这些元素作为一个整体的协调并进，调动和利用人的一切力量，切实促进人（师生）的整体性——全面的、健康的、富有个性的、和谐的发展，他们在“心怀生命、成就全人”的探索中，不断促使每个学生“成为一个完善的人”。

附：校长风采

1. 袁俊会简历

袁俊会，男，1966 年 12 月生，山东省沂南县界湖镇人，中共党员，大学文化。中学高级教师，曲阜师范大学兼职教授。1985—1987 年临沂师范专科学校政治系学习，1987—1989 年沂南县依汶中学政治教师；1989—2000 年沂南县苏村镇中心中学政治教师、教导处主任；2000—2004 年沂南县青驼镇高里初级中学校长；2004—2008 年沂南县张庄镇初级中学校长；2008 年 9 月任沂南县第三中学校长。现供职于沂南县第一中学。

① 叶澜．“新基础教育”论——关于当代中国学校变革的探究与认识 [M]. 北京：教育科学出版社，2014.

2. 办学主张

只有对某一事物进行整体观照时，事物的面貌才会被完整把握起来，它的棱角特征才可能分明凸显起来；教育也是如此，只有当教育全面观照学生的整全生命，实现由“半人”教育转变为全人教育时，我们的教育才能把学生培养成为某一种人，自我实现的目标才可能达成。要用全人教育的哲学思考和创新性的办学实践，不断实现着每个人的全人成长，不断达至自我实现的人生境界。

四、和合共生　守正出新

——李凯校长和他的"'生命·实践'教育"

2013年9月，临近大学开学的日子，升入南京大学的张来同学早早来到临沂二十二中，找到初中班主任诸葛志海老师，深深鞠了一躬："老师，感谢您对我的辛勤培养！"

"张来刚到学校就读时，成绩平平，习惯也不好。在这里生活了三年，变化可大了，为后来的发展打下了厚实的底子。"诸葛志海介绍说。

2012年11月，二十二中代表临沂市罗庄区中小学迎接省基础教育示范教研机构验收。省教育厅评估专家组，深入课堂、班级和教研组察看了学校发展情况，对二十二中坚守五年的"活动式自主课堂"改革及其所取得的成果啧啧称赞："这里的学校实现了每个学生的成长权，是具有深度均衡的教育。"

成长需求：学校深度变革的逻辑起点

二十二中地处临沂城区和罗庄城乡接合部，被戏称为"前不着村后不着店"的学校。为适应城市化建设需要，学校几经搬迁，办学资源流失甚为严重。近年来，随着改革的不断深入和软硬件设施不断完善，学校教育质量有了突飞猛进的发展。学校创造的"三化五学"教学模式结出了硕果，市区教育综合改革和高效课堂建设现场会多次在这里举办，学校多次荣获"模范学校"称号。成绩印证、体现着二十二中人勇于担当、守正教改的精神，更凝聚着他们守正创新、共谋发展的智慧。

1. 只有教师的完整发展，才有学生的主动健康成长

2008年9月，新学期开学的一天。刚上任的业务校长李凯照例带上板凳到班级听课。在七年级三班，他观察到，课堂上，学生目光散乱、迷茫，对学习缺乏学习的兴趣，眼神中缺少求知的光芒。教师也缺少和学生的沟通交流，缺乏精气神，没有激情，只是自顾自地讲解、讲解、讲解……当老师抛出一个简单的问题时，全班只有几个学生怯怯地举起了手，回答问题的声音小得连自己都听不清。课后，李凯对本节效益进行了系统测评，发现大部分学生不能完成最基本的学习任务。

这一现象，引起了李凯的思索：“每个孩子的成长牵动着无数个家庭，家长把孩子送给我们，期盼着学校把他们培养成人、成才。如果我们做不好教育，家长还会信任我们吗？”

“一切为了学生，为了学生一切。”班子会上，李凯围绕生命活力主题提出了课堂改革主张，得到了孙迎来校长的认可与支持，“学生是学校办学利益的最高体现者。今天，家长把一个懵懂而具潜力的孩子交给学校；三年后，我们理应还他们一个健康好学的少年。”

“学生是校园里最重要的人，教师是办学最关键的元素。教师无私的爱、渊博的专业知识，深厚的人文素养，都会成为学校起死回生的资源，也是促进学生和谐发展的要素。”李凯说。

改变学生的生存状态，首先从课堂改革入手。学校提出了“改变教师，改革课堂，发展学生”的整体设想。他们对办学条件、办学目标重新审视、重新定位，对学校未来发展进行重新规划，对教学模式进行改造，对教育观念进行全面更新。

师生的生命在课堂，师生的幸福在课堂。课堂就是人生的舞台，师生在课堂表现如何，就是他们人生的状态如何。

他们决定将活动元素引入课堂，打破课堂沉闷气氛，实现从片面关注知识到关注学生的课堂生存状态和生命活力转变。要求课堂“活动”体现“四性”，即教育性、挑战性、体验性和创造性。活动的设计和评价，应全面唤醒师生的生命自觉，让课堂焕发生命活力。

三年的探索与实践，初步形成了“活动式自主课堂”改革成果。学校诞生了一批课改之星，作为课改领头雁的王兆娟、高艳等老师，区里专门为她组建“名师工作室”。学校的教育质量也因此而得到大幅度提升。

课改的深入推进和学校办学活力的不断增强，使学校发展有了立足之地，渐渐地在百姓心中有了好口碑。

看到二十二中优秀的课改成果，区教体局局长周广军欣慰地说：“在素质教育探索的路上，李凯有思路、有创新，能使学校很快走出了低谷，驶上健康发展的快车道，了不起啊！”

2011 年 5 月，李凯成为临沂第二十二中学的“掌门人”。上任伊始，李凯把自己做校长的“第一要务”定位在师资培养主题上。把促进优质教师的群体发展，作为学校办出优质教育的核心命题。

“学校是一个有生命力的组织。师生要实现其成长，校长应首先实现其成长。”李凯回忆说，在个人成长过程中，叶澜的新基础教育理论、陶行知的教育思想、苏霍姆林斯基的经典理论等都对他产生了深刻影响。他为自己定制了一道作业，那就是：每天坚持读名家著作至少 16 页，至少撰写 1500 字的反思或随笔。李凯校长想借此带起一个好头，唤起教师读书的热情，夯实教师的学术根基，为改革提供强有力的专业支撑。

“教育的改革要有高远的立意，应与师生的人生大义、远大的理想信念密切结合，与师生的生命活动和学生成长需求相契合，以适合不适合、满足不满足为最终评判标准。”李凯说。

在校园，到底是什么原因使学生的精神淡薄、缺乏尊严感？为什么学生处在兴趣不足的荒漠化状态？何谈学生对学校的美好向往？

传统的班级授课制，教师目中无“人”，只关注知识。“死教书、教死书”使学生沉入“题海”不能自拔，学生的思维水平、综合能力和人格品质，不能得到很好的培养和锻炼，如何实现学校的可持续发展，又何谈让学生拥有美好的未来？

“每一个孩子的受教育权是平等的，教育的任务并不是让每一个孩子都考上高中和大学。更为主要的，是把孩子培养成未来的合格父亲和母亲。不管孩子的基础和习惯有多差，在培养未来合格父亲和母亲方面，绝不放弃每一个孩子！”

2012 年 5 月，学校确立了“生命·实践教育”办学特色，在“人人成长，个个成功”的教育理念的指导下，坚持“做有故事的教育，办有温度的学校”，沿着“以培育生活主体为取向，让师生和谐发展”办学体系发展。

为了实现“培养懂生活、知感恩、能担当、有智慧的新公民”的办学目标，学校进一步提炼形成了“三化五学”教学模式。这为今后每一位教师的专业完满成长提供了很好“遵循”。

“学生需要成长，教师同样也需要成长。尊重每个人成长的需求，是学校变革的逻辑起点。”

在李凯的心目中，教师的成长和学生的成长犹如构成美丽花朵的许多花瓣，没有主要与次要的花瓣之分。而教师的专业成长，教师教学技艺的增长和道德的成长也如一物两面，同样是没有主要与次要之分。

教师的专业性体现在学生身上，关键问题是教师从学生成长的快乐中找到幸福的源泉。为什么我们的教师却早早地出现了职业的倦怠，没有了往日的豪情和当初对教师职业的眷恋？

以前，教师的专业发展只关注了教学的专业化，忽略或忽视了教师的德育专业化，使本来具有完满结构的教师专业结构不再完整，认为造成了割裂与分离。现实的表现是，教师只管教书不管育人，只会教学不懂德育。机械重复、单调乏味，缺乏有生命低语的生活，能有什么教育幸福可言？

“没有教师的健全完整发展，就没有学生的主动健康成长。关键问题是，如何用变革来颠覆片面而割裂的传统育人观。”李凯校长说。

为将“立德树人”这一根本任务落实到方方面面，学校决定把教学、政教两个处室由一位副校长分管，使教学和德育工作合二为一，实现教育效益的最大化。“这一创举使‘德育生活化’‘生活化教育’‘教学与德育的育人整合’有了科学的机制保障。”副校长李波说。

李凯敏锐地发现，在教师的专业结构中或多或少地存在着“短板”，成为制约教育持续发展的一大瓶颈。“教师发展是学校发展的主题”，不能光停留在口号上，学校必须设有一个专门培训机构，全面担当起教师培训的任务。

经过一番深思熟虑和调查，李凯校长和班子成员决定将发展全面、热爱科研事业的公彦利老师选到师训岗位，全力协助校长实现教师教育这一校长的“第一要务”。

2. 让人人有尊严地成长

走进二十二中教学楼，每个班级走廊里都有一面笑脸墙，笑脸墙上有每个孩子灿烂的笑脸，笑脸的下面有一句发自孩子肺腑激励自己、鼓舞别人的语言。笑脸墙的旁边，写着“闪光点就是生长点”。在这个专栏内，也有属于每个孩子的一张表格，记载着每个孩子在老师、父母、同学的关怀呵护下茁壮成长的印迹。体现了二十二中“学生为本、成长至上”的文化治班理念，也展示了师生之间智慧和思想共鸣的历程。

“笑脸墙最初展示的只是优秀生的笑脸，当优秀生看到自己的笑脸时，都很自豪、高兴，但是当他们发现同伴在笑脸墙上找不到自己的笑脸那种失望、沮丧的心情时，他们很是难过。”班主任李晓燕老师说，“为让每位同学都能张开幸福、自信的风帆，后来把每个同学的笑脸都展示在笑脸墙上。”

“二十二中的每一位班主任，都有一些可圈可点的动人故事，成为学校宝贵的育人资源。每当回忆起这些故事和育人历程的时候，由衷感到教师的幸福更多的是来自每个学生的成长。教师的专业尊严也在于此吧。”李晓燕老师说。

八年级（二）班，有个叫郑秋晨的同学，不知什么原因，她有个故意“躲避周一”的习惯。一天，她找到班主任公彦利老师，说：“老师，我想换个座位，行吗？”“你为什么要调位？”“组长嫌我拖组里其他同学的后腿，提问题时也不理我，我想换个小组学习。”公彦利老师感觉很惊诧。郑秋晨虽是一个文静的女生，但学习上不求上进，学习成绩一直徘徊在下游，在班里得不到其他同学的重视和关注。

在班级管理中，小组间学生座位的调换是按规则出牌的。要求每学期轮换一次，在学期初进行。座位调换主要根据上学期小组自主管理的综合积分，遵照“组间同质、组内异质”的原则有序执行。

“每个人不论年龄大小，都是有尊严的，郑秋晨同学虽然成绩不是很理想，但有一颗上进的心，有渴求成长的强烈热情。”公彦利老师想到这里，决定和班委商量，为郑秋晨同学“破例一次”。

这次“特殊的决定”，使郑秋晨同学一改常态：每天早早到校，当其他同学到齐时，教室里已整洁有序了。渐渐地，她在班里同学心中有了“位置”，收获了从没有过的自信和尊严，她的学习成绩也有了较快的进步。

座位调整对于整个教育、对人的一生来说，的确是一件很不起眼的小事。但由于公彦利老师的“特殊决策”，为一个逃避周一、不求上进、几近辍学的“边缘生”，注入了做人的尊严和生活信心，也为她一生的成长注入了持续动力。

著名教育家雅斯贝尔斯《什么是教育》中有句名言：“教育的本质意味着，一棵树摇动另一棵树，一朵云推动另一朵云，一个灵魂唤醒另一个灵魂。”

是的，教育的本质在于唤醒，在于将每个人的内在力量激发出来。当一个人的内在力量觉醒之后，他的一切行为就会变得主动自觉，就会唤起潜在的成长欲望和无穷的动力。教育者的根本任务就是为学生的成长不断搭建平台，为他们提供成长的机会。

2013 年 9 月，李庆珍老师接任七年级二班主任，在最初的两个星期里，她每天坚持跟班，班级事务自己一人包揽。加上原来指定的班长性格文静，不爱管事，缺乏威慑力，班级氛围散漫。一次中午学校开展活动，李庆珍向班长交代一下离开教室，结果班里乱成“一锅粥”。

“最好的教育是自我教育，每一个孩子都能有尊严地自主成长，我们切不可替代学生的独立发展。”组建新班委，推行班级自主管理，重建班级文化的想法，一时萦绕在李庆珍老师的脑海里。

为了培养学生的民主意识，李庆珍决定采取民主选举，公推公选班长。评选结果一出来，让李庆珍出乎预料：苗壮同学全票当选，成为新任班长。

之前，这位不起眼的苗壮同学，一直没引起李庆珍的注意。当李庆珍老师对苗壮的生活情况进行调查之后，更令她对苗壮产生了好奇与不安。

好奇的是，苗壮的老家在兰陵，离学校有 100 多公里地。6 年前，年仅 7 岁的苗壮离开老家，来到罗庄陈白庄和他姨母一起生活。由于苗壮姨母举家生活的变迁，留下苗壮一人独自生活。等到升初中时，出于对孩子以后发展的考虑，苗壮的父母决定让他住在罗庄。在没有亲人陪伴的情况下，他独自一人在这里求学、生活。

不安的是，作为一名班主任老师，由于事务性工作，忽略了对班级同学生生活情况的全面了解，没能尽上一名教师的责任。

两个月后，学校学生发展中心对苗壮进行了表扬："苗壮同学热爱班集体，维护班级荣誉，能够当好老师的助手；体贴父母，主动为父母和老师分忧，自己生病不给父母说，不让父母担心。"

苗壮独立生活、自立自强的精神打动了全体老师，感染了全体同学。他所在的班级多次被评为校级、区级优秀班集体。苗壮的事迹很快传遍了校园和社区，校长李凯在升旗仪式上，动员全校师生学习他自尊自立、自强不息、勇于担当的事迹，号召全体同学争做"懂生活、知感恩、能担当、有智慧"的好少年。

每一个学生犹如一颗饱满的种子，只要遇到合适的土壤和阳光雨露，就能破土萌发、茁壮成长。教育的每一个人，都应为学生成长搭建服务的平台，相信学生、尊重学生。只要用大爱和智慧点燃学生心中成长的欲望，就会迸发出成长的缤纷火花。

茁壮成长：每一个学生应有的权利

李凯认为，每个孩子都能从自己身上找到"闪光点"和成长的生长点，关键是我们以什么样的视角，采取什么样的方式，通过什么样的手段和途径，为他们提供最适合的教育，让每一个学生得到最优发展。

1. 把成长权还给每一个学生

每年的母亲节，二十二中校园里每个角落都布满了各色各样的鲜花，整个校园散发着浓郁的花香。在这一天，每一位同学的母亲都要走进校园，来体验、欣赏孩子为自己亲手栽培的"母亲花"，成群的蝴蝶和蜜蜂伴随着母亲们的欢笑声翩翩起舞。每到一年的年底，二十二中团委都要为学生布置一道寒假作业——为自己的母亲种植一棵最令她喜爱的花卉。

母亲节来临的这天，学校举办一次花展，展示学子们栽培"母亲花"的劳动成果。为了体现学生的劳动过程，在花展这天同时展出花卉的说明文、栽培过程的图片和亲子之间的感言。

二十二中人以独特的智慧，将一项小小的种植活动赋予道德意义，成为极富育人价值的实践活动。让学生在具体的生活实践教育中，受到了因劳动带来的感恩、审美和创造的教育。在花卉栽培、管理和对花的呵护中，学生们学会了像花一样在阳光雨露下茁壮成长。

基于对学生主动成长的思考，李凯校长尝试提出了生活教育的三个价值序列，这三个价值系列分别是：学会生存、珍爱生命；创造生活、享受生活；自我实现、追求卓越。这三个价值序列要求每位教育者在课堂上，在学校生活的时时刻刻，在校园的角角落落，都要用智慧的眼睛去发现、发掘、培植有意义的鲜活教育资源和元素，将育人效应发挥到极致。

初中阶段是每个人的人生观、价值观形成的关键时期。“一个人知识出现断层，可以用时间来补偿；要是做人或价值观出现了断层，即使用一生的时间都难以弥补。”李凯深深地认识到这一点。他认为，学校要抓住一切机会，加强对学生的理想信念、价值观教育。

为了让学生充分的自主发展，将成长权还给学生，二十二中开发了成长主题系列活动，将活动课程与学科课程加以整合，实施生活教育课程化实验，做到分阶段、有步骤地对学生进行主题教育。

“学校的每项改革与实践要以尊重差异为切入点，以唤醒生命为起点，以促进学生的主动健康发展为价值追求。”李凯说。

二十二中的老师们根据学校的规划，结合自己的特长爱好，有创意地开发了学科延伸（拓展）类、艺体类、地方文化类、生物种植类、工艺制作类等各种校本课程，形成教育主题菜单，供学生自由选择。

这里的学生们都根据自己的兴趣、爱好和成长需求自由选课，适时自主调整菜单，在属于自己的社团里共同研究、一起探索，实现了自主成长和自我发展。

为了检验主题教育成果，学校根据兴趣小组参与人数的多少、每次活动的质量、研究性学习成果对教师进行综合评价，极大地激发了师生参与校本课程建设和研究性学习的积极性、主动性和创造性。

每逢节假日，学校都开发一种“生命·实践”教育活动课程，以手册的形式发到每位学生的手上。开学后，学生上交父母签字的活动手册，并以班级为单位适时组织交流汇报会，把这项活动切实落到了实处。课程要体现学校主题教育价值，内容贴近学生的年龄特点、生活实际和生活地域文化，还要与学科教学对接。学校不再布置大量作业，将假期生活作为一种“大课堂”，巧妙地将学校教育延伸到家庭、社区，形成了教育“接力棒”，使青少年教育的“薄弱环节”不再薄弱。“为父母分担一些家务，当一次厨师，参加一次社区志愿者服务活动，这种看似很简单的活动，学生们从中受到责任、理想的教育，同时孩子父母也从孩子的成长中感受到由衷的喜悦，促进了家校教育的协同发展。这种教育‘减肥’方式把课堂搬进了家庭，搬进了厨房和社会，使学生受到了润物无声的教育效果。”罗庄区教研室专家王才之说。

李凯认为，离开生活的教育，是空洞的教育；缺乏体验的教学没有生气；缺失了创造的教育，没有意义。二十二中人把生活体验教育引入校园，为每一个学生提供自主体验、自主创造的平台和机会，不断实现着主动的健康成长。

“生活即教育，教育即生活”，生活教育在二十二中校园里无处不在。学校设立了值周班级制度，每周安排一个班级作为值周班级。规定班主任为值周校长，班长为值周校长助理，值周校长带领本班学生对学校进行一周的管理。让学生在参与中学会了理解，在执行中养成了习惯，在劳动中体会了尊严，在助人中感悟到奉献的快乐。

每年 5 月份，学校都要组织八年级学生举行一次“远足”活动。40 多公里的路程，孩子们要当天往返，校长带领全体老师走在队伍的一侧护送着学生。在通往武河湿地、科技馆、动植物园、临沂大学的路上，都留下了二十二中学子艰苦跋涉的脚印和身影。

陈汝贵班里有个叫孙梦雨的同学，体重 180 多斤。在班上除了“胖”之外，是一名非常不起眼的女同学。这次远足一直走在班级队伍的最前面，路程刚走了一半脚就磨破了，鲜血浸湿了袜子，钻心的疼痛让她走起路来一瘸一拐，慢慢地落在了队伍的后面。陈老师看在眼里，疼在心里，连忙联系学校的护送车，想把孙梦雨同学送回学校，但是孙梦雨同学却拒绝上车，要求和同学们一起走到目的地。一路上，同学们分批保护在孙梦雨旁边，陪她聊天、讲故事，一起观察路旁的庄稼，一起感悟“长征”的艰辛，一起收获付出的快乐。

教育的出发点是人，落脚点也还是人。教育要扎根生活，丝毫不能离开对人的关注，对生命的关怀。无论有什么特别的孩子，他们都渴求尊重，心灵都需要呵护。教育者要善于把成长权还给学生，让他们快乐成长、主动成长、健康成长，不断地让他们的生命丰腴起来。

2．赋予每一个学生自主学习权

学生在学校生活有65%以上的时间是在课堂上度过的。师生的生命在课堂，师生的幸福在课堂。课堂就是人生的舞台，师生在课堂表现如何，就是他们人生的状态如何。

一项对传统同步教学的调查，发现有三分之一的学生能听懂、学会教师的讲解，有三分之一的学生似懂非懂，也有三分之一的学生成了课堂的“看客”。这就人为地造成了教育的不均衡现象。

每一个学生都是天生的学习者，都有自己的学习权利。如何改进师生的课堂生活状态、提升学校生活质量，实现每位学生的学习权，成为教改的一项重大议题。

为实现每一个学生的学习权，二十二中人勇敢地与传统同步教学较劲。他们发挥小组合作学习的优势，将“活动（作业）、小组合作、分享表达”三个关键元素引入课堂，在前期课改成功基础上，决定对“活动式自主课堂”再行深度构建。

2012 年 5 月，学校将小组合作学习机制引入课堂，提出了“以学为本、主动成长”的教学理念，探索运用“组织、活动、评价”为要素的小组合作教学策略，形成“三化五学”教学模式。达到在每个班级，小组内、小组之间同学们相互合作、倾听、分享，共享学习创造带来的快乐，课堂的文化品位得到了全面提升。

“三化五学”的教学模式强调“三化”，即“教学主题化、课堂生活化、知识问题化”。所谓教学主题化，要求在课程设置、组织教学、开展活动时，关注学生生命成长的主题，注重批判思维能力、创造力和处理复杂情景能力等核心能力的培养。“课堂生活化”，就是善于发掘生活中蕴含的教育性资源，寻找学习与生活的联系点、课堂与生活的结合点，教育与成长的契合点。“知识问题化”，就是要实施问题导学，增加学习过程的挑战性，对知识进行问题化处理，让学生充分体验用智力解决困难、战胜困难的乐趣和成就感。

“五学”强调学校的管、教、评要以学为本、以学生成长为主题，针对学生成长需要解决的实际问题，分别实施自主学、诊断学、补偿学、巩固学、自评学，因学定教，以学论教，实现每一个学生的学习权。

在具体实施中，他们把组织创建作为师生、生生之间课堂关系的载体，赋以道德含义，并通过道德关系把师生紧密联系在一起，形成共同学习、共同生活的“成长共同体”。

为此，他们对“课堂组织”进行了重构，建立了“组间同质、组内异质”的学习小组。通过建立小组文化（组训、组规、组约），让学生同呼吸、共命运、同成长。

活动是学习的媒介、知识的载体，是保证学习者多种感官参与的脑力劳动过程。在活动方案设计上，学校按照“两性（挑战性、刺激性）两高（参与度高、思维含量高）”的要求，充分发挥师生、生生的潜能和团队智慧，以期达到“全面参与、互帮互学、共同提高”的教育效果。

一天，体育老师葛志海给七年级一班上前滚翻的课。活动准备环节，尤其是颈部运动的时候，邵长鑫同学摇头晃脑满不在乎的样子。

练习一开始，很多同学因为低头含胸这个环节领悟不够，动作不到位，脖子折得有些疼。尤其是邵长鑫，加之准备活动不充分，有点恼羞成怒了：“老师，你说，咱们学习这个有什么用？又不能增加力量也不能长个子，还弄得我脖子疼得难受，我不想练了！”

葛志海说：“你确定不想练了？那好，我就把这个练习的用处给你说说。你看啊，撑垫子，低头含胸，顺势滚动然后起立，似乎这仅是个技术动作没多大意思，可在生活中用处可就妙了。比如：某一天，你在走路的时候不小心，脚下被什么东西绊了一下，那不得摔倒吗？要是手先着地还行，可要是脸先着地，那估计是让你本不帅气的小脸蛋‘更帅了’吧；要是再鼻子先着地，看来以后喘气得用嘴了。再说了，周围没人看到还好，要是周围那么多人再看着，你邵长鑫的脸往哪里搁啊？那时候估计脸都肿了，人家认不出来了。但是，如果学习了前滚翻那可就不一样了，要是遇到这样的情况，顺势一个漂亮的前滚翻，安然无恙。然后拍拍身上的尘土，走了，让周围的人心生羡慕呢。你觉得呢，邵长鑫同学？”

“好了，老师别说了，我们快练吧？”邵长鑫打断了老师。在以后的学习中，邵长鑫很努力也很刻苦，技术动作掌握得很快，还当上了体育课的技术小组长。

“课堂即人生，生活即教育”，二十二中人对课堂与人生关系的认识达到了一个生命自觉的高度。

为深度构建“生活教育”体系，学校要求教师深入发掘生活中的教育资源与育人元素，将生命个性成长与学科知识融合，以达到优化课堂、减负增效的，促进学生和谐发展的目的，让教师教得愉快，学生学得轻松，有效地提高了课堂教学效益。

学校先后在地理、物理、英语、语文、体育等学科进行试验，探索生活与学科教学的整合规律。作为生命学科的语文，在传统模式下显得低效、乏味、无力。尤其是作文教学，枯燥乏味，让学生头痛、老师劳神。学生往往要苦思冥想，搜肠刮肚地琢磨半天，写出来的文章千篇一律、百人一面，缺少了生命蓬勃的气息。这样的作文教学，既无法发挥学生丰富而鲜活的想象力，又难以达到预期的练笔效果，学生的创造力培养便无暇顾及了。

为大面积提高作文教学效益，让作文成为每个学生终身受益的生活技能，学校提出了“生命化主题作文教改”设想，要求在作文主题设计上要关注身边的人、身边的事、身边的情。

通过让学生与“我的老师”“心目中的父母”“身边的同学”“身边的环境”“喜欢的动植物”等，同学们在描述与自己生活密切相关的人物、活动、事件的过程中，学会了观察、思考和创新，受到了鲜活的生活和做人的教育。“学生在自由的生命表达中激发了热爱生活、参与活动、创造生活、享受生活的热情，从而培养了学生从小热爱写作的终身兴趣。”副校长李波介绍说。

就这样，一篇篇源于生活、贴近生活、富有灵气、富有创意的作文，在班级、学校、同学之间得到交流与展示，100 多名同学的文章在《创新作文》《中学生作文》《沂蒙晚报》等报刊发表，同学们看到自己创作的成果得到了展示，激发了生命自尊感和成长的荣耀感。

从超越走向卓越

如何深度推进“生命·实践”教育，凸显学校办学特色，让教师特色成为学校特色和学生个性发展的支撑？2013 年 11 月，学校在全市率先组建“教师发展学苑”，作为教师群体专业发展的实验平台。因事设岗，按需用人，使教师发展学苑一下子成了教师幸福成长的乐园、花园。

1. 超越自我，从反思开始

在李凯的博客里，收到了来自语文老师白娟的一封来信。信中这样说：“校长，在您的带动下，老师们几乎每天都在读《给教师的建议》一书。说实话，自从这书发给我后，一直躺在桌洞里睡大觉。是您在升旗的时候、在班主任会上、在全校教职工会上，甚至在评课时，不止一次地提到苏霍姆林斯基，激起了我要试着一读的兴趣。当我第一遍读完的时候，真有一种相见恨晚的感觉。要是刚参加工作时，就读这本书，现在早该是一位名师了。”

白娟的反思，道出了大多数教师的心声。也许，很多老师在教学生涯中，因为缺少了读书这个主业，使得教师的专业成长变得单调、乏味。

2013 年 12 月 31 日，二十二中举办了一场别开生面的“悦读”分享活动，以这种特别的方式庆祝元旦。一场别开生面的“庆元旦”活动，让大家分享了每位同伴因阅读带来的幸福感。大家交流着心得，传递着思想，也收获了因悦读带来的喜悦之情。

“改变教师，应从改变教师的价值追求开始。”2012 年以来，二十二中出台了教师读书管理制度，建立了“悦读”分享制度。每到节日放假前，学校举行一次读书“悦读分享”活动。每位师生都要展出自己的读书成果。通过朗诵、诗歌、故事、报告等多种形式，营造浓厚的书香氛围，使全体师生徜徉在浓郁的书香、诗韵之中，享受阅读带给对人生的启迪和人格滋养。

悦读分享席上，李丽老师由衷地欣赏傅圣明老师谦逊的读书情怀，称许说：“他房间里满满一墙的书，却自谦自己是‘脚上沾满了泥巴，却没穿长衫的人’。”李文华老师说：“教育要了解孩子的‘缺失部分’，让他们多阅读可以增加孩子的心智。”王兆娟老师说：“课堂上让学生思考，就要给学生足够的时间和自由的空间。”黄志强老师说：“让学生爱你的课，首先让学生对你课感兴趣……”大家分享了读书成果，交流了思想，碰撞出了智慧的火花，整个活动散发着蓬勃向上的气息，让教师们找到了职业的幸福源泉。

一年一度的主题“悦读”活动，让每位教师从中享受着读书带来的幸福，享受着读书带来的实惠。一年下来，学校的每位老师收获了不同程度的专业成长，脸上都洋溢着青春的文化气息，身上散发着浓郁的书香。

读书即成长，读书即生活。老师们通过“读经典、夯实学术底色”活动，有力地促进了教育观念的更新，老师们从生命自觉的高度不断审视自己的课堂，使课堂有了更高的文化品位。

“悦读分享活动，体现了二十二中对教师专业发展的重视和高远的教育智慧。这种活动将会揭开学校以教师的幸福成长推动教育跨越式发展的新篇章。”罗庄区教研室主任陈炳伟说。

在教师充分阅读的基础上，学校以“关注课堂、走进课堂、研究课堂”作为教师专业研修的根本抓手，成立了各具特色的项目研修小组。先后举行了“特色项目研修立项论证会”“方案论证会”“跟苏霍姆林斯基学当老师——读书论坛”“我为团队添光彩”赛课等活动，每位教师在活动中碰撞思想、启迪智慧，每位学科教师找到了适合自己专业成长的“最近发展区”，找到了专业发展的创新点和生长点。

文飞老师通过参加课例研究，她的课堂由原来不受学生欢迎，如今发生了质的改变，她成为学校里“最受学生欢迎的教师”。

她对地理课进行整合，给地理课堂起了一个名字叫“我们到大自然去旅行”。每节课带领学生从一个地区到另一个地区，从一个国家到另一个国家，从世界走向中国。每到一个区域，让学生认识到这个地区的地理环境、地理资源、人文景观。使学生在不知不觉中掌握了地理知识，提高了学习的兴趣，培养了地理素养。

在学《多变的天气》一节时，她创设了一个带学生到北京香山去旅游的情景。她把学生“带”到香山脚下，当问起学生“香山景观美不美”时，学生回答“什么都看不到”——原来香山被雾霾笼罩了！

针对雾霾对人们日常生活的影响，文飞老师抛出了一个问题：“作为学生，我们在环境保护方面该怎么做呢？”面对这样的提问，全班同学都举起了手。文飞发现，一个叫周浩的男生高高地举起双手，文飞给了周浩一个发言机会。“每天少用一次性筷子，少用塑料袋，多种植一些树木来保护环境。要建议自己的家长出门少开车，多骑自行车，因为这样对大气环境没有危害，还可以锻炼身体。”

好的教育就是这样，让学生在无痕和润物无声中受到“有益”的道德教育，学生的环保意识和强烈的道德责任感由此而生。

文飞老师凭着对人生课堂的反思，使课堂有了与众不同的文化品位，她也多次获得市级教课比赛一等奖，多次在全市举行市级公开课，并在2013年课改红旗教师中脱颖而出。

白娟老师的课犹如她的名字，简洁、明快而富有韵味。她是一位教龄12年的语文老师，平时用“同伴点评”活动贯穿课堂的始终。在她的课堂里，都要用学生的姓名来命名学习小组，小伙伴之间的点评有组间的、也有组内的，他们往往为一个问题争得面红耳赤。在同学之间、师生之间的点评中，彼此之间摩擦出了思想的火花，锻炼了学生大胆表达、积极思考的能力，也培养了学生的批判精神，师生间分享到了因创造带来的学习快乐。

教师因学生而成长，学校因师生成长而发展。而这，就是二十二中成功办学的秘诀所在！

2．搭建平台，让教师在群体肩膀上飞翔

在李文华老师的随笔里，记者发现了这样一句个性签名：“淡泊明志，宁静致远。”当记者走近她时，发现李文华老师是一位有着20多年教龄的老教师。

在一次“悦读分享”活动中，李文华那热情洋溢、慷慨激昂的发言，绝不亚于一位刚刚毕业青年教师的豪气。她因喜好阅读而生成的智慧与思想，博得了老师们的阵阵喝彩。

当问起她读书为何如此执着时，李文华说：“学校为我们搭建了各种成长的平台，提供了多种多样的成长机会，我们没有理由不好好地成长。”

传统的“一对一”“单兵作战式”的培训，延缓了教师的专业发展进程，消弭了教师生命的个性特色和教师幸福感，也很难使教育发展有一个大的飞跃。

为了促进教师群体的快速成长，2013年12月，学校多方筹措资金10余万元，购置了“课堂实时录像系统”，使实时课例研究成为可能，也给每位教师有效反思自己的课堂得失提供了方便条件。

如何充分利用学校现有资源，提升培训的效益与质量，让老师们充分地享受因专业成长带来的尊严感和幸福感？

2014年1月2日，现代化录课系统的安装调试成功，以及课例研究实时录像及课堂教学监测系统仪式启动。“这给教师培训插上了飞翔的翅膀，使学校走上了办学与教育现代化有效对接的轨道。”校长李凯满怀豪情地说。

“教师发展学苑”的运作，先是把有共同爱好、专业兴趣、学科相近的教师凝聚在一起，组建成了不同类型的专业发展共同体。后又通过建立“临沂第二十二中学课例直播群”，将“课例”进行网上直播，老师们坐在电脑前边听课边实时点评，学科教研员、外地专家也可从网络上参与互动，老师们戏称“小论坛，大智慧”。这种颇具特色的校本研修活动，拉近了老师们和校长的距离，打破了校长和教师之间、教师和教师之间、学科之间的壁垒，实现了校长和教师之间、教师和教师之间零距离精神交流和思想碰撞。

为使全体教师实现“有根”的成长，学校不断创新研修方式，先是从课例研究入手，通过同伴研修、团队研修、特色项目研修等校本研修系列活动，对教师课堂进行精致化打磨，让教师专业成长具体起来。

“培训思想的专业化、培训手段的专业化、培训技术的专业化、培训过程的专业化，更便捷、更加有效地实现了教师群体的个性化专业成长，让每位教师都从中得到有益的反思、感悟和启迪，从而唤醒了每位教师的专业发展自觉。”

为体现对教师专业成长规律的尊重，学校相继制定了《学校优秀教师群体专业发展愿景》，出台了《“特色教师、红旗教师、年度创新教师、功勋教师”评选办法》，逐渐形成了二十二中教师梯级培养与评选制度，让每位教师的专业成长有峰可攀。

学校先后推出了“身边的感动·月度教师”“身边的感动·年度教师”“特色教师”“课改红旗教师”“年度创新教师”“功勋教师”等系列评选活动。

每位教师从自己的个性特点、学科特色出发，确立最适合自己的发展目标，制定个人专业成长规划，确立近期、中期和远期发展目标。

在教师发展激励机制中，有两个参评序列即以师德为核心的“身边的感动”序列和以专业成长为核心的“特色教师”序列。要成为“特色教师”“课改红旗教师”“年度创新教师”“功勋教师”，前提必须是“身边的感动·月度教师”和“身边的感动·年度教师”，首先必须是，才有资格参加评选。“身边的感动·月度教师”每月评选一次，而“特色教师”“课改红旗教师”“年度创新教师”每年评选一次；“功勋教师”是教师在学校获得的最高荣誉，从连续两年获得“年度创新教师”人选中产生，评选名额最多不得突破两名。

“梯级教师荣誉评选制度的实施，使学校的每位教师都能按照自己的成长需求，选择适合自己的成长方式，从而实现了每个人最好的发展。”李凯说。

在探索学生成长规律的同时，也相应形成了教师梯级培养机制，总结出教师自身成长的规律。他们按照“悦读分享—主题讲座—课例实践—辩课互动—点评提升—研修反思”六段互动式教师专业发展新模式，让每位在自己最感兴趣的生命实践活动中，不断实现着自我完善和自我发展。

王兆娟老师借助“名师工作室”的同伴研修，迅速从一名普通教师成长为罗庄区名师，由她带领的团队研究成果捷报频传；公彦利老师积极推进“生活化物理课堂”教改实验，使他一跃成为山东省教学能手。李庆珍老师让学生即景表达、即席写作、即席成长的“英语情景教学”，李晓燕老师的“语文主题教学”，于瑞溪老师的“数学学本课堂”，陈普庆老师的“思维课堂”，白娟老师的“点评因子”激发的智慧课堂，等等，这些各具特色的课改实验使每位教师在专业特色之路上呈现出百花齐放的格局。由于每位教师的特色发展和幸福成长，学校迎来了万紫千红的喜人景象，“真教育”春天到来的脚步声也越来越近。

“尊重每一位学生的尊严，尊重教材的发展性，尊重自己的教育哲学”，是二十二中人一直高举的三面旗帜。由于有了教师专业的充分发展、特色发展、和谐发展，使每一位教师在专业成长的路上找到了自信，收获了尊严，从而实现了教师群体的优秀发展、卓越发展。

没有基于生命个性的因材施教，就没有真正的教育，就没有师生具体真实的成长。二十二中人在“生命·实践”教育品牌的探索实践中，凝结形成了活动式自主课堂、生活化教育、教师群体专业发展等许多先进成果，学校先后被评为山东省规范化学校、全国写字教育示范学校、山东省语言文字规范化示范校、临沂市教学示范学校、临沂市特色创建和精致管理窗口学校等20余项市级以上荣誉称号。

二十二中人在和谐发展的轨道上，善待教育的每一细节，时刻把师生成长记心间，坚守“做有故事的教育，办有温度的学校”信念，让教育处处充盈着生机与活力，让学校教育中的“人”始终充溢着生命成长的气息，在“生命·实践”教育实验的道路上越走越远。

“有教无类”“因材施教”，是千百年来人类伟大的夙愿。宏观意义上的教育均衡，往往是区域之间、校际之间的均衡，而微观意义的均衡则是学校内部班级之间、教师之间和学生群体之间有内涵、高品位的均衡发展。二十二中人以坚韧的毅力、超拔的智慧、坚守改革的文化精神，用智慧启迪智慧，用灵魂唤醒灵魂，用人格润养人格，将每一个学生的成长权和学习权还给他们，让他们不因性别、不因年龄、不因民族的差异而得到最优发展，从而实现“人人成长，个个成功”的深度均衡，走上一条“让教师、学生和学校生态和谐发展”的办学新路。

附：校长风采

1. 李凯简历

李凯，男，1972年9月生，山东省临沂市人，中共党员，中学高级教师。1993年8月参加工作，2002年4月担任临沂傅庄中学副校长工作，2011年2月担任临沂第二十二中学校长，2015年4月—2018年2月担任临沂第四十中学校长，2019年1月至今任临沂光耀实验学校校长。先后在《中国教师报》《山东教育报》《文化大观》《山东教育》等报刊发表几十篇论文。先后主持教育部“实验区卓越校长成长计划项目”“中华文化习养”“沂蒙优秀传统文化校本课程开发与实施研究”，省级课题《翻转课堂视域下的学科教学的微视频制作研究》《中华优秀传统文化教育校本化实践研究》，市级课题《活动式自能高效课堂实验与研究》《活动式自主课堂教学模式的构建》《“问题导向”中学德育课程校本化实施策略研究》等。著有《做扎根良知的教师》《不学礼，无以立》等专著。先后获得临沂市教学质量奖、教科研成果一等奖，临沂市第四届教学成果一等奖等成绩，并先后荣获罗庄区科研十佳校长、模范校长、市科研型骨干校长、省德耀齐鲁先进个人、教育部基础教育课程综合改革“卓越校长”等荣誉称号。

2. 办学主张

教育就是使人成为人。在基础教育改革浪潮中，作为校长，要带领自己的团队，以促进人的生命完整成长为根本价值追求，坚持“人人成长，个个成功”的办学方向，以“生命•实践”教育特色促进学生的主动健康成长。立足课堂，关注生活，从不怀疑每个孩子身上潜藏的能力，想方设法让每个孩子成长得最好；不断优化教育要素和师生成长方式，实现“让教师和学生一起成长，让教师和学校共同发展”的目标，让校园里每一个人都体验着生命成长的幸福与快乐。

第二章　教育内涵发展与办学机制创新

导　言

教育内涵发展的关键在校长。作为校长，要突出抓好“人”和机制建设两件事，把握好解放、引领、关怀、整合、发展这 5 个关键词。这其中，关键要靠校长的办学智慧，而校长应该是智慧型的校长，关键在于学校内部机制的创新，是否具有一种担当精神。齐鲁名校长、原临沂第二十中学校长姜怀顺带领团队，办出了有担当的教育。他认为，办“有担当”的教育，关键要坚守本真的教育理想，通过“有担当”的教师来实施。

校长作为有专业领导力的管理者，要有对教师专业发展和专业成长担当责任，和老师们一道共同唤醒生命自觉，一起担当起为民族未来培养创新人才的重任，担当起为师生共同幸福着想，担当起教师的个性优质发展和为每一个学生的个性优质发展负责的重任，担当起教育创新的光荣使命与责任。姜怀顺认为，师资永远是教育的第一资源，校长的最大贡献就是带出一支好的师资队伍。要让教师有个性地发展，实现整体育人，为学生的德智和谐发展担当。担当的最高意义是实现人人都成长，教育者的担当是为学生的幸福着想。智慧型的校长要善于引燃创造激情，让师生潜能充分涌流。通过多元异步评价改革，让人人焕发出最亮丽的光彩。有担当的校长培养出了有担当的名师队伍，有担当的名师队伍培养出一批又一批担当民族大任的新时代优秀学子。

生命各有精彩，成功各有路径。学生的差异是客观存在的，我们无法期待用一套教育“模具”把千差万别的学生铸造成同一规格的人才。临沂第一实验小学在刘相俊校长带领下，提出了适性教育的办学理念，并为之付出了辛苦的探索。通过对国内外多元智能教育研究成果的关注，结合多年的教研实践，她认识到：尊重学生差异，因材施教、适性而教，是当前和今后一个时期教改应该努力的方向。临沂一小是否适合新的教育理念生长，他们又如何培育其开花、结果？

尊重学生的个性差异，选择顺应其天性、适合其个性的教育方法，让每一个生命通过“配方施肥”得到最需要的营养，从而绽放出属于自己的美丽，这是教育者应有的追求。

经过多年的探索，逐渐形成以“源于爱，成于行”为根本内涵的适性教育，也成为临沂一小——这所百年老校的办学新理念，由此激发出课堂活力、教师潜力、学校魅力。

目前，该校已初步形成了涵盖“适性课程—适性课堂—适性教师—适性管理”的一整套完整的育人体系。在历任12位校长的持续接力下，这所学校已经成长为临沂市最具创新精神的基础教育学校之一。

三流的管理靠制度，一流的管理靠文化。一所学校之所以办学成功，除了拥有缜密的规章制度，还应有比制度更重要的文化。临沂册山中心小学校长王良营认为，实现文化办学关键在于文化引领、环境渗透、活动践行，让美好品德和健康向上的精神逐渐融入每一位师生的内心，实现了学校以文化人的引领功能。

公平正义是每位劳动者内在动力焕发的源泉。公平待人，公平处事，是王良营的风格。

他认为，教育者不仅要为每个人创造成长的适宜环境，让每位师生找到向往学校的理由。还要做到信任留人，把发展的权利还给教师；公平服人，教师在正义氛围中敬业乐业。学校任何一件涉及师生切身利益的事情，王良营总是运用一把公正的尺子，用最严正的事实说话，把不公平降到最低限度。让优秀教师真正“香”起来，发挥这类群体的正能量和文化引领价值。正因为学校营造了“蓄德修能，自强不息”的学校精神文化，以文化的能量场激发教师内在的潜能，校园里每个人都充满自信和活力。在文化的熏染下，这里的每一位师生都在自己的岗位上实现着从职业到事业的超越，享受着教育带来的幸福感。

在让每位师生“适彼乐土”的同时，学校还为师生创造了自我实现的平台，“抱团取暖”，唤醒教师成长内力。一方面，让教师在读书与研究中分享高雅的精神生活；另一方面，让教师在展示进步中享受幸福的成就感。这里的每一个人的智慧都因而充分涌流。这虽是一所农村小学，可这里的天地更广阔，师生自由成长的空间很大。这里有宽松和谐的学习氛围，有适宜教师实现自我价值的平台，在创造中享受人生幸福，教育是一项创新的事业，但它不是疾风骤雨式的变革，也不是在原有基础上的“加与减”，更不是制度上的朝令夕改。它需要关乎人性底层的生命自觉的唤醒，是一种从个人生命完整成长出发的渐进式的本真坚守。坚守与唤醒的每一细节所承载的意义，无不透射着教育的公平与正义、民主与科学、智慧与精神、道德与文化、超越与创造……而这其中，彰显的是册小团队的教育情怀，这也是王良营担任校长短短几年带给人们的启示。

教育是一项系统工程，涉及经济、社会和人的各个要素，办学者要整体视野和系统思维。人的成长是生命的完整成长，自主性是生命的内在本质。学生的成长是自己的事情，任何剥夺学生自主性的被学习、被作业、被成长，非但不能引起学生知识量的增长，反而连天生的好奇心和学习兴趣也被丧失。这种终身学习兴趣得不到有效培养的人才，注定是走不远的。作为小学办学，要坚守童真办学的可贵，要立足当下，着眼为学生一生人文素养奠基的使命感。在汉字文化国度、“羲之故里”生活的人，沂水县第一小学让学生从小养成写字好习惯，热爱汉字，热爱母语。在校长刘振华看来，在教会他们学写汉字的同时，感受书香的魅力、陶冶情操，写字、诵典、育德一个也不能少。

从小如不能培养学生审美观察的好习惯，更谈不上激发学生热爱母语的情感和人文素养的提升。要着眼为学生一生的人文素养奠基，运用“临字诵典、益趣树德”的育人理念。要使书写、诵典、作文与做人“四合一”，用汉字文化启蒙孩子的智慧，必须对汉字书写进行系统思考、整体规划。用融合的办法，将写字、诵读、习作与习惯养成结合起来一起进行，实现了高效育人目的。除此之外，还有情感融合、审美融合等，在赏析揣摩诗词、欣赏临摹书法作品时，感受诗词和书法蕴含的审美价值，体会诗人的人格魅力。

为保持学生长久兴趣，除给学生一展自己的长处外，还采用“星级奖励+情感评语”、档案袋式评价等多元化评价办法，激发学生对写字、诵典的兴趣，逐渐养成正确的写字姿势和规范的写字习惯，学生在练字中接受到中华传统美德教育。日渐丰厚的人文素养，必将为每个学生走向美好明天奠定人生之基。

一、办有担当的教育

——姜怀顺校长和他的“担当教育”

什么是好的学校？什么是好的教育？每个人都有不同标准。

怎样办好的学校？怎样办好的教育？每个人都有不同的方法。

姜怀顺自然也有自己的标准和方法。他以“办有担当的教育”的胆识，带领学校全体师生，将临沂第二十中学办成了一所好学校，更办出了一方好教育。

校长的最大贡献就是带出一支好的师资队伍

1. 师资永远是第一资源

在二十中，提起学校教师团队的发展，年纪稍大一点的老师怎么也忘不了姜怀顺当时为教师上理论辅导课的情景。

2002年4月，姜怀顺就任二十中学校长，成了这所学校的“掌舵人”。那时，学校经过几年的发展，虽有了一定的发展基础。可是，学校正遇上教育结构的调整，几十名骨干教师纷纷“高枝别依”，被选拔到高中学校任教。只剩下一些老教师和一大批青年教师，师资队伍可谓“青黄不接”。

师资的流失如同给学校发展釜底抽薪，学校一时难以实现快速的优质发展。加之当时应试教育思潮的盛行，学校发展可谓到了一个“高原期”。面对如此困境，学校要有一个突飞猛进的发展，谈何容易！

如何顺利突破学校发展平台，立足原有基础实现新跨越，使教育保持可持续发展后劲，办好让人民满意的学校？

教育是生命唤醒生命、以人育人的事业。在姜怀顺看来，提高质量是解决基础教育一切问题的关键，它同时又是基础教育事业改革的核心任务。面对提升人才培养质量水平这一新的命题，作为学校，提高教育质量的关键环节就是转变教育发展方式，重点是转变教的方式和学的方式，彻底实现由单纯依靠时间投入、强化学习技能的发展方式，转变为调动师生主动性、积极性和创造性，最终实现学生全面发展与可持续发展的方式。

“质量是教育的生命线，而教师就是教育质量本身！”姜怀顺从众多成功的名校发展经验中，深深感受到“教师是教育第一资源”的道理。

依靠教师，也只有依靠教师质量的整体提高，才是解决一切关键问题的关键。当时的普遍情况是，高级教师不再有专业发展的动力，青年教师一时还找不到提高专业素养的诀窍。

在一次班子会上，班子成员达成了一致共识：“学生真正的课本是教师，没有深刻意义上的教师继续教育，就谈不上有学校的可持续发展。我们的任务就是把教师的继续教育和职业关怀作为学校工作的重中之重，努力促进每位教师的专业‘再成长’。”

青年教师是教育的未来，是学校可持续发展的希望所在。“作为一校之长应当把每位教师培养成为专业发展自觉的人，尤其是青年教师的成长。”姜怀顺对这一群体，从来就是关怀备至、呵护有加。

姜怀顺认为，青年教师在任教的前五年，是其专业成长的重大战略发展期。职业进程中的任何压抑扭曲和引领助推会对他的职业信念、专业精神和教学思想产生不同的重大影响。如果遇到一个非常好的领导，或者有一个好的团队，遇到一个好的师傅，或者有一个好的氛围，这个老师就得到正强化；反之，这个老师就可能向负面强化。①

如何帮助新教师尽快形成与提升自己的教育理念促其专业成长？姜怀顺和他的团队探索了一条行之有效的专业发展路子：前期一定要培养；“对子”一定要结好；上岗五年者一定要帮助其制定发展目标，对其提出个性化要求。“我刚刚起步当教师时，姜校长没有对我与有经验的老师一样要求，给我大开绿灯，使我有了充足的空间、时间。这样一来，我在教学上没有疲于奔命，也没有引发功利主义，因此我的教学个性和潜力非但没被扼杀掉，反而使我在专业发展路上不断攀新。”刘建宇回忆说。

---

① 教育部师范教育司．教师专业化的理论与实践（修订版）[M]．北京：人民教育出版社，2013.

在姜怀顺看来，教师专业发展内含一条主线，那就是“确立教育理念—建构学科思想—培养学生习惯—制定教学策略—设计教学流程—形成方法技巧”。为此，姜怀顺带领团队确立了一名普通教师成长为优秀教师的“十二种意识”：每天用不同的方式鼓励和亲近几个学生的意识，课堂存在的意义就是将学习兴趣、方法、责任引向课堂之外的意识，课堂就是“教化场”“试验场”“生活场”和生命“发展场”的意识，通过培养学生良好生活道德习惯、学习习惯以解决人的一般发展问题等意识。教导主任刘峰说，“就是这十二种意识，为每位教师奠定了构筑个人教学哲学大厦的基础。同时，它也引领着此后‘344’教学策略的构建。”

2002 年 5 月，姜怀顺和他的团队一起启动了“名师成长”价值引领系列工程。“青蓝工程、理论培训工程、龙头课题带研制度、走出去与请进来结合机制、自我反思机制、创造引燃机制、风格凝炼机制”等，老师们都能如数珍宝地一一列举出来。

姜怀顺认为，不但中老年教师需要价值的引领，青年教师、新教师的成长发展尤其需要价值的引领。在二十中学，每年都聘进一批新教师。学校始终对新教师坚持“少一点关卡，多一点关怀；少一点批评，多一点帮助；少一点评估，多一点引领”，把表现的机会更多地给予他们，彰显他们的成果，鼓励他们进步，促进他们成为有风格的教师。其目的只有一个，那就是离真正的教育近些、再近些。王丽花老师深有感触地说：“刚刚入职任教的我，试图用引导‘莎剧’培养读写兴趣，让语文教学回归原生态的语文教改，没想到刚起步就得到学校的支持、肯定，我的语文学科素养得到了极大提高。在我的课堂上，学生读‘挡不住’，学生的写也‘止不住’。”

现行制度下的教师不缺的是技能与方法，而真正缺乏的是理念，是教师个人的话语体系。姜怀顺认为，现实的教师专业发展，有些教师总着眼于名师的方法技巧，沿着相反的路径发展，往往止步于设计一个自己满意的教学流程，本应成为名师大师的自己，也就只能长期徘徊于“匠师”这个层面上。

作为从实践层面逐步成长起来的一名齐鲁名校长培养人选，姜怀顺认为，校长对学校的领导首先是思想的领导，其次是专业的领导，最后才是行政的领导。翻看他撰写的论文，可以看出他这种“校长领导学”的红线贯串其中。而对于专业领导力的提升，姜怀顺从他担任册山中学校长起，就一直没有停止过探索的脚步。

“如果失去理性的光照，教师专业发展就只能在低层次徘徊复徘徊。”姜怀顺不仅用这话鞭策着自己，也勉励着学校所有的教师，促进着每位教师理论素养的升华。

俗话说，打铁还需自身硬。姜怀顺不只是位一直行走在实践层面的校长，而且还是一位在理论层面积极探索的校长。在他的话语体系中，时时闪烁出理性的火花，即使与专家直面交流，也有着属于自己的理论话语体系。他主编的《追求卓越》已由东北师范大学出版社出版，他撰写的《给习惯嵌入责任的基因》《多元异步评价：让师生个性灵动发展》《促星星之火成燎原之势》等50多篇论文在《当代教育科学》等省级以上刊物发表。其教改思想《让教师和学校一同成长》被评为山东省“九五”重大科研成果。同时，姜怀顺本人获中央教育科学研究所“十一五”重点科研课题“优秀校长”。2009年，姜怀顺被山东省教育厅选拔为“齐鲁名校长培养工程人选”，2011年9月，又被评选上了“山东省教育创新人物”。

姜怀顺认为，教师的教育观念是教育成功的关键。“做校长的要多给教师，尤其是青年教师提供理论学习的机会，将自己朴素、零散的教学经验转化生成为自己个人的教学哲学。”一方面，学校从加强校本培训入手，校长亲自上理论辅导课；另一方面，引导教师自学教育经典，编印苏霍姆林斯基《给教师的一百条建议》等多种经典读本，每页留白三分之一，供教师写读书笔记，让教师在学习中融入自己的思考，记录自己的反思成果，逐步提炼、升华出基于个性特点的教育理念。

“引智入校”也是学校采取的教师培训策略之一。“与大学联姻，请博士进校，引领教师走进理论殿堂”“与名人结缘，请专家进校，丰盈教师专业素养”“与经典为伴，请‘巨人’进校，提升教师境界”，是学校引智策略的三部曲。请进来，让居于教改前沿的领军人物引领教师发展；走出去，选派骨干教师到上海、浙江、江苏、河南等地学习。教师与专家、学者面对面的交流，不断促进着教师对专业精神、职业态度和职业信念的新感悟、新理解，也促进了教师在个性优质课堂建设中的新发展。

引领需要权威，管理就是服务。姜怀顺认为，学校如不能为教师的职业生活和专业成长提供有效的保障，管理即是束缚和倒退。

一次行动胜过一打纲领。学校启动“五个一”工程，让教干率先垂范。每学期坚持“当一天学生、听一轮同学科教师的课、上一节示范课、开一次体现自己最高水平的讲座、参加一项本学科的课题研究”，教干给教师在各领域、各层面做出了榜样，从而激发出无限的发展动力。

教师的课程领导力是教师专业发展的灵魂。面对课程意识较为缺乏的师资队伍，如何尽快提升这一核心领导力？在姜怀顺看来，引导教师从教教材到用教材教，也是一种价值的引领。为让这种意识真正走进教师大脑，机智的二十中人在对课程标准的掌握方面，提供一切便利条件，不仅让教师研读、背诵原文，也把北师大版、苏教版、华师大版等五套教材购来，让老师通过对各套教材的反复对比、分析、揣摩，强化对课程标准的个性化解读，逐渐建立起属于自己的学科课程标准和学科价值观。教师们将自己的阅历、经验、案例、个人优势、一切教育教学前沿的成果、一切社会科学、自然科学的先进知识融入教学过程中，在个性化解读教材的过程中，不断生成自己的理念与策略，让老师们真正走上了专业化成长之路。①

叶澜教授在《“21 世纪，怎样做教师”系列报道》中，发出了“创造，唤起教师职业的内在尊严与欢乐”的呼唤。这为教师专业成长因研究能力、创新精神不足而导致职业幸福感缺失找到了解决问题的根源，找到了方向。

姜怀顺认为，没有“研究”元素注入的教师专业发展，是不完整的，也是没有生命力的。

为让教师在生命常态下研究，唤醒每位教师的尊严与幸福，姜怀顺和他的班子成员对教师提出了“六真”要求，即做真课题，读真经典，写真日记，有真表现，成真案例，搞真研究。学校协调组织“志趣相投、方向一致、课题相似”的教师组建“研究共同体”，一道走进研究天地。众多“头脑风暴式”的研究活动碰撞出的精彩火花，让老师们的职业生活更加充实而富有活力，同事关系更

① 佐藤学．课程与教师 [M]．北京：教育科学出版社，2003.

加亲切而雅量高致，专业情趣更切近本质而开阔高远。

如今，“教学问题化，问题科研化”成了二十中人专业生活的基本逻辑。“如果在校长的周围有一定数量具备教师职业精神和专业素养，又团结在校长旗帜下的人，过有自己职业精神的生活，那么这些非行政组织的雨后春笋，就会是研究型校园、学习型校园、人文型校园的摇篮，也将是现代校园的内涵所在。”教科处主任徐铎厚如是说。

名师、骨干教师是学校的宝贵财富，是教育的重要资源。继承、利用好这些优秀教师的经验，是教育智者的最高智慧。二十中人善于给骨干教师“压担子，定责任”，促其自身向更高处攀登，同时注重发挥骨干教师“种子教师”的作用。2005 年，学校启动了教师“多元异步成长工程”，制订了教师“年度人物”评选方案等，到现在成为有效破解教师职业倦怠难题的重要引擎。如今，学校推选出的各级、各类骨干教师、模范教师、功勋教师、首席教师按照专业规划的阶段目标与长期目标，以各种方式向不同层次名师勇于攀登。每位教师，无论是新教师、青年教师，还是老年教师在外环境内环境良性互动家园里，自我激励，自主进步，自我完善，团队中的每一分子主动而乐观、幸福而尊严地行进在通往更高层次名师的大道上。

2. 让教师有个性地发展

没有师生的个性优质发展，就没有教育的创新；没有教育的创新，就根本谈不上有什么创新人才的成长。

为了实现教师和学生的个性优质发展，实现师生和学校发展的同频共振，姜怀顺带领他的团队想到了“个性优质课堂”的构建。

当时，有人曾反问姜怀顺：“古今中外的名师大家已为我们创造了所有教育需要的东西，我们理解把握、运用运用，不就可以了吗？”姜怀顺郑重地说：“教育不是面对现实，而是在开辟未来！平庸的教育只能造就平庸的人才，只有创新的教育才能培养出有创新精神的拔尖人才。如果我们的教师不会创造，只能沦为平庸。”

提到“个性优质课堂”，姜怀顺对刘建宇老师赞赏有加。

1997 年 9 月，从临沂电视大学毕业的刘建宇被分配到罗庄区册山中学任教。

当时，学校的校长就是姜怀顺。

在刘建宇的课堂上，每节课没有固定的程式，有时讲15分钟，有时先讲后学，有时先学后讲，有时也“满堂灌”，有时几天不讲。但他总是讲“关键处”，讲学生通过自学讨论后仍然不能很好掌握的内容，讲知识之间的联系，讲题目背后的学习方法，讲数学学科的思想，讲激励学生学习的相关故事，等等。由于教学的“反常”，打乱了“常规”教学进度，与学校和教育行政部门的统一考试时间、统一教学进度发生了冲突。

“刘建宇不会教课”“刘建宇的课堂乱”……一时间，议论纷起。有的甚至写信或直接到校长那里反映“刘建宇的教学有问题”。

“把刘建宇所带班级的学生成绩考察周期拉长，二年，三年都可以！”

面对这种情况，姜怀顺顶住了来自世俗的种种压力。通过多种方式做学生家长的工作，并在教师会议上一次又一次地肯定刘建宇教学改革的成功之处。同时，在迎接上级教学常规检查等方面为刘建宇大开“绿灯”，以让其有更多的自主时间和更足的自信去探寻“有规律”的东西。

“同中存异，异中存同；八方联系，浑然一体，让学生从哲学层面去寻找知识之间的内在联系；打破教材的固有体例，将函数整合起来教学，进行大单元主题教学……”刘建宇的课堂教学改革在继续进行着。

1997年第一学期结束，刘建宇接手的班级考试首次“亮相”。因学习进度与常规不一致，学生的考试成绩而受了较大影响。

“他不是搞教学改革吗？那就让他考考看，分数面前见高低！”有个别老师不服气。

事实上，学生从小学升到初中，习惯了老师手把手地教，开始接触这种“新玩艺儿”很不适应。而刘建宇老师信心十足：“学生在学习初期用了更多的时间去改进学习方法，去形成良好的学习习惯，因而在这个阶段用同一试卷考试，这些学生的成绩肯定要差一些；再说，通常流行的考试题目也不可能全面考查出学生的真实能力水平。参加统一的考试，学生成绩肯定不如平行班级，但我相信会在下次考试时赶上，升入初二后会全面超过。”

“磨刀不误砍柴工。”刘建宇这一坚定的信念在后来的所有学校调查和考试成绩等各种数据，有力地验证了刘建宇的大胆预言。他所教的学生，90% 的喜欢数学，80% 的认为数学简单，45% 以上的在初二下学期开始不久便自学完了初三的全部课程，而且有的学生还学完了物理和化学课程。

刘建宇教改成功的事实，成为学校教育创新的一个“信心增长点”，同时也给了姜怀顺及其整个团队一个巨大的“信号”：学校的每一步决策科学，当初的“优化教师个性策略”的正确，更加鼓足了姜怀顺带领老师们继续推进个性优质教育的信念和勇气。

刘建宇是个极具个性化专业成长的典型人物。他之所以取得如此骄人的成绩，关键是他善于将自己“善思考”的个性特长融入课堂教学设计，在实践自己个性追求的过程中，逐步形成个性鲜明的课堂特色。由此启示我们：教师应该有自己的理念、追求、个性。只有这样，教师的教学才不是亦步亦趋的“花拳绣腿”，教出来的学生才有自己的个性，学校才能成为有个性、有特色的学校。也只有这样的课堂，才能使以人为本、关注师生生命成长、促进学校内涵发展的诉求扎根于实践沃土，呈现出丰富多彩的喜人局面，才能培养出更多适应社会发展的创新型学生。

2004 年 9 月，山东教育社总编陶继新以《数学教育智慧生成之旅》为题，在《山东教育》大篇幅对刘建宇老师的诗意教学与哲学思考作了整体报道。刘建宇的教学成功给了所有担心他、关心他的人的一个信服的力量，激发他向更高领域探索。

提起刘建宇的成功，姜怀顺说：“总是忘不了刘建宇给我的第一印象。起初，我很为他捏一把汗。”从报到时的初识，到后来的听课探秘，到促膝漫谈，再到学校人工湖畔散步中的长谈，再到后来的专题调研，姜怀顺校长总是投以兄长式的个性关怀、学术观照、伯乐的识拔与培养，给他以鼓励，给他以理解，给他以信心，给他以指导，助其成长，促其成功。

为进一步促使刘建宇形成自己的教学个性，姜怀顺协调市教研室还专门为他组织筹办了一次“临沂市刘建宇教育教学研讨会”，并委任他为学校教科室主任，以让他拥有更多的机会外出学习。刘建宇老师因此视野更加开阔，借力提升，优化着自己的教学理念，逐渐形成引领学科特点的独特教学风格。

就这样，刘建宇老师如虎添翼。“框架构建，整体推进，全局着眼，局部完善”16 字教学方略逐渐完善、构建起来。这一方略克服“一点一滴学”带来的弊端，以体现数学的学科价值为发展趋向，以问题简单化为施教原则，以学生科研意识为切入点，通过对知识快速、高效的“框架跨越式”学习，使学生得以站在整体高度领会知识、生成结构、养成品德。学习进度不再统一，计划由自己制订，练习题目自主确立，自己出题考查学习水平，学生真正成了学习的主人。

教育需要发现，教育需要宽容，教育更需要解放！

发现教师的个性，引领教师发展自己的个性，帮助指导每位教师形成自己的教学个性，无论对于教师个人的成长，还是对于学生创造性的发展，抑或是学校整体形成独特的办学特色，对于整个教育的发展，都是一件非常有意义的事情。

如果在刘建宇的教学改革之初，学校不做调查研究，不问青红皂白，就将其教改思想扼杀在摇篮里，最多造就一个“无棱无角”数学教师，而不会有迅速成长起来的特色鲜明、业绩突出的齐鲁名师。

当学校的每一名教师都具有鲜明的教学个性时，那么整个教师群体就会涌现出旺盛的教育生命力，学校自然会焕发出勃勃生机。

在刘建宇老师的辐射带动之下，一大批优秀教师迅速成长起来，有的被评为省级优秀教师，有的到教研室当教研员，还有一大批教学骨干被提拔为各校的领导。学校也逐渐发展成了名冠一方的强校，深受当地老百姓的好评，成为全市农村教育的一面旗帜。

如何将具体的、单一的教师的教学个性转化为学校的教学共性，进而使之成为相对稳定的学校特色，形成为学校的文化，是对管理者水平和能力的最大挑战。

姜怀顺说：“我不信只言片语，我喜欢调查后再发言的做法，极尽所能地为教师的最初成长提供保护。没有哪一位校长不想把学校办好，但如何找到办好学校的‘支点’，是其中的关键。”

“学校管理者的重要责任，就是去发现这些不同个性的相通之处，探寻所体现的规律，分析产生的原因，辨明这些个性化的成果是管理制度要求下的合理产物，还是与制度要求有相悖之处，以便不断修改完善管理制度，从制度层面保障教师专业成长的个性化表现发扬光大。”

“现行教育体制给了教师太多的束缚，很多颇有才华的教师被捆住了手脚。虽然我们天天都在喊解放学生，给学生自主学习的机会，却很少关注教师。教师更需要解放，更应该给教师教学改革以机会和自主发展的空间。没有教师的个性解放，就谈不上学生个性的发展，更不用说用素质教育培养现代公民了。”姜怀顺感慨地说。

记者发现，在临沂第二十中学有一个“星星之火”的现象：先容有个别教师的一点幼稚想法，再到实验方案的提出和在教学实践中的大胆尝试，再到在学校的大面积推广应用，教师的教学个性固化形成，单一教师的教学个性转化为学校的教学共性，进而形成学校相对稳定的办学特色，形成为学校的文化。①

如今，在二十中，一个个符合学科特点、凸显个性风格的“课型风暴”风起云涌，正酝酿着、提炼着，逐渐地成熟起来。刘建宇“框架构建，整体推进，全局着眼，局部完善”的16字教学方略；徐铎厚“穷极一点，点拨其余”的生长点策略；朱金欣“让每一朵花儿都绽放”潜能开发艺术；王丽花“我领学生读莎剧”的原生态语文教学……教师多彩的教学个性，课堂教学“百花齐放”的局面，一起构成为一派春色满园的盛景。

教育者的担当是为学生的幸福着想

21世纪的今天，二十中人已经感到“个性多元”急促而至的脚步声。在一个教育优先发展的新兴城区，“教育创新行动”命题水到渠成地摆在了二十中人面前。“让教师与学校一起发展，让教师和学生共同成长；为学生终生发展奠基，为学生终生幸福着想。”内涵如此丰富的“个性优质教育”，其实现方式到底是什么？二十中人踏上了上下求索的寻路之旅。

1. 整体育人，让教育回归本真

姜怀顺认为，没有教的方式的根本改变，就没有学的方式的改变。同样，

① 叶澜，等. 教师角色与教师发展新探[M]. 北京：教育科学出版社，2001.

没有管理方式的根本转变，教的方式也不可能在课堂里实现真正的转变，最终也就达不到学的方式的真正转型。而最终，教育质量和人才培养水平的提高就会成为一句空谈。我们必须尽快扭转被动的局面，实现由“大一统”向“个性化”方向转型，以构建真正的生态高效课堂。

姜怀顺介绍说，“学校现在正用‘一体四轮’机制统筹整个教育实践。”“一体”是学校教育品牌化打造；“四轮”是，整体启动“基于教师专业发展背景下的个性优质课堂建设研究”“基于学生差异发展需要的校本课程建设研究”“多元异步评价改革研究”和“有担当的新生活教育研究”四项滚动课题。“四轮定位”，不断推动学校教育的创新发展。

打开二十中学的学校发展规划蓝图，可以看到教育创新发展一脉相承的线索。

2002 年，姜怀顺与团队一起对学校发展进行整体规划，确立了三个“三年发展规划”，确立了“三步走”发展战略：

第一个为特色发展阶段，即“从 2002 年至 2005 年，使学校成为临沂市教学示范学校、临沂市教育教学改革窗口学校，在省内具有一定知名度”。

第二个为教育内涵发展阶段，即“从 2005 年至 2008 年，以培养‘志趣高远、人格健全、基础扎实、特长明显’的学生作为行动纲领，将学校创办成为省级规范化学校、省级教学示范学校和特色鲜明的临沂市窗口学校，使教育教学质量大面积提高，促进学校全面、协调、可持续发展”。

第三个为品牌学校形成、本真教育探索阶段，即“从 2008 年至 2011 年，使学校在教师专业发展、学生生活道德习惯养成、学生自主特色发展、管理制度创新、学校特色形成与文固化等方面形成独具特色的文化品牌，成为特色鲜明、综合实力强、在省内同类学校中居领先地位，在全国具有一定影响的齐鲁名校”。

2009 年姜怀顺正式提出了“个性优质高效课堂”建设总纲领，并规划了具体路径，即“二十字”方针：理论培训，自我反思，专业引领、同伴互助、成果展示。

两年的创新探索，终于结出了累累硕果。在二十中学校史展室里，工作人员和盘端出了学校关于“基于教师专业背景下个性优质课堂建设”的方案、过程和成果资料，让我们目睹了创新的整个过程，见证了一个个反复调研、验证、筛选、打磨、提炼的硬功夫。一个代表二十中人教育创新的顶尖级成果——“344”教学策略展示在我们面前：

遵循“学生成长规律、认知规律和学科规律”三大规律，依据“以学定教、独立思考、多维互动、展示评价”四项原则，把握“情感孕育、方法生成、知识建构、习惯培养”四个标准，这“三大规律、四项原则、四个标准”构成为个性优质高效课堂教学策略体系。

对于二十中的发展，区教育局周广军局长没少动过脑筋，也没少操过心。记得在姜怀顺刚刚就任校长的当初，周广军局长高瞻远瞩，从教育科学发展、均衡发展、内涵发展的高度，从立足为一方百姓提供优质教育的朴素情怀出发，靠前指挥，协调投资1800万元，支持学校的基础设施改造与建设，才使学校面貌焕然一新。

面对这项标志罗庄教育的最高创新成果，周广军局长欣喜地说：“二十中在怀顺校长的团结带领下，以求变求新的执着和勇气，以教育的哲学视野，不断探索，勇于创新，不断转变教育发展方式，使学校办学不断接近教育的规律和人才成长的规律，找准了正确的办学诀窍。学校人才培养质量和水平不断提高，社会影响力和学校的名气越来越大。”

2. 为学生的德智和谐发展担当

《国家中长期教育改革和发展规划纲要（2010—2020年）》重申了素质教育的核心问题，在培养创新精神和实践能力的前面，又增加了社会责任感这一条，对人才质量标准做了调整。这为每一位教育者提出了更加严格的要求。

为增强每个学生内心深处学习、做人、做事的责任感，二十中人在学生学习、做人和做事总结提炼了“十种学习习惯”“十种生活道德习惯”，并给这些习惯嵌入责任的基因。姜怀顺说：“实施‘有担当的新生活教育’课题研究，为的是让学生在其心灵深处播下‘责任’的种子，使习惯更加牢固，用培育责任远远要比单纯追求成绩有意义得多。”

姜怀顺给记者讲了这样一个故事：刚入校的一位初一学生，早早到校去卫生区打扫卫生，就在他即将把垃圾堆成一堆的时候，组长来了，问他：你怎么打扫了别人的卫生区？听到这话，他随即用大扫帚将垃圾用力一扫，刚打扫好的地面又是一片狼藉。

打扫卫生这一“个例”，引起了姜怀顺对教育深深的思考。他由此联想到当今学生的成长环境和历程及其未来的发展，姜怀顺说：“在学生的大脑深处，有类似想法的学生远非个别。德育、智育‘两张皮’和德育低效问题一直困扰着我们，束缚住我们的大脑，捆住了我们的手脚，使我们的教育老是走不出低效的‘旋涡’。”

如何根据目前初中学生特点，创新德育方式，找到一条统整德育与智育使学校教育走上一条“省时，低耗，高效”的育人轨道？

“人人有事干，事事有人管”这种“事务承包”式的管理方式，是安排好任务后让学生被动地接受而没有选择的余地，是“落后生产力”的代表，在很大程度上培养了一大批没有主见、不愿担当却又挑剔的人。

姜怀顺认为，让学生“在担当中生活，在做事中成长”，激发学生生命内在的情感需求，让孩子在对平凡小事的担当中从心里埋下“责任的种子”，是真正地为孩子的健康成长服务。

2009 年春季开学，分管政教工作的副校长王现平带着集体研究的“有担当的新生活教育研究”规划设计路径，和姜怀顺等学校领导先是走进了班级，走进了课堂，走进了校园，后又走进了家庭和社区，开始了“有担当的新生活教育”的探索。

学校从培养每一位学生的主动担当意识入手，取消了班干部制度，规定班干部完全改用担当选择来替代，让人人都有锻炼的机会，让人人都得到最好的成长。

评价以自主评价、小组评价为主，以班级事务主管评价、学校抽测作辅助。评价结果计入学生的发展手册和学业鉴定。同时，学校、班级定时发布评价结果，对有突出成绩的学生，还会以喜报等方式通知家长。

在“担当”实施中，要求事先商定，在选择时要对标准一清二楚。任务自己认领，也可以几位同学自由组合认领，认领后不满意还可以调换，还可以自己寻求互助伙伴。学校、班级对担当实施同伴互助、教师引领、家庭配合、民主评价的行动策略，从根本上实现了由“他主”到“自主”的转化。

担当的范围，从班级到校内，从校内到家庭，从校内到社区。校内的担当从班级主管到学习主管，从卫生到维护团结，甚至可以小到一块玻璃的管理等；家庭中的担当，可以从帮助父母买菜到洗衣，也可以小到刷碗、叠被子等。学生从做好一件小事开始，从内化开始，从自悟开始，从“要我干”到“我要干”开始，从学校延伸到家庭、社会等日常生活，每位学生在做事担当中成长，精神也在担当中升华，他们的内心世界里多了一份对责任的理解和感悟。

这期间教师的责任是什么？姜怀顺举了一个例子：当学生未能完成清理痰盂的任务，教师要思考：孩子是因为工具的问题？技术的问题？时间问题？策略问题？还是更深层的情感态度价值观问题？是工具问题，可以引导孩子购买清洗工具如刷子、橡胶手套、洗涤用品等；是技术问题，第一次教师可以做“演示”；是策略问题，教师可以引导他把劳动程序设计到最好。如果是因为厌恶干脏活、鄙视劳动、不屑于干这样的“低贱”的活，那就需要进行思想的教育，要让学生知道自己在“做什么”“何时做”“为什么做”，引导学生健康成长。

担当教育从校内延伸到家庭，从学校延伸到社会，从回答问题到多种形式的社会活动，学生在真实的道德情境中逐步意识到自己对社会的责任，从小学会了对自己，对他人，对社会；对学习，对工作，对生活的担当。在二十中，学生的自我担当已在其灵魂深处扎下了根，也必将在其发展过程中发芽、开花，结出了丰硕成果。一名学生在他的关于“责任”的感言中，写下了这样一段话：“以前觉得许多事情不用自己操心，所以做得少，想得也少。可接受了‘担当教育’后，才知道自己拥有的各种角色和责任。做儿子，要孝顺父母，回报父母，帮助父母，哪怕只是做一点家务活；做学生，有责任好好学习……”

教师在指导学生完成多项担当事务中，多了一份沉甸甸的责任；家长也在督促孩子担当家庭事务中，多了一份沉甸甸的责任；社区在为学生提供担当社会性事务中，也多了一份沉甸甸的责任。所有的教育者和受教育者，所有的成人和孩子都在责任的担当中共同成长，在育人中实现“自育”，共同担当起培育文明公民的重任。

如今，“担当”已成了一门师生全员参与建设的课程，二十中人共同赋予这门课程以完整的育人内涵。二十中人抓住了办学的核心要素与根本，用“担当”统整教书与育人、课外活动与课堂学习、做事与做人、学习与工作等各种资源，解决了长期以来困扰着学校德育与智育割裂，教育一直低效的难题，为基础教育交出了一份“抓德育更有利于提高教学成绩”的答卷。德育在这里不再成为教育的附加和负担，而成为催生教育快速、持续发展的动力源。

担当的最高意义是实现人人都成长

没有任何一种职业能与教育相比，更利于创造，也更需要创造的。可以说，没有创造，就没有教育。功利主义的影响使教育在很大程度缺失了创造，教育因此而低效，教师的幸福感因此而缺位。基础学校如何唤起与培养教育的创造精神，为国家培养一批又一批拔尖创新人才打基础？二十中人以创造唤醒创造，以自觉唤醒自觉，让师生在学校变革的参与中，实现了教师、学生和学校的共同发展。

1. 引燃创造激情，让师生潜能充分涌流

一个出色的教师，是他的个性在某种意义上被张扬到了极致。姜怀顺带领团队坚持“理性自由”的管理理念，一起致力于“管理机制活化”研究与创新，构建完善了“问题破解招标制、重大项目攻关制、亮点展示制、全程负责制”等八大机制，并大力倡行“关怀人、肯定人、发展人、完善人”人文精神，让每个人的个性得到合理张扬，让学校真正成为教师共享的精神家园，不断为教师的专业发展奠基、助推。

姜怀顺认为，没有机制的教育产生“一盘散沙”的师生，缺乏激励的学校孕育不出“进取”的集体。与单纯指责和口头呼吁相比，通过制度的改造和创新来解决管理中的问题，无疑更加明智、可行。制度与机制的创新，为教师和学校的发展提供了创新的土壤和氛围，每位师生都成为学校变革的主体力量。

“问题破解招标制”，为师生提供一展才思的机会。凡是关系学生全面个性成长、教师专业发展和学校教育创新的疑难问题，都由学校征集、筛选、归纳并公开发布，由教师个人、教师团队，学生、学生团队招标“认领”，按照合约方式研究解决。合约规定了“问题名称、难度系数、任务目标、评价方式、解决时限、研究经费”等内容。“招标制使各个层面的疑难问题公开化，也为能够解决这些问题的人们提供了一展才思的机会。”姜怀顺说。

“重大项目攻关制”，为解决重大难题寻求最佳策略。针对学校教育、教学实践以及其他工作中，往往存在一些亟须解决的重大问题，拟订计划，开展深入、系统的创新研究。这些问题往往关系全局，需要协调不同部门共同努力才能解决，一般由学校相应领导牵头成立攻关组织，通过寻求解决策略，探求解决途径，力求取得实质性突破。

“全程负责制”，使管理留出“空白”而不留“缺憾”。学校按照相应任务组建各个“全程负责项目部”，实行项目管理、合约管理，建立以班主任为项目负责人的班级发展项目部，以学科（备课）组组长为负责人的学科发展项目部、以年级主任为负责人的年级发展项目部、以教务处为主的校本课程开发项目部、以政教处为主的学生道德习惯培养项目部等，以学生的全面发展为核心，从关注每一个学生的发展着眼，下移管理重心，调整管理制度，促进学校工作不断取得新的突破。班级发展项目部的建立以班主任为总负责人，大到班级发展目标的制定，小到每一天的各科作业量的审核，都由班主任负责。各个任课教师相互不再强调自己任教科目重要性，也不再各自为政，相互扯皮。全程负责既杜绝了整个工作某个环节的疏漏，又使人人有了自己的责任。

“亮点展示制”，让师生有“点”可展。任何一位管理者、教师、学生在工作学习过程中都会有自己的独到之处，亮点展示就是为这些人展示独到之处提供的平台。这项工作由个人或组织在规定的时间内以书面方式申报，说明亮点的名称、展示的时间、展示需要的物质条件。由学校相关组织通过分析书面申请决定是否展示，在哪个范围内展示，展示时有关人员到场认定等次，集中进行奖励。

“协同创新机制”，为学校教育注入创新活水。任何一项创新越来越崇尚协作，“单打独斗”是无法完成一项复杂创新任务的。教育创新也不例外。2008年春季，一项旨在鼓励集体创新的“智慧行动”开始了。学校各部门、各单位都立足本职岗位制订管理创新方案，经学校批准后组织实施。只要在实践中有成效，工作中有创新，经一定的认定程序确认效果明显就会受到表彰奖励。当然，在落实这项工作时，强调一切为了学生发展，一切为了教师发展，一切为了学校发展，避免了部门本位主义，不能为创新而忽略了全局事业。

"'金点子'认证制"，焕发师生巨大的内在力量。为让大家集思广益，对提出能促进学校、教师、学生发展的意见建议的教师、学生等个人和组织进行表彰奖励，并在相关方面进行加分。奖励的等次关键在于"意见建议"的实际价值，具体由学校相应组织进行认证。在这种机制的激励下，学校师生踊跃献计献策，人人成了学校的主人。

"年度感动校园人物推选制"，让"平民"英雄登台亮相。为让一些名不见经传的一些"小人物"脱颖，学校每年组织开展一次年度（感动校园）人物评选活动。活动有教职工和学生两个不同的系列。评选方式是自下而上，自荐与他荐结合，目的在于聚焦那些默默无闻的"平民"英雄。这些"小人物"的感人的事迹，成为大家津津乐道的话题，其高尚的品德成为不可多得的宝贵育人资源。

2．多元异步评价，让人人焕发出最亮丽的光彩

走进二十中学，在光荣榜展栏里，你会惊奇地发现有这样两组极具个性化的评价方式：

"张灿，一个来自八年级六班的活泼女孩，课上，积极思考，大胆发问，踊跃发言，精彩的言论常常令同学们刮目相看……"在每周例行的升旗仪式上，学校评出的校园之星都会披挂着绶带，伴着音乐的旋律，在主持人宣读的颁奖词中获奖学生走上主席台，接受校长颁发的荣誉证书。这是一组关于学生评价的展栏。

对老师的评价更是引人注目："创设问题情境，引发众多质疑，种瓜不得瓜，通电产生磁。初看疑难纷扰学生求知，细瞅过程才明了是为了激发兴趣。耐心的等待让学生刨根问底有了充足的时间，恰当的激励让学生精彩展示有了自信的开端。导线正反绕，磁极来回倒，奥斯特的发明故事，奠基了学生的创新素质，就像导体通上电，即刻产生磁。须晴日，红装素裹，定会成为爱迪生的粉丝！"在每一次的"个性优质课堂展示评比活动"颁奖仪式上，获奖教师都会在赞誉自己课堂教学的颁奖词中，和着优美的音乐声，走过红地毯，来到主席台，高举鲜花和证书，向全体教职工挥手致意。

可以想见，贴有照片的获奖者、颁奖词、隆重的颁奖仪式，以及伴有音乐、手持鲜花的场面构成为一道激荡人心的风景线，也构成了一个令人无比荣光、无比催人奋进的育人“磁力场”。

打开“班级责任记录卡”发现，在对学生的评语中，都有教师、学生家长、学生的签名。在落实“有担当的新生活教育”过程中，“记录卡”记录了每个学生的进步与收获，记录了每个学生的长处和不足。每一个学生通过自评和他评，能够对自己有全面的认识，从而有针对性地加强某项品质或技能的学习和训练；家长、教师也能有效地对学生进行相应的指导，帮助学生不断改进、获得发展。

据分管德育工作的王现平副校长介绍，多元异步评价着眼于学生发展需求，从学习生活习惯的养成、课业发展、特色发展等方面，制定星级学生评价指标，从不同侧面、不同角度对学生进行评价，鼓励发展学生各种潜质，激励学生各种优异表现，整体构建了学生个性化发展性评价体系。

近年来，二十中人坚持评价创新，淡化综合评价，取消了“三好学生”的评选。多元异步评价重在发展学生各种潜质，激励学生各种优异表现，使校园里每一朵花儿都灿烂。学校设立的十大“星级学生”评选系列，如“艺术之星”“体育之星”“学习之星”“演讲之星”“管理之星”“礼仪之星”“阳光（心态）之星”“担当之星”等，每位学生都可根据兴趣和条件确定自己的最近发展区和荣誉追求，不断超越自我，不断优化、设计个性化的阶发展段目标，每个学生都在经历更多历练过程中拥有更多的感悟、感动，享受着更大的成长快乐。

“初中三年无分数”，让多种多样的内容进入评价视野，让多种方式进入评价学生的过程。分管教学的刘建宇副校长介绍说，学校改变了过分倚重学科知识的现象，注重对学生实践能力、创新精神、心理素质以及情绪、态度和习惯等综合素质的考查。在评价方式上，将动口、动手与动脑结合起来，科学地评价学生的综合能力和综合素质，不仅为学生健康发展打下了基础，也为智力水平发展较快的学生提供了“挑战”与“冒尖”的机会。

民主自由是创造发生的最好条件。只有给师生创设自由创造的空间，教师才能更充分地把自己的生活阅历、知识基础、强势智能、教学智慧等打上生命个性的烙印，融入课堂教学，为学生个性成长带来独具特色的课堂盛宴。

在多元异步评价中，学校除了设置在个性优质课堂的精彩课堂、精品课例等“综合奖”之外，还设置了“最佳教学设计奖、最佳教态语言奖、最佳学生参与奖、最佳教学创意奖、最佳板书创意奖、最佳激情投入奖、最佳教具创新奖等众多的单项奖，让每位教师都能把自己最精彩的方面展现出来。“个性优质课堂教学”展评活动自从2009年5月起，每年两届，至今已成功举办5届。每当在这个时候，二十中校园的每个学生、每个教师都洋溢在幸福的海洋里。

老师拿到“综合奖”，除了领到一份厚重的奖品之外，还要拿到一个重大的“精神奖品”——这就是为每一位教师撰写独具特色的颁奖词。

对于经验丰富的数学教师张夫玲，学校对其不懈探索和精彩展示，用如下颁奖词给予充分肯定：“新颖的学案来源于长年累月的思考，巧妙的变换得益于孜孜不倦的创造。开放的问题让学生大胆探究，迥异的思维让学生问学求道。从多变中寻求不变的道理，从复杂中探索归一的妙招。饱满的热情带来万千启迪，绚丽的夕阳绽放骄人魅力。”

英语教师朱金欣一直坚信“每一朵花儿都有绽放的理由”，努力开发课程资源，精彩的课堂智慧无限。学校肯定她的颁奖词是：“‘我的一天’不平凡，同伴互助渡难关。夯实表达基础，预设考虑周全。引进‘艺术人生’，催生精彩片段。朱军的巧问，成龙的妙答，成功人士的酸甜苦辣，全部化为学习资源。形成表达技能，感悟名人辛酸。教材转为学材，课堂反映世界。简约的过程省却了无谓的华丽，缤纷的生成叙说着智者的豪迈！”

多元异步评价”唤起了教师们主动进取的积极热情，二十中不同年龄段、不同发展时期的老师们，个个铆足了发展的劲头，没有了职业的“倦怠”，也看不到因竞争而带来的什么负面影响。带给老师们的，只是教师们强烈的、自发的、主动的积极进取。

结语　什么是“有担当”的教育，怎样办“有担当”的教育

临沂第二十中学以自己的办学实践对此做了诠释：“有担当”的教育，就是

有担当的教育人培养了“有担当”的学生和成就“有担当”教师的教育。办“有担当”的教育，关键要坚守本真的教育理想，主要通过“有担当”的教师来实施。校长作为有专业领导力的管理者要有对教师专业发展和专业成长担当责任，和老师们一道唤醒生命自觉，共同担当起为民族未来培养创新人才的重任；担当起为师生共同幸福着想、担当起教师的个性优质发展和为每一个学生的个性优质发展负责的重任，担当起教育创新的光荣使命与责任。

二、为每个孩子终身发展奠基

——刘相俊校长和她的“适性教育”

生命各有精彩，成功各有路径。学生的差异是客观存在的，我们无法期待用一套教育“模具”把千差万别的学生铸造成同一规格的人才。尊重学生的个性差异，选择顺应其天性、适合其个性的教育方法，让每一个生命通过“配方施肥”得到最需要的营养，从而绽放出属于自己的美丽，这是教育者应有的追求。基于这种思考，临沂第一实验小学提出了适性教育的办学理念，并为之付出了辛苦的探索。虽然不足四载，但由此激发出来的课堂活力、教师潜力、学校魅力，却值得我们认真深思探讨。

——题记

临沂第一实验小学始建于1914年，最初由美国传教士创办。在历任12位校长的持续接力下，这所学校已经成长为临沂市最具创新精神的基础教育学校之一。2013年5月，兰山区教体局从事小学教研室工作18年的刘相俊来到临沂一小，接任学校党总支书记兼校长。她为学校带来的，正是适性教育的新理念。

从事多年的教学研究，适性教育的理念早已在刘相俊校长心中萌芽。通过对国内外多元智能教育研究成果的关注，结合多年的自身教研实践，她认识到：尊重学生差异，因材施教、适性而教，是当前和今后一个时期教改应该努力的方向。然而，临沂一小这片土壤是否适合新的教育理念生长，如何培育、开花，仍需要观察、了解、论证和尝试。

到任不久的一天下午，刘相俊在学校图书馆检查阅读课秩序时，遇到了这样一件事：偌大的阅览室里，孩子们正在安静地看书，角落里三个孩子却在聚精会神地拧魔方。任课教师告诉她，这几个孩子对学习不大感兴趣，就喜欢玩魔方，要是有节魔方课他们肯定会感兴趣。

是啊，这几个孩子如果能把魔方琢磨出名堂来，不也是一种学习吗？这件小事让刘相俊思考了许久。一些孩子为什么不喜欢我们的学校、不喜欢我们的课堂？原因在哪？就在于他们没有找到学习的乐趣，在于我们的教育没有真正做到因材施教。

经过与教干教师谈话，刘相俊了解到，临沂一小有好多教师早就在探索个性化课程，这种自发的创新完全出自对学生的爱，老师们加倍付出无怨无悔，学生们也乐学爱学劲头十足。师生们的自发行为恰恰与适性教育理念不谋而合。

经过总结提炼，以“源于爱，成于行”为根本内涵的适性教育就成为临沂一小——这所百年老校的办学新理念，适性教育的探索征程从此开启。目前，该校已初步形成了涵盖“适性课程—适性课堂—适性教师—适性管理”的一整套完整的育人体系，适性教育悄悄改变着学校的角角落落。

适性课程：让学习多几片色彩

“适性教育”方向既定，相关课程体系的探索随之跟进。推进过程中，刘相俊和教干们一方面大量查找相关教育理论，一方面通过问卷、谈话等方式向师生广泛征求意见建议，“慢”中求“适”，师生的兴趣需求成为推动改革创新的根本驱动力。经过三年的摸索，2016年起，“适性课程”逐渐成熟，学校在国家规定课程之外，又形成了涵盖15个门类特色课程的适性课程体系。

师生自主研发课程

今年的清明节前后，与临沂一小毗邻的华东革命烈士陵园内，玉兰花如约绽放，前来凭吊的人们渐多。五、六年级的“红色讲解员”们，戴上标志牌，手持小红旗，自发地为人们讲解临沂那段难忘的岁月。乳汁救伤员的沂蒙红嫂、冰水中勇架浮桥的沂蒙六姐妹、血战渊子崖、沂水城保卫战、孟良崮战役、英勇不屈的陈若克、大智大勇的罗炳辉……历史由孩子们认真地讲述，显得愈发感人。这是临沂一小学生联系生活实际发现的一门新课程——红色讲解员课程。

个人有什么兴趣，生活有什么需求，就开发什么课程。正如红色讲解员课程，临沂一小的适性课程开发完全根据学生兴趣和需求，由师生充分协商确定。孩子们不但学到了自己想学的知识，还获得了充分的尊重，受到了自我规划人生的思想启迪。渐渐地，临沂一小开发出了修身课程、强体课程、启智课程、尚美课程等四大项，从这四大项中又细化出软笔书法、国学经典、球类、棋类、武术类、学科拓展类、艺术审美类、脑科学开发、科技探索类、厨艺类、游学志愿类、种养类等 15 个门类。

"'适性课程'的开展与国家提出的学生发展核心素养的综合表现相互补充，相互联系，相互促进。"刘相俊说。

师生自我评价学习

"适性课程体系建立起来，规范管理必须同步跟进。"刘相俊认为。在她的带领下，临沂一小建立起了基于核心素养的课程实施标准，明确了完成各种课程应该达到的程度要求。师生自我评价与学校综合评价相结合，有力推动了课程改革的落实。

针对国家课程评价，该校实施了动态评价和总结性评价。动态评价主要指学生在课堂学习的主动参与度、潜能释放、学习效果等多个维度，主要关注学习过程；总结性评价主要指期末学科检测性测验等，主要关注学习结果。"通过这种动态评价和总结性评价的实施，学生动起来了，课堂活起来了，也让课堂在教学评价中生成了精彩。"刘相俊介绍。

针对地方及校本课程，临沂一小对学生的学习表现、学习能力和实践能力进行了系统评价。学校采用学生喜欢的展示、比赛等丰富多彩的活动形式，把学生自我评价、教师评、家长现场评、社会评、学校评加以有机结合，寓评价于快乐自信中，也让学生在评价中找到了真正的自我。

“记得有一次，我因为拍的照片很难看而伤心，可摄影老师却一直鼓励我，劝我不要放弃。我调整了心态，果然跟上了进度。这一次，老师夸奖我进步很大，还让我参加了学校的摄影展呢！很多事情因为喜欢才会去做，重要的是在这个过程中享受的快乐。”四年级的学生常宝文参加的是摄影社团，老师的评价让她很快乐。

提供平台展示成果

“适性的评价之下，改变的可能是一个人的人生。”刘相俊说。

为鼓励学生参与强体类课程，临沂一小每年都举办一次盛大的校园体育节，让孩子们展示学习成果，享受运动的乐趣。

在刘相俊的眼里，学校就是为班级、为学生服务的。如果把师生比作是运动员的话，那么校长就是个教练员。教练员要做的，就是如何让运动员们冲向领奖台。甚至，学校会专门为某个班级、某个孩子提供展示平台。去年毕业季，学校专门为李秀山老师和他的十六班举办了主题为“向阳花开 绽放未来”的专场毕业演出，为张景皓、刘琦两个孩子举行了“梦想色彩”绘画作品展，让这群六年级的孩子们在告别母校之际留下了难忘的精彩一刻。

从兰山区到山东省的学校联赛，从市运会到省锦标赛，在许多重大的青少年篮球赛事中，总有临沂一小女篮队员们的身影。近年来，临沂一小女篮先后荣获省篮球联赛第三名，省大中小学生篮球联赛第三名的好成绩。临沂一小男篮也曾获得过兰山区中小学生篮球赛小学组冠军、两次全市冠军和全省第三名的好成绩。

适性课堂：让学生多几分自主

在刘相俊的构想中，适性教育下的课堂是适性的课堂，是以学生为中心的课堂。课堂上，老师要传授的文化知识只是一个载体，学生跟着老师学习的过程才是重要的。在这样一个教学构想中，对学生的思维训练，创新能力的培养，甚至品格的塑造，都需要老师在课堂教学的点滴积累中，帮助学生好好完成。

以“主动学习”为中心，构建“134”教学策略

根据适性教育理念，临沂一小致力于以学生“主动学习”为中心的课堂教学改革，先学后教，以学定教，顺学而导，构建起“134”教学策略。

“1”是指一个中心，即一切以孩子为中心，让孩子站在课堂的正中央。“3”是指教学三段式，即前置学习，课中研讨，课后延伸。“4”是指四个环节，即前置作业自主学习，小组合作讨论解疑，交流探究精讲点拨，有效训练拓展延伸。

数学教师刘龙生执教的《折线统计图》一课就充分体现了“适性课堂”的特点，这堂课曾获省数学优质课评比的一等奖。课前，刘老师通过一组统计表，要求学生自己预习并制作条形统计图。课上，通过小组合作的方式，交流汇报、辩论解疑。就在同学们针对问题僵持不下的时候，老师及时介入点拨，更进一步地弄清楚点与线的作用，从而更深刻地了解了折线统计图的优势。最后，刘老师设计了拓展延伸部分，让学生学以致用。

在这样的课堂上，学生实实在在成了课堂的主人，教师则只在需要的时候站出来点拨。学生独立学习，自我建构知识体系，学习效果更佳。

以差异化为原则，实施分层教学

有效教学的前提，一定是根据学生的差异组织教学活动，开展不同的教学。由于集体授课制中人数的限制，个别教学几乎无法实施，分层教学实施也有很大的难度。但临沂一小在困难面前积极想办法，通过学生、目标、方法、提问、作业的分层施教，为不同层次的学生进行了适当教学。

学生的分层。通过检测、提问、观察以及与学生谈心的方法了解学生的学业情况，对不同类型的学生提出不同的教学要求。对优秀生，要求他们在熟练

掌握教学知识的情况下，提出更深的问题，让他们思索探讨、交流，实现教学的“再创造”；对学生成绩良好的同学，要求他们要熟练地掌握知识点，能很好地运用知识点解决简单的实际问题，并让他们达到对知识的融会贯通；对“学困生”要求他们要掌握基本知识点，能运用这些知识点解决一些较简单的问题，并帮助他们加深对知识点的理解，争取达到理解性的掌握。

目标的分层。学校根据因材施教的原则，制定出与高中低层次学生学习可能性相适应的分层教学目标，通过分层分类的教学，促使了各个层次的学生达到了应有的目标要求。

方法的分层。针对不同层次的学生，老师应用灵活多样的教学方法，进行分类指导，培优辅差，适应各层次的学生要求。这样，可有效调动不同层次学生的学习积极性，参与到课堂教学活动中去，促使每个学生在原有的基础上都能得到发展。

提问的分层。根据水平较低的学生接受能力情况，先提问中下水平的学生，可通过他们的自学、思考以及经老师点拨引导等来回答问题。再利用他们知识上的不完善，回答问题的不完整，把问题展开，进行讨论，由浅入深，来提问中等生，在突破重难点时，发挥优等生的优势，启发全体学生深刻理解，及时进行反馈。

作业的分层。学生作业分为两类，课内作业和课外作业。这两类作业均要分层次，对不同层次的学生不搞“一刀切”。课内作业按 A、B 两类设计和指导，课外作业布置分为必作题和选作题。作业要求也分层次，对学困生可以只要求一题一解；对优等生则要求能一题多解的题目尽量能一题多解，用此沟通知识的横向联系，让他们能运用所学知识去解决日常学习生活中的一些实际问题，培养了学生的思维灵活性和创造性。

以尊重为前提，倡导人的教育

“源于爱、成于行”是临沂一小适性教育的核心理念。在这一理念指导下的适性课堂，必然是爱的课堂，是人的教育。

在适性课堂中，临沂一小的教师们有一个贯穿始终的教育目标，那就是让孩子成人。孩子们在课堂中的一举一动，都被视为向健全人格发展的学习锻炼过程。这些指标包括：自我约束的能力、追求卓越的动机、自我表达的能力，豁达向上的人生观等等。教师在课堂上及时发现和调控好孩子们的课上行为，帮助他们向健全的人格不断迈进。

尊重与爱，既是这种教育的前提，也是重要的教育方法。四年级的一位叫于秩国的孩子在作文《终于学会葫芦丝》里曾这样写道：

当我第一次触摸到葫芦丝时，心里不由得一丝紧张，反问自己到底能不能学会？学这种乐器到底有多难？看着身边兴奋的同学，又有一丝安慰，他们能学会，相信自己也一定行。课堂上葫芦丝老师杜老师细心地教我们如何使用葫芦丝并且给我们演示，可是我的手指对着葫芦丝的孔颤颤巍巍地按不准，虽是照样画瓢，但仍学得手忙脚乱，始终找不到感觉。最为滑稽的是当我把葫芦丝往嘴巴里一塞，憋足劲往里吹气，腮帮子都涨得通红了，还是听不到一丁点儿声音。杜老师看着我的样子，和蔼地告诉我要适当地调整气息，该轻便轻，该重时就重。按照老师的指点，一遍遍的反复练习，下课了，我还是没有找到感觉，第一次的学习就这样结束了。面对遇到的问题，我有些气馁了，可老师、妈妈都在鼓励我，使我重新燃烧起了希望。从此，老师一点一滴地教，我一个一个音符地学，从发不出声音到终于听见一些笨拙的音符从我的葫芦丝里跳了出来，从枯燥的吐音、长音、连音、活指练习，到能够完整地吹奏一首简单的曲子。我学习葫芦丝的信心也逐渐增强。

随着老师耐心的指点，我吹葫芦丝的基本功也渐渐扎实了，学起来也得心应手了。每天，家人都被我的葫芦丝声叫醒，伴着我吹奏的乐曲声洗脸刷牙吃早饭。功夫不负有心人，我吹葫芦丝的水平逐渐提高。这个过程就像个炼丹炉炼丹，它炼就了我的勇气和毅力。现在，通过努力我已经会吹《小苹果》《月光下的凤尾竹》《沂蒙山小调》《蓝色的香巴拉》等乐曲，而且吹得也越来越好了。老师说得对，只要功夫深，铁杵磨成针，我一定要好好学下去。

多么宝贵的鼓励，多么难得的耐心。有一种风景叫“慢下来”，如果不是老师出于尊重学生、爱护学生，给了这位学生温暖的耐心，教育的结果可能就会是另一种情景。在适性教育中，教师的尊重和爱教会了学生如何克服困难，如何做一个真正的人。

适性教师：让教师多一些个性

刘相俊认为，没有个性的教师，就不可能教育出个性的孩子。张扬孩子的个性要从张扬老师人个性开始。临沂一小一直鼓励教师要有自己的个性、思想，创造自己的教学风格，并为教师提供合适的教学氛围、研究条件促进他们主动发展，目的只有一个：让老师们率性教书，做真教育。

教师永远跑在教改的前面

一座真正有活力的学校，是教师在拉着学校跑步，而不是学校在推着教师挪步。临沂一小的适性教育改革，跑在前面的正是广大一线教师。学校并未规定哪个班级必须开设哪些课程，更没强制让不愿参加教改的教师开设特色课程。相反，在适性教育尚没有明确之际，一些教师早已有了自己的探索。

被刘相俊称赞为“适性教师样本”的李秀山老师，六年用心陪伴一届学生，先后在班里成立了“蓝雨滴”合唱团和“向阳花开”管乐团，并带领学生在山东省教育厅中小学生才艺比赛中获得一等奖，全班百分之六十以上的学生通过了山东省艺术考级六级以上考核，有 248 人次参加全国、省、市级声乐、器乐、舞蹈、语言比赛 46 场，478 人次获全国、省级、市级各种奖项……

王秀菊老师被不少人称为“有才气的数学老师”，她不但写得一手好字，还特别爱好剪纸，在临沂城玩剪纸的圈子里小有名气。教学中，她经常把自己的剪纸作品当作奖品，孩子们课堂上积极举手发言，敢于质疑；课堂作业书写认真工整，正确率高的；课后能主动复习旧知预习新知独立完成家庭作业的；平时学业成绩优异的……都能得到王老师的剪纸奖励，孩子们为能得到老师的剪纸不断地努力着。

王秀菊有个学生叫谭乔木，是中俄混血儿，在中国出生长大的他很喜欢中国的传统文化。跟着王老师，他不但学会了书写规范漂亮的汉字，还爱上了剪纸。谭乔木的母亲是俄罗斯人，她曾很自豪地告诉俄罗斯的亲戚，谭乔木生命的根已长在了中国传统文化的土壤里。

2016 年圣诞节，王秀菊以前的学生彭歆然从美国回国度假时，深深迷上了老师的剪纸作品。彭歆然就读于美国加州托伦斯市蒙哥马利高中，她告诉王老师，美国学生对中国文化的了解并不多，尤其是对中国传统文化的了解几乎是零。彭歆然是蒙哥马利高中的校报编辑，她想把王老师的剪纸带到美国，通过报纸的传播，让那里的老师同学了解东方的古老民间艺术。“这是多么好的想法！”王秀菊既高兴又感动，连夜为彭歆然剪出了《毛主席的话儿记心上》《鸡年大吉》《蝴蝶组图》等作品。一个月后，大洋彼岸的彭歆然发来刊登着王秀菊的名字和剪纸作品的报纸照片，并告诉她剪纸一刊登，就在当地引起了广泛的关注和好评。尤其是那幅《鸡年大吉》的作品，让不少美国同学对中国剪纸的寓意和中国的新年产生了兴趣呢！

王秀菊把自己和学生剪纸的故事做成了微信美篇，在微信美篇中，王秀菊写了两段话——因为热爱，所以执着；因为执着，所以收获；因为收获，所以幸福；因为幸福，所以快乐地行走在幸福教育的路上。

春天来了，让心花怒放在孩子们的心田里，愿蝴蝶般的孩子们，张开翅膀，在百花丛中自由而快乐地飞呀，飞呀，飞向向往的地方……

学习始终伴随老师的左右

一次教学改革成功与否，人的因素至关重要。刘相俊对此十分明了。她对原有的教师培训机制进行了大胆的革新。

首先，改“推门听课”为“预约听课”。对教师来说，课堂上被人不打招呼地贸然闯入会有一种不被人尊重之感。“推门听课”推掉的是教师的信任，推掉了一线教师工作的积极性，推掉了同事间和谐的人际关系。而“预约听课”则改变了这一点，预约的形式有两种：如果教师觉得这段时间可以讲课了就可以给学校领导约定好讲课的时间、地点。还有一种就是学校领导会提前给讲课教师打好招呼，定好讲课的相关事宜。这样的转变，打通了听课人和讲课人的沟通渠道，实现了听课人和讲课人的双向选择，不仅融洽了人际关系，而且实现了多方共赢的局面。

第二，变“走出去”为“请进来”。以往的教师培训学习往往都要到外地去，舟车劳顿不说，听课老师还要适应当地的饮食、环境，更为关键是学习的名额很少，绝大多数老师都得不到学习的机会。学校变“走出去”为“请进来”，经过多方协调，把小学语文、数学、英语等学科的全国知名特级教师请到学校来给全体教师做教学示范引领，全国小学数学委员会会长吴正宪，清华大学附属小学校长窦桂梅，北京第二实验小学副校长华应龙等名师多次来校指导教学。而且，这样的活动每个学期都会开展一次。三年来，到临沂一小讲课、作报告的全国特级教师就有近 50 人，让老师们在自家门口就接受了最高端的专业引领。再加上一些外出学习的机会，这样就能保证每位老师每个学期至少有一次学习机会。这样的措施，也促进了教师教学水平的大幅提高，这也许就是为什么会有那么多教师在国家级、省级优质课评比中获得好成绩的一个重要原因了。

第三，由“学生社团”到“教师社团”。学生社团的开展促进了学生素质的整体提升，刘相俊又把“教师社团”开展了起来，学校设立了简笔画、书法、瑜伽、葫芦丝等社团活动，教师可以根据自己的兴趣爱好，选择其中的一项活动，学校把每周四下午学生放学离校后的教师办公时间作为教师社团的开展时间。这些活动的开展，在带来轻松快乐业余时间的同时，还陶冶了老师们的情操，丰厚了他们的人文素养。

教学不再是沉重的负担

适性教育下，影响教师积极性的不仅仅是学校的考核，还有教师对教改过程的体验。

为了不让教改束缚教师的手脚，学校采取多种办法帮助教师拓宽教科研思路。同时，学校注重挖掘家长和社会资源资源来补充师资不足的短板。很多家长有相关的特长和工作经验，通过“家长进课堂”的方式解决师资问题。对积极参与特色课程教学的社会培训机构，学校欢迎他们通过志愿服务的方式走进校园。这样，也减轻了教师的负担。

学校注重培树适性教育典型，以身边适性教育的优秀案例来影响教师，培养他们的主动担当意识和价值认同感。在学校大环境的影响带动下，不少教师加班加点却乐在其中。

张卉老师和她的“深度阅读”教学，成功开启了孩子们的快乐阅读之旅。她投入阅读，不是为了在学校考核中拿名次，而是自己真正享受这个过程。为了阅读，她自己存书上万册，每个学期都要为班里的孩子们挑选购买上千册的图书。她还带着班里的孩子们去台湾，和台湾知名儿童作家“花婆婆”方素珍面对面聊读书谈写作……这，完全超出了学校工作的范畴，而是把教学融入人生的追求之中。

适性管理：让校园多一些民主

好玩，是孩子的天性。这种天性，几乎贯穿于他们学习生活的全部。有一种现象，幼儿园的孩子天真活泼，一到小学就跟换了一个人似的，而且随着年级的升高，天真活泼的天性就越淡化。

刘相俊认为，学校从教学到管理都要遵从适性教育理念，为孩子们健康成长全方位营造适合的环境。适性管理，注重保护孩子们的天性，不是用纪律的索链捆住孩子，而是用道德教化，用爱心感染，用民主管理实现自我约束。这种管理，没有了伤害，培养了自信，更挺起了孩子们的责任意识和健全的人格。

一个班级的例外

按照正常规定，一年级的学生因为年龄小，教室会被安排在一楼，随着年级升高，就要把一楼让给刚入学的一年级孩子。然而在临沂一小，有一个六年未曾换过教室的班级，六年来始终坚守在一楼。这个班级之所以能享受如此待遇，都是因为班上有一个因为医疗事故，只能靠轮椅出行的孩子。为了这个特殊的孩子，六年来这个班级一直在一楼上课。如今走进这间教室，在这个孩子的脸上，看不到忧伤，只有阳光和自信。

在把学生作为一个独立存在个体的前提下，用学生自己乐于接受的方式进行引导教育，从而达到有效管理的目的，就是“适性管理”。这种管理不是不要规章制度，而是要结合学生的特点把刚性的制度和柔性的管理有机结合起来，唤醒学生积极向上的意识，从而实现了学生的自我管理，这种管理方式更需要付出更多的教育智慧。

一身校服的选择

2016年5月，临沂一小举行了2016款校服采购招标活动，除了竞标的厂家，一小的孩子们也参加了这次活动。台上的孩子身着各款校服，上台走秀，台下的孩子认真观察，为自己喜欢的款式投下一票。就这样，哪一款校服得到的票数最多，哪一款就被确定为一小的校服款式。“我的校服我做主。”实际上是学生民主管理的最好体现。

为了让学生自我管理，学校大队委实行民主选举。2016年12月，学校会议室里，一场特殊的换届选举开始了。原来这是学校大队委竞选职位会议，竞选大队委职务的少先队员根据管理岗位，进行五分钟的竞选演说和十分钟的个人才艺展示。他们能否当选，决定权在台下的87位班长手中，而当选的学生就要负担起管理的重任。

管理者变成了学生。每逢周一下午，学校大队委都会在少先队活动室召开例行会议，参加人员是学校大队委成员，每人先汇报一下上周自己负责的那一块的情况，提出存在的问题，然后集体商量解决的办法，对于自己无法解决的问题就会提交学校协调解决。会议开完后，大队委成员就会根据自己的分工，找到相关班级的班长具体安排。临沂一小已经确立了大队委和班干部两级管理体系，大队委主要负责学校整体层面，班干部负责班级层面，两级体系通过大队委会议这种方式实现了沟通互联。

学生的主动管理已经渗透到了学校管理的各个方面，红领巾执勤岗的设立、运动会、艺术节的开展，学校都会事先征集学生们的意见。临沂一小的孩子们主动参与学校管理，感受到的是快乐的民主，感受到的是学校对学生的尊重。

一个月度的约定

临沂一小用每个月一个主题活动的方式串起了全年的管理，他们确定了这样的活动主题：萌芽2月——合理消费、阳春3月——真诚文明、自信4月——主动学习、红色5月——自理自强、进取6月——总结反思、缤纷9月——遵守规则、金秋10月——爱心责任、收获11月——创新学习、精彩12月——友善合作、希望1月——诚实守信。

除了用这样的活动主题促进对学生的管理，临沂一小还根据主题活动的开展情况每周评选出“适性班级”“适性少年”，用这样的方式促进了活动的开展。

在丰富多彩的主题月活动中，一小的孩子们学会了做人做事，学会了友爱真诚。2015年5月，临沂一小五中队有一个姓徐的同学因患白血病住进了北京的一家医院，高额的医疗费让一家人一筹莫展。正当他们一家人为难时，临沂一小的全体师生纷纷伸出了援助之手，在教师节升旗仪式上，每班的中队长代表全班同学，将装满中队爱心的信封放到了捐款箱内。短短几天，20万元的爱心捐款送到了这位同学的手中，手术顺利进行。少先大队辅导员吴兴珍在汇集捐款的时候，发现了一个叫余一诺的孩子捐了3000元钱。吴兴珍找到了余一诺，“这是我的压岁钱，我觉得把钱给徐同学治病，他能够很快回来上学，这钱花得值。爸爸妈妈也支持我的做法！”当吴兴珍问起余一诺的想法时，她一口气说出了上面的话。

“如果说人生是茫茫大海上的一次旅行，那么我想适性教育的理念就像是千帆竞进中个性张扬的船帆。也许它不是遥遥领先的，但它一定是满载欢歌，满载梦想，满载希望的。”临沂一小学生家长刘德凤曾这样说，她的孩子上一年级后，她的家庭教育理念也发生了不小的改变。与学校一起对孩子进行了“适性教育”，不但让孩子，也让学生家长们得到了成长。

一百多年前，传教士司蒙爱尔奉爱的名义建立了这所学校。一百多年后的今天，爱，在这所百年老校里化作了沉静的修炼、勇敢的突破：播下适性教育的种子，为孩子们的终身发展奠基；播下美丽的教育梦想，明天必将是一路繁花！

附：校长风采

刘相俊简历

刘相俊，女，汉族，山东日照人。中学正高级教师，临沂第一实验小学校长，党总支书记。办学中，她确立提出了“适性教育”的育人理念，主持开展构建适性课程的行动研究等多项课题研究。先后有30余篇论文在《中小学管理》《小学教学》《山东教育》等刊物发表。任山东省教育学会小学数学教学专业委员会常务理事、临沂市教育学会小学数学教学专业委员会副理事长，临沂大学兼职教授。获教育部远程研修优秀指导教师、优秀班主任、山东省优秀教研员等称号。

三、从职业到事业的超越
——王良营校长和他的“幸福教育”

三流的管理靠制度，一流的管理靠文化。办学成功除了学校拥有缜密的规章制度，还应有比制度更重要的文化。临沂册山中心小学校长王良营凭着多年教育研究与管理经验，带领团队为学校营造了“蓄德修能，自强不息”的学校精神文化，以文化的能量场激发教师内在的潜能，让每个人充满自信和活力。在文化的熏染下，这里的每一位师生都在自己的岗位上实现着从职业到事业的超越，享受着教育带来的幸福感。

这里是一个幽静而偏僻的地方，这个辖区的小学是所典型的农村小学，下辖七处村级小学。不论从地理位置还是师资配备上，这所学校在全区都算不上优秀，生源素质、教育环境和师资配备都要比城区学校差一大截。就是这样一所农村普通小学，近三年却涌现了一大批优秀教师和学科教学拔尖人才，学生数量由两年前的千余人猛增到近 2000 人，学校教育教学质量稳步提升，教育质量综合评估跃居全区前列，在当地群众心中树起了一块丰碑。记者不禁要问：是什么原因让这所小学发生了如此大的变化？盛夏时节，记者来到罗庄区册山街道中心小学（以下简称册小）一探究竟。

适彼乐土：让每位师生找到向往学校的理由

初见王良营，感觉他是一位地地道道的沂蒙硬汉子，黝黑的脸上透着坚毅、坦荡和睿智。几句话的工夫，他便欣赏起了学校的每一个人，不时地列举出他们各自为学校发展所做的努力。接着，他介绍了一系列师生喜欢学校的理由和他的“留人”策略。

1. 信任留人，把发展的权力还给教师

2011 年 8 月，区教体局一纸调令把王良营从临沂第七实验小学调到册小担任校长。面对生源弱、师资差，硬件条件不足的困难，要把学校办成一所让当地群众满意的优质学校，谈何容易？

“非改革无以聚力，非创新无以明志！”上任伊始，王良营做的第一件事就是为学校发展确立共同愿景，为教师和学校发展谋划未来。他将如何办学、如何改革、如何管理等焦点问题设计成问卷，发到每位教师手中，广开言路，征求每位教师对学校发展的真实想法和合理化建议。

就在这一年 10 月，一场“问计于教师”的“头脑风暴”轰动了整个校园，老师们敞开心扉，七嘴八舌，把积聚在内心的各种想法、喜与悲、苦与乐一股脑儿全部倾吐出来。但每个人的心里也有一种忐忑不安，是喜是悲，是忧是乐，结局难以考量。

两周时间，共征集到教师提案和合理化建议 60 多条。学校将有价值的 20 条合理化建议，按科室、分岗位安排到有关科室和人员，一条一条地落实，一项一项地整改。同时，也对有成效的合理化建议，学校颁发了“金点子”奖。

有的老师说：“给学校提意见不仅得到领导的肯定，还能得到奖励，真没想到！”有的老师说：“这是我从教以来第一次有了自己发言的权利。”老师们感到自己从未受到过这样的尊重，真正感受到做教师的尊严。由此，他们衷心希望校长能给更多这样的机会，为学校的发展献上一言。

一场“问计于教师”的校园“头脑风暴”，让王良营校长的管理思想、治校理念和人格魅力渐渐在老师心中有了位置，王良营也渐渐赢得了老师们的信赖。从此以后，“问计于教师”成为学校的一项制度被固定下来。对于发展中的焦点问题和大事小情，学校都组织专门教代会进行专题讨论，制定相关的条例或措施。学校的各项重大决策，诸如办学目标、办学理念、管理制度等都以这样的形式被确定下来。从此，民主决策和依法治校思想在这里扎下了“根”。

更为重要的是，“问计教师”，让每位教师在信任中有了更多的价值认同，教师因此有了更多的职业自觉。同时，这一次依靠教师办学的“问计于教师”活动，也让教师从学校领导那里获得了更多的信任，使本想离开学校的老师留了下来。

“前些日子，看到同事纷纷调入城区小学，父母和家人也曾多次劝我调离册山小学。人往高处走嘛。当时我也产生了想调走的念头，王校长一系列‘留人’策略改变了我当初的想法，决心扎根这所小学一辈子，为家乡教育贡献一份力量。”临沂市教学能手郭晓艳老师说。

2. 公平服人，教师在正义氛围中敬业乐业

“一个人只有在工作中实现了自身价值，才会更加热爱这份工作。”王良营上任不久，学校出台了“三个不一样”(干与不干不一样，干多干少不一样，干好干孬不一样）的制度规定。王良营也多次在教师会上强调，评价一位教师，要全面、公平、公正，“看人看工作，工作看成绩，成绩看大小，大小大家看”。

2013 年 3 月，一场“师德楷模”海选活动在册小拉开了序幕。学校在各村小下发了首届“师德楷模”标兵评选通知，倡导各学校只要符合基本标准都可以自荐、推荐，不限名额。就是这样的规则，给每一位教师提供了公平竞争的机会。

经过一个月的申报、赋分、演讲、评议等激烈竞争，一批师德高尚、教学精湛、默默奉献的教师被推向前台。其中，有年近花甲仍坚守一线的普通老教师，有勤奋工作的中青年骨干教师，有饱受腰椎疼痛之苦、顾全大局的教干……教师们自选、参选、被选，海选活动，自始至终不仅显示着一个感人至深的过程，更是一个催人奋进的过程。最后评选出“十佳”，学校给他们披红戴花，隆重表彰。在颁奖大会上，一篇篇感人肺腑、温暖人心的颁奖词，学生一声“老师，您辛苦了”的道谢，让多年来一直从事平凡教学的教师们感动、振奋。“强我师德、标树新风”，这次活动在师生中引起了强烈的震撼，弘扬了爱岗敬业、公平正义的师德精神。

58 岁的教师于德平在这次海选中脱颖而出，被评为学校“十佳师德楷模”。他十分感慨地说：“我只是做了应该做的工作，踏踏实实做事，认认真真教书，学校却给了我如此崇高的荣誉。我一定珍惜荣誉，再接再厉，更加努力工作！”在现场参与颁奖活动的青年教师胡晨说：“那一刻，我忽然感到了教师点点滴滴平凡工作的伟大，默默奉献的自豪。我要用勤奋书写我的青春。”

教师职称晋升与评聘，关系到每位教师的切身利益，大家都非常关注。按以往多年的惯例，这项评聘工作由中心小学成立领导小组和工作小组，通过民主投票和工作业绩量化积分，最后张榜公布参评教师名单和总得分，依据得分高低选出晋升高一级职称的教师。这个惯例在表面看来，似乎也公平。但其中争议最大的是，参评教师的各项积分没有一个明细，不够公开透明，从每位教师的总分上很难看出每个人的各项得分是否正确，同时，对别人的各项获奖证件得分不是一一列举，不能让教师人人信服。“这项工作要想让人口服信服，必须有一个强有力的监督。”老师们一致期望改一改以前的做法。

王良营知道了事情原委和老师们的愿望后，决定在职称评聘方面必须给老师一个“明白底”。在操作的具体过程中，让评聘小组工作人员重新设计样表，对每位参评的教师的所有荣誉证件等加分项目先行登记，张榜公布，让其大白于天下。这样，每一位教师既清楚自己各项得分的来历，又明白他人各项得分的真伪。待公示期满，直至教师无异议时，再将符合晋升条件的教师名单确定下来。此举消除了以前评聘工作中暗箱操作现象的发生，让职称评定在阳光下更加透明起来。

李洪兵是一位年近五旬的老教师，曾参评过两次高级教师的职称评聘。2013年10月，面对着宣传栏中的公示表，他深有感触地说：“这次的公示表是一次真实的公示，把教师多年的疑惑解除了。从这张表上，我知道了自己的优势和不足，也明确了下一步努力的方向。让假证件暴露在阳光下，这样的评选办法，即使自己评不上，也毫无怨言。”

职称晋升是每个教师关注的焦点，处理不好不仅不能调动教师工作积极性，还会打击优秀教师的工作热情。对于这项工作，学校本着“公开、公平、公正”原则，向一线教师倾斜，向工作能力强、综合评估分高的教师倾斜，对教师的疑问及时公开解答。要让全体教师相信，只要工作成绩上去了，就自然得到各项荣誉。“管理者的职责就是为教育发展营造公平合理的环境，建立公正的激励机制，全面调动起教师工作的积极性和创造性。”王良营坚定地说。

一项“问计于教师”活动，引爆出教师从未有过的创造性；“一张公示表”，彰显无限的教育力量；一个“海选”评优办法，为教育树起了一个公平正义的先例，这是王良营治校的“三大金刚钻”，它可谓直钻旧的“壁垒”，也如无声的惊雷，一下子轰开了以往制约学校发展的积弊。“大家心情愉快，气顺了，心往一处想，劲儿往一处使，师生从中找到了喜欢学校的理由。”老师们敞开心扉说。

3. 文化育人，让师生变得高雅起来

三流的管理靠制度，一流的管理靠文化。① 办学成功除了学校拥有缜密的规章制度之外，还应有比制度更重要的文化。王良营凭着自己多年积累的教育研究与管理的经验，提出了“蓄德修能，自强不息”的学校精神文化，以文化的能量场激发教师内在的潜能，让每个人充满自信和活力。②

基于这样的考虑，如何让墙壁说话、使花草含情？对于文化建设，王校长带领大家在校园规划中于细微之处凸显文化建设，让每一个细节凝聚管理者的匠心独运。他们在教学楼大厅的正面墙壁上镌刻着“仁、义、礼、智、信”五个大字及《论语》选文，右面墙壁是校徽图案和介绍文字，左面墙壁是校歌和学校办学理念。对于教师办公楼和多功能室楼分别取名为“博雅楼”（寓意“学识渊博，趣味高雅”）和“启智楼”（寓意“启迪智慧、开发智力”）。楼梯拐角处，有文学大家的读书名言警句；走廊的两侧，有图文并茂的诗词佳句，有学生自己的绘画作品。国学精华与个性魅力紧密结合，激励着师生每天在传统道德文化的滋养中积极进取。

走进校园，操场西北角新添一片竹园，翠绿的竹子时刻勉励师生“做人如做竹，挺拔且有节”；操场东西两侧，栽植有许多的香樟树，微风吹拂，飘来阵阵清香。整个校园的环境设计，用温馨的书卷气息感染人，用诗意的幽美环境陶冶人，时时处处洋溢着浓郁的文化气息，“绿化”“美化”“靓化”工程，为师生们提供了宜人的工作环境和学习环境。

如果说校园的规划建设是一项硬件工程，那么学校开展的各项活动则是一项软件工程，同样不可忽视。每天清晨 7：40，校园雏鹰广播站播放的歌曲《校园的早晨》，伴随着欢快活泼的旋律，让每一位师生在充满活力和憧憬中开始一天的工作；中午，《众人划桨开大船》那铿锵有力的节奏，唱出了每个班级团结一致、抱团合作的坚强信念。

“每天锻炼一小时，健康生活一辈子”，不仅是王良营对学生体育健康的要

① 叶怀凡．论学校管理文化 [J]．教学与管理，2017（9）．

② 杨骞．学校文化建设中相关因素分析 [J]．教育研究，2009（1）．

求，也是他对教师身体健康与幸福的期待。自从王良营当校长以来，他把教师的身心健康纳入教师教育课程的重要内容。对于教师健身项目的设计，每年按季节气候规律倡导教师开展多项文体活动。在春风拂面的 3 月，举行教职工趣味运动会，“拔河比赛”“踢毽子”“跳大绳”“接力跑”等项目，趣味性强；春暖花开的 5 月，举办“师德演讲比赛”“班歌演唱比赛”，讴歌无私奉献的师德精神；到了10月，开展“红歌演唱”“金秋艺术节”书画展活动等。丰富多彩的活动，培养了教师的合作意识，教师们学会了放松身心，释放了工作压力，享受到教育带来的快乐。

每逢传统文化节日，学校都要组织相关的综合实践活动，让师生在活动中感受浓浓的传统文化韵味。清明节到了，少先队大队部组织少先队员开展“网上祭英烈”活动，寄托对先烈的怀念之情；端午节，开展“话屈原”“绣香囊”等系列活动，感受中华民族的传统文化；中秋节，组织学生开展“我给父母一封信”活动，表达对父母的感恩之情；重阳节，到敬老院给老人表演节目，替老人打扫卫生，表达敬老孝老的情意……

文化引领、环境渗透、活动践行，让美好品德和健康向上的精神逐渐融入每一位师生的内心，实现了学校以文化人的引领功能。

自我实现：“册小人”的智慧因此充分涌流

“这虽是一所农村小学，可这里的天地更广阔，师生自由成长的空间很大。这里有宽松和谐的学习氛围，有适宜教师实现自我价值的平台，领导的关怀和同事的互助更让我们每个人都有一种跃跃欲试的成长欲求，都想展翅高飞。如果让我第二次选择，我还是要选择册小作为育人岗位。”临沂市教学能手郭淑华老师说。

1.“抱团取暖”，唤醒教师成长内力

一个结构合理的团队，才能有效释放出这个团队内蕴的潜能。教师团队更是如此。册山街道小学共有 230 名教师，平均年龄 47.5 岁，学历结构偏低，师资队伍结构极不合理。随着课改的不断深化，有些原先比较优秀的中老年教师感觉不能适应，还有些失落感和消极感。面对如此现状，如何整体提升教师工作积极性，促进教学质量提高，成为摆在学校管理者面前的一道难题。初来乍到，王良营与班子成员一起下村小，进课堂，访教师，问学生。一系列调研发现，在教师队伍中存有思想懈怠、工作懒散等不良作风；很多老师把教学看作是养家糊口的来源；教师们团队合作意识不强、心理压力大；教师职业倦怠感特别明显，导致教学成绩难以提升。

“每位教师都可反躬自问：对每天的工作，我的目标完成了吗？我为学校的发展能做些什么？”2013 年 2 月新学期，就在开学前的一次教师会上，王良营历数了不良作风，痛批造成这种现象的深层根源，提出了整治教学“慵懒散”的措施和方案。会场上，王良营掷地有声的话语如醍醐灌顶，让沉湎于混天了日的部分教师幡然醒悟：新任校长这回要动真格了，不改变以前的工作作风不行了。

找到了问题的症结，王良营心里渐渐有了明晰的治校方略。针对册山小学的师资现状，提出了“册山小学教师分类梯级发展”战略。他们将全体教师按年龄分成青年组、中年组和老年组，分类要求，分层达标，让每位教师制定一份个性化专业发展规划；在团队发展中，学校实行“学科教师首席制”，分科组建学科研究团队。具体办法是：每个学科推选 1 ~ 2 名威信高、业务强的骨干当首席教师担任学科领衔人，让骨干“挑大梁”，学科团队的发展有力地推动了教师队伍的整体发展。

“作为一名册山小学教师，我目睹了村小教师教学观念和行动转变的过程。山前小学 6 个班级共 13 位教师，每个人的任课任务都很重。每个教师都对照自己的三年规划，自我加压，每学期都有自己的最近发展目标。要完成这些目标，需摒弃以往的懒散态度，课余时间要多读书，在反思中实践，在实践中提高。这无异于一次痛苦的嬗变。”山前小学青年教师丁宝峰深有感触地说。

为了促进不同层次、不同个性的教师实现最好发展，学校组织开展了形式多样的学习与培训、展示与交流等活动。“走出去开阔眼界，请进来提升能力。”2013 年 3 月，学校组织了 40 余名教师到聊城莘县实验小学学习。学校每学期至少组织一次学科团队教师外出学习，2018 年 4 月组织的英语学科教师赴江苏南京学习，开展“学习归来话成长”活动。每年一次的“听名家专题讲座”活动，既丰富了专业知识，又提升了思想境界。每学期开展的校本研修活动更是异彩纷呈：“高效课堂说高效”“教学设计量人生”“说课反思看进步”“读书比赛赛成长”等多种活动，覆盖所有学科、涉及所有教师。老师们在轰轰烈烈的校级、区级教学大赛中，一批批教师过关斩将，节节胜利，赢得了同行的称赞，在自己心中生成无限的自豪与信心。

“学校管理严格而不失人性化，让老师做到张弛有度。在这里，领导的关怀与鼓励，让师生相处融洽，每位教师放开手脚大胆施展自己的才华，放胆搞改革，做自己喜欢的事，自我潜能不断被激发出来。”教学研究中心主任李秀彬说。

“让学校为教师提供有效的成长平台和展示机会，成为给老师发放的最大福利，并让教师感到自己是持续的发展者，把这种发展视作自己生命成长的一部分，启动自我发展的内驱力，享受到专业发展的幸福感。”王良营说。

2.“让优秀教师‘香’起来”

采访中，王良营谈起这样一件事：2013 年 9 月，在校长信箱中，收到了一位教师反映学校发展问题的留言。留言中写着：学校教育突出的问题在于对教师评价机制还不能科学完善，应做到赏罚分明，部分优秀的教师因为揽的摊子多，不能样样出色，最后却落得“出力不讨好”，让教师很心灰意冷。

这件事提醒了王良营校长，他敏锐地发现，现行学校评价机制有问题。“要调动全体教师的工作激情，必须有一套科学完善的激励机制，营造一种‘能者上、庸者让、弱者下’的用人策略，让干得多、能力强、素质高的优秀教师成为‘香饽饽’。”王良营直指问题的核心。

在过去，教干不带课，不能研教务教，教师们反响很大。这一现象引起了王校长的高度关注。“教干不仅是管理上的骨干，更是教学的骨干，要给老师做好示范，如果教干成绩差还得亮黄牌！”没过多久，校长王良营立即组织教代会，就教干代课这一议题进行了专项研讨。这个由 68 人组成的教代会上，有 65 人对“教干带头上课”投了赞同票。就这样，“教干代课”“教干成绩差亮黄牌”等相继成为学校制度被固定下来。

此项制度一出台，便触及了部分教干的隐痛。尽管当初很不情愿地去上课，但看到很多教干纷纷动起来，他们很快就适应了学校的要求，立即投入到火热的教学改革和教学工作中来。“优秀教师的成长离不开一线课堂教学，只有接地气，才能聚灵气，有底气！”一向精通教学业务的王良营谈出了自己的观点。

对于老沂庄小学年近50岁的教导主任尚学山来说，教干代课制度的出台，让他焕发了“二次创业”的积极性。由于心里装着教育，装着学生，他用研究的方式上好每一节课。他所任教的班级无论差班还是优班，学生的数学成绩在每次教学质量评估中都名列前茅。教研员张志勇在制度出台后，抢着带上了六年级一班的6节语文课。他说：“上课的滋味真好！上课给我平添了研究的平台，让我在习惯课题研究中有了更多的实践机会，进一步丰富了研究的成果。”尚阳小学校长郭建义说：“教干代课制度让我重返课堂，不仅提升了我的教学专业化水平，而且教改的经验也增强了管理学校的针对性和实效性。作为一个管理者，感觉比以前底气更足了，威信更高了。”

一着弈活满盘棋。王良营说：“没想到，这一项小改革让教师焕发了从未有过的活力。教干代课，不仅解决了师资短缺的难题，有效地发挥了教干对教改的引领作用，而且树立了正气，凝聚起教育良性发展的正能量。”

担任教信息技术课教学任务的村小青年教师高磊，以前对学校组织的各项活动不闻不问，个人评估积分老是排在全校末位，曾一度自暴自弃。教干代课制度实施后，高磊的工作态度有了180度的大转变。他在带好信息技术课的基础上，主动要求多带课、带主科，如今又任教了二年级一班的数学课。初次任教低年级数学课，他怕自己把握不准教学重点和难点，就到老教师的课堂上虚心观摩，课下与老教师请教交流，很快掌握了数学课堂教学的环节。他还利用课余时间为学困生“开小灶”，使他们班成绩在全街道的13个平行班中由下游进入前列。

“现在我明白了，我们的工作不是为领导干的，也不是为学校干的，而是为自己干的。自己的工作干好了，学生和家长都会尊重我，我也感觉到自己有一种成就感。”高磊说，“以前老是上班犯愁，现在的感觉与以前相比天壤之别，每天下班放学总是恋恋不舍地离开学校和同事。历经许多可喜的变化后，让我们做教师的找到了向往学校的理由。”

对于获得市、区级“名师”“能手”等荣誉称号的教师，学校给予充裕时间和物力保障，激发他们读书学习的自觉性，并给予每月50元的购书补贴。对于优秀教师外出学习、讲课比赛、专题报告等活动，学校提供一条龙系列服务，从人员组织、车辆安排、经费保障等方面给予优先，在经济上适当支持，在职称评聘、评优树先上优先倾斜。对此受益最大、感受最深的，要数郭晓艳和郭淑华两位青年教师。近年来，她们多次参加省市区级小学英语教学教研活动，频频展现风采，形成自己较为成熟的教学风格，并引领带动了全体英语教师的专业成长，提升了教师的整体素养。教干代课，老师们对自我有了重新定位。学校一系列新举措的出台，赢得了教师的支持和拥护，教师的工作热情也得到了从未有过的爆发。

让优秀的教师“香”起来，让更多的教师优秀起来。学校要采取多种激励方式，让每一位教师感受到被尊重、被理解，将教师的个人成长与职业幸福有机结合，创造“人人心情舒畅，个个发挥潜能”的和谐环境氛围，教师才会真正发自内心地投入工作，为学校发展倾心尽力，焕发出一种蓬勃旺盛的生命力。

“倾才足以聚人，量宽足以得人，身先足以率人，律己足以服人。”在王良营校长办公室的墙壁上，挂着一幅由明代陈继儒《小窗幽记·集醒》中的名言制作的对联。这副对联虽然不很有名，但从中彰显着王良营治校校的理念，更是一种自我激励和约束。

追求卓越：“册小人”在创造中享受人生幸福

册小地处农村，地理位置偏远。前些年，这里曾出现过部分骨干教师外流和青年教师不愿来的现象。王良营担任校长以来，注重把教师和学生的发展纳入学校的长远发展规划，通过确立共同愿景，指导教师设计自己的职业生涯入手，努力为师生共同成长打造幸福家园，让人人都有高峰体验的机会。老师们都说：“在这里工作，有一种无言的自尊感和自豪感，每位教师都享受到了职业的幸福与尊严。”

1. 让教师在读书与研究中分享高雅的精神生活

2012 年 9 月，王良营到山前小学教学调研，发现该校青年教师张志勇培养学生好习惯的做法独特且成效显著。当与张老师深入交流时，张志勇这项研究的推广价值，立即引起了校长王良营的关注。在前期充分调研的基础上，针对农村孩子的现状，提出册山小学养成教育的育人目标。

一个月之后，王良营校长召集教研与政教两个处室的育人专题会，制定了“习惯引领，自主发展”的实施方案。从此，学校确定了“六年奠基一生，习惯成就未来”，培养有品位的孩子，让农村娃变成小淑女、小绅士的学校办学目标。

孔子说：“其身正，不令而行；其身不正，虽令不从。”在学校养成教育研究与实践中，身为校长的王良营用自己的一言一行、一举一动影响着教师和学生。会场上，王良营多次就会议会风、文明礼仪、个人着装等日常生活、工作细节给予老师们提醒；在校门口，每天早晚都能看到王良营与值班教师一起巡视执勤的身影；操场上，时时发现他弯腰捡拾纸屑的动作；课堂上，他处处留意师生的新变化、新动态，关注师生的成长。

为使学生保持住良好的习惯，让养成教育形成序列化成为学校特色，这年的年底，学校对学生习惯养成规范进行整合，将行为习惯、学习习惯教育内容编纂成“三字经”歌谣，同时在班级中进行传唱比赛，收到了良好的效果。校园的面貌在悄然发生着转变：学生们穿着整齐，两人成列、三人成行步入校园；教师之间和谐融洽，其乐融融；在学校大型集会活动中，会场安静，师生秩序良好，井然有序的组织安排给参会家长们留下了良好印象。

良好习惯的逐渐养成，给师生带来了无声的变化。2013 年 4 月，罗庄区举行了一次小学生综合素养比赛。在这次比赛中，册山街道小学的学生获得了三项年级的一等奖，一项年级的二等奖，获奖人数居全区学校前列。

任何事物都没有无内容的形式，也无形式的内容，教育也不例外。学校只有外表的变化，还不能算是真正的变化。 2013 年 3 月，王良营提出了“书香校园”创建工程，制订了“教师富脑读书计划”。为此，学校从北京、济南等地购买一些了适宜教师专业成长的各类教育书籍，免费发放给教师鼓励教师主动学习。《和谐高效的思维对话》《智慧课堂》《教育的心灵之约》《关注校本课程》等书籍，现已成为老师们最爱读的图书。每逢寒、暑假前夕，学校都会给教师免费发放一本励志修身类图书，让教师在阅读中启迪智慧、激发积极向上的心态，教师们的思想境界因此而不断提升。

为鼓励教师“有特色”的成长，对一些不能统一购置的书籍，学校实行“教师购书、学校买单”的制度。每月推荐一些有引领价值的畅销书目，让教师自主选购。教师只要带着读书随笔，就可到财务室领取报销费用，这样，进一步唤起了教师读书的自觉性，唤醒了教师专业成长的生命自觉。

腹有诗书气自华。教师读书活动让很多教师的思想更加成熟，知识更加丰厚，眼界更加开阔，全校师生在各类报刊发表的文章也增多了。随着教师读书热潮的不断高涨，学生热爱读书的也多了起来。“在小学英语教学中，兴趣引导非常重要。随着学生年级的增高，我发现学生的激情和学习兴趣渐渐消退，如何让高年级学生兴趣浓起来，我从读书中找到了答案。教师要创设情景，巧妙设计一些富有挑战性的问题，持久地激发其学生学习的兴趣。读书，确实帮我解决了许多教学疑难问题。”孙成花老师说。

谈起读书，科学课教师顾文丽说：“小学科学涵盖的知识面广，课本内容却很简单，这需要本科教师学习、掌握多面知识，具备物理、化学、天文、地理等一些综合知识。‘教师读书计划’满足了我的专业成长需要，读书不仅让我开阔了视野，学生也更加喜欢我的课堂了，我的课堂因此有了转型的意味。”

“我一边任课，一边读书，一边兼任教研员的研究工作，我确实感觉很累、很苦。但我喜欢与孩子们一起上课，一直没有离开过教学一线。在实践中研究，在研究中拥有更多的读书与思考的契机，让我收获着幸福成长的快乐。”马丽云说。

“一个人只有在工作中实现了自身价值，才会更加热爱这份工作。”有了优秀教师的示范引领，全体教师都有一股跃跃欲试的冲动，形成了“比”“学”“赶”“帮”“超”的研究与读书氛围，不断地丰盈着教师的精神生活。

2. 让教师在展示进步中享受幸福的成就感

“册山注定是出人才的地方！这次现场会展示的成果具有很高的推广价值，学校要把这一经验总结推广出去。”区教研室主任陈炳伟赞叹道。

4 月 3 日，罗庄区小学名师工作室现场观摩研讨会在册山街道举行。在这次由册小组织承担的展示会上，册小 13 名英语教师各自展出了异彩纷呈的校本教研成果，赢得了与会者的高度赞誉。“展示是教师享有成就感的重要渠道，而享有成就感是人的基本需求和基本权利。为每位师生创造展示个人进步的平台，应是管理者应尽的职责。”王良营说。

王良营从他担任册小校长的第一天起，就注重为学校每个人搭建成长与进步的平台。先后采取“搭台子”“竖梯子”“压担子”“结对子”等多种方式，为每位老师提供锻炼和展示的舞台，鼓励他们“冒尖”，让每位教师在教书育人中彰显自己的个性。

“为更好地让老师们在展示中成长，学校创造了‘牵手助力式研训’，将过去的灌输式、单项式研训转化成自发式、菜单式研训。先让每位教师结合个性成长实际自我诊断，提出助力申请，再由学校教研中心根据教师申请，进行实地调研，确定助力方案。然后指派‘结成对子’的师傅，有针对性地指导，促其快速成长。”负责教师研修与专业发展工作的郭晓艳饶有兴趣地说。

参加工作仅 4 年的语文教师王桂馨，力求将每一节课都打造成精品，她的语文课设计新颖别致，教学语言对孩子们有一种磁性的吸引力。课间与一名学生面对着一份单元自测题，王老师寥寥数语的点拨，让那名学困生茅塞顿开，恍然大悟。在这其乐融融的氛围中，师生间在教学相长中收获着人间真情与幸福。2011 年、2012 年，王桂馨先后获得全区讲课比赛一、二等奖，2013 年 3 月获区小学语文优质课评比一等奖。2013 年 6 月，她连续获得了临沂市优质课评比一等奖和课件制作市级一等奖。

郭淑华这位参加工作刚 6 年的教师，很快以自己的优势展露出多方面的才华。她爱好广泛，口语表达能力强，尤其酷爱书法和简笔画。在学校的支持下，她将自己绘制的千余幅简笔画进行整理，汇编成册，出版了《PEP 小学英语单词课简笔画》一书，发给英语教师人手一本，每周教研活动时由她现场主讲，指导英语教师的简笔画培训学习。在培训展示中，她寥寥数笔便勾勒出一个个形象生动的物象，如将小动物、水果、蔬菜等。教师们通过目识、心记、手写等活动，很快记住了作画的方法。郭淑华的《简笔画提高小学英语教学有效性》，曾在市级教学研讨会上做过典型经验介绍。她说："在忙碌中，我感到非常快乐，因为在培训和教学实践中促成了自我实现和自我成长的愿望，在协作互助中实现了自我对照、自我提升、自主发展。"

马丽云这位小学数学教研员，善于学习、勤于钻研。几年来，她深入研究邱学华尝试教学法和郭思乐的生本教育，并在实践中不断摸索、磨炼，形成了较为成熟的教学风格。去年 7 月，她还成了山东省远程研修小学数学省级专家。

参加工作有 6 个年头的语文教研员张志勇，有一股执着的钻研精神，喜欢琢磨语文教材教法和对语文课教学有一种独到的见解。他主持的《农村小学低年级习惯养成教育》课题得到市教研中心的专家高度认可。他个人先后到罗庄区、河东区、兰山区、高新区的 10 余所学校作教学经验交流报告，在区内外享有较高的知名度。"只有在自己的课堂上，放手搞教改，亲身经历实践，才能有真实的理解和切实的经验，才能在教学研究的道路上走得更远，更踏实。"张志勇老师说。

如今，册小的教师不仅是一个团结奋进的团队，更是一个卓越的教育集体。看到师生们成长发展得这么快、这么好，王良营心里了乐开了花：有这么多视教学为事业的好教师，我们的教育何愁办不好？他回忆起在指导老师们制定职业发展规划时，讲过的三个苹果的故事：第一个苹果挂在树枝上，只要伸伸手就可以摘到，这是现实的近目标；第二个苹果挂在高一点的树枝上，需要站起来跳一跳才能摘到，这是理想中的奋斗目标；还有一个苹果，在更高的树枝上，又大又红，非常诱人，要想摘到它，需要团结协作，共同努力，这是理想中的最高目标。先让每个教师动起来，先摘到第一个苹果；再让学科团队的教师跳起来，摘到第二个苹果；下一步，让全体教师共同努力，摘到第三个苹果。如今老师们在不断攀摘第一、第二第三个苹果的过程中，不断实现着每个人专业成长的愿景，每位教师在岗位中成才。册小团队的每个人都感到没有了过去的"倦怠感"，在研究与做事中体验到职业的幸福与尊严，不断地实现着从职业到事业的超越。

"衡量一所学校是否为名校，不只是有华丽的高楼，也不在于有无先进的设施，关键在于人的素质高低。说到底，名校发展的关键靠教师，核心在其专业发展，让团队中的每个人不掉队、不落伍，关键给每位成员安上自我成长和持续提升的‘永动机’。”校长王良营说。

徜徉在册小校园里，你会处处沐浴在浓郁的文化氛围中，时时感受到一股健康向上的气息。“办一所有品位的学校，让农村孩子享受到和城里孩子同样优质的教育。”王良营这句话已成为册小人共同的价值追求，它使我们从中感受到一位普通校长的使命担当，更感受到一位教育者的智慧和高远情怀。

教育是一项创新的事业，但它不是疾风骤雨式的变革，也不是在原有基础上的“加与减”，更不是制度上的朝令夕改。它需要关乎人性底层的生命自觉的唤醒，是一种从个人生命完整成长出发的渐进式的本真坚守。坚守与唤醒的每一细节所承载的意义，无不透射着教育的公平与正义、民主与科学、智慧与精神、道德与文化、超越与创造……而这其中，彰显的是册小团队的教育情怀，这也是王良营担任校长这几年带给人们的启示。

附：校长风采

1. 王良营简历

王良营，男，现任临沂高都小学校长，一级教师。1991 年毕业于费县师范学校，先后在傅庄街道中心小学、临沂八小、临沂五小、临沂七小、册山街道中心小学等学校工作。2013 年 4 月至 2018 年 12 月任临沂市罗庄区册山街道中心小学校长。从事过多年小学语文教学和研究工作，历任语文教师、语文教研员、教学业务校长、校长等职，曾主持过市、区级课题多项，并分获不同奖项，多次获“罗庄区优秀教师”“罗庄区优秀校长”“临沂市教科研先进个人”等荣誉称号。《创新教育》《山东青年报·教育周刊》等报刊对其学校管理做过专题报道。

2. 办学主张

作为校长，要带领团队为学校营造“蓄德修能，自强不息”的学校精神文化，以文化的能量场激发教师内在的潜能，让每个人充满自信和活力。首先要让每位师生找到向往学校的理由，做到信任留人，把发展的权利还给教师；要公平服人，让教师在正义氛围中敬业乐业；要实行文化育人，让师生变得高雅起来。师资是学校发展的第一资源。教育者要为师生营造宽松和谐的学习氛围，适宜自我实现的平台。要创造条件，实现“抱团取暖”，唤醒教师成长内力；要让每位教师在创造中享受人生幸福，追求卓越。要注重把教师和学生的发展纳入学校的长远发展规划，通过确立共同愿景，指导教师设计自己的职业生涯入手，努力为师生共同成长打造幸福家园，让人人都有高峰体验的机会。让教师在读书与研究中分享高雅的精神生活，让教师在展示进步中享受幸福的成就感。

四、为了学生一生的人文素养

——刘振华校长和他的“人文教育”

“这里的学生有良好的习惯，会学习，思维活跃，发展潜力大。”当市教科研中心领导来沂水县调研，与初中、高中的老师们一起谈论小学生发展后劲时，他们一致对沂水县实验小学的学生大加赞赏。该县实小学生的发展后劲从何而来？

一次写字调研，引发实小人对学生一生的思考

下午预备铃声刚一响过，“撇如刀，捺如扫……”二年级五班的教室里，王臣松老师边说边在黑板上流畅地画出了“丿”和“㇏”的形态；“顿笔、行笔、收笔……”一年级一班的教室里，张彦旭老师拿着孩子稚嫩的小手一边写“一”，一边感受笔画的三种用笔方法。伴着悠扬舒缓的古筝乐曲，学生们便快速、静心地进入了“快乐练字一刻钟”活动中。在“羲之故里”沂水县实验小学，记者看到“临字诵典”活动的一幕幕情景。

书法教育，是实验小学的一个传统。近年来，随着信息时代的到来，人们的学习、交流方式发生了很大变化，微机打字、短信编辑基本替代了汉字书写。

学生写字质量滑坡，写字姿势不正确，写字习惯不好，这种情况，在实小也较普遍地存在着。

“书写质量不好，小处说，可以影响到当前学生语文学习、数学学习的质量；大处说，会影响到学生良好习惯的养成，影响到学生一生的发展。”

2010 年 10 月，实验小学在刘振华校长的主持下，拉开了一场全校性的大调查。

调查结果表明，学生的执笔姿势正确率不足 10%，坐姿正确率不足 25%，写字习惯极为不好。学生提笔忘字、汉字书写质量每况愈下。汉字书写面临尴尬处境。

“要在日常书写中增强练字意识，讲究练字效果。”“要关注作文的书写质量，要使学生把作文的书写也当作练字的过程。”新修订的《语文课程标准》发出了一个强大信号：小学各个年级要大力加强写字教学，大面积提高写字质量。

2011年，教育部下发《关于中小学开展书法教育的意见》，对写字教学提出了新要求。提高汉字书写质量，再一次成为教育部门高度重视的课题。

“教师如果只会教横竖撇折捺，学生错了就罚抄10遍、20遍……不懂得汉字字理，无法培养学生审美观察的好习惯，更谈不上激发学生热爱母语的情感和人文素养的提升了。”

力主此项改革的刘振华校长说：“作为在汉字文化国度、‘羲之故里’生活的人，我们应让学生从小养成写字好习惯，热爱汉字、热爱母语。在教会他们学写汉字的同时，感受书香的魅力、陶冶情操，写字、诵典、育德一个也不能少。”

带着这样的思考，实小人从为学生一生的人文素养奠基着眼，提出了“临字诵典、益趣树德”的育人理念。

有了这样的理念，实小人接连设计出“二生一”融合教育法、“以一带五”策略、“快乐练字一刻钟”活动等，开始了“汉字书写与经典诵读”的融合教育实践探索。

“以一带五”，将有限资源放大起来

“汉字的识字、写字，小处说，直接影响小学六年的学习、阅读、理解和交流；大处讲，书写质量对学生一生的成长，影响甚大。”

校长刘振华表示：“为使识字、写字达到启智、育人的目的，必须对汉字书写进行系统思考、整体规划，5年达到全省一流的目标。”

2010年秋季第一学期，学校将“临字诵典、益趣树德”活动确立为核心课题，决心对汉字字理和汉字文化启蒙进行专题研究。

“我们按照对一至二年级、三至四年级、五至六年级学生的不同要求，回归汉字文化传统，因材施教，有效化解单纯练字或单纯诵读教育的低效难题。”

省优秀教师、政教校长杨永秋说：“小学书法课课时少，专业师资又短缺，书法课要取得预想效果，解决起来的确是个很难的问题。”

为化解书法教育资源不足的问题，学校投资 15 万元，用于专业师资聘用、功能室建设、校本课程开发和校园氛围营建等。学校依托家长委员会，请进 3 位知名书法家——毕世明、王晨松、张振芳来到校园，作为书法辅导的专业老师。还专门为他们成立了工作室，使之成为师生交流、课题研究的阵地。

《语文课程标准》指出：“第一、第二、第三学段，要在每天的语文课中安排 10 分钟，在教师指导下随堂练习，做到天天练。”

适应学生发展实际，实小人将“天天练字 10 分钟”活动，拓展为每天的“快乐练字一刻钟”。每周一节时间，3 名老师走进课堂，带着课表为各班上书法示范课，成为学校书法教育的共享资源。

为把有限资源充分利用起来，学校把他们的讲稿和所写例字，专门制成“电子课本”，放在学校多媒体教学服务器上，让大家反复临摹。

学生们按照在“示范课”上观摩到的，进行模仿练习，或练习书法指导课上学来的笔画、例字，或临摹诗词。一节“示范课”，带动起每周“五个一刻钟”，发挥了“以一带五”的效应。

书写、诵典、作文与做人“四合一”，用汉字文化启蒙孩子的智慧

随着“临字诵典”进程的进一步推进，实小人靠书写对学生进行人文教育的思路，越来越明确，他们开发出一套供教师用和学生用的“临字诵典”校本课程。

“教材集‘基本笔画、例字、间架结构、相关诗文’于一体，其中的书写指导语，简洁、有趣、易记、紧凑、省时、高效。”负责这项工作的教务主任王立芹说。

习字、诵读，是项枯燥无味的学习活动。实小人用融合的办法，将写字、诵读、习作与习惯养成结合起来一起进行，实现了高效育人目的。

“汉字是音、形、义三位一体的立体文字，只有在识字、写字、诵典教学

中实行融合，才会收到多赢效果。在学了三滴水之后，就让孩子们练习王维的‘明月松间照，清泉石上流’。这就是‘形意融合’。把汉字基本笔画和例字、诗词结合起来，边练习，边体会诗词的意境，很有味道。”语文教师秦永莲高兴地说。

“除此之外，还有‘情感融合’‘审美融合’等，我们在赏析揣摩诗词、欣赏临摹书法作品时，感受诗词和书法蕴含的审美价值，体会诗人的人格魅力。”李晓文老师说。

“在写字中感受诵典带来的书香，这是融合之一；在习作中感受书写带来的墨香，这是融合之二。学生们从小在感受书香、墨香中，养成好习惯，感悟做人的道理。”

“我最喜欢毛泽东《沁园春·雪》磅礴的气势。”六年级三班的王昱然说。“我最喜欢李清照的《如梦令》。”五年级三班张戬说。“我最喜欢李煜的《相见欢》。”五年级五班的赵耀说。

“学了三滴水后，就让学生练习王维的‘明月松间照，清泉石上流’。这‘形义融合’的技巧，把汉字基本笔画和例字练习与出现这类笔画和例字较多的诗词结合起来，练习起来，一边体会诗词的意境，学生感到很有趣。”

“除此之外，还有‘情智融合’‘审美融合’等，学生在练字、诵读中受到情感的感染，感受书写、诗词审美艺术与人格魅力。”李永华老师说。

“在写字中感受诵典带来的书香，这是大融合一；在习作中感受书写带来的墨香，这是大融合二。学生们从小在感受书香、墨香中，养成好习惯，感悟做人的道理。”

学生自办手抄报，是实小的又一传统。

布置主题时，按季节或节日，定期更换，使教育内容常换常新。为了结合高效课堂教学，学校开办了“趣味语文活动、读书汇报、假日实践作业展”等读书成果展活动。这些别有趣味的活动，使他们的书写能力、写作能力、设计能力、绘画能力、信息搜集能力，都在与日俱增。

走在树木掩映、花香四溢校园，“汉字书写主题墙”“励志文化墙”等汉字文化长廊里，时时散发出浓浓的墨香、书香；大树庇荫下，三五成群的孩子，正在揣摩汉字书写的历史、价值和发展目标，观看古今书法家勤学苦练故事，欣赏着书法爱好者的名篇佳句。在“书法园地”里，孩子们面对展出的作品，互相比画着，有的直竖大拇指，发出啧啧称赞的声音。时不时，他们就书写中某个难以解决的问题，彼此切磋着各自的书写技艺。每每看到作品的点滴进步，他们感到自己好像在与校园的树木比翼齐飞。

小小档案袋，收获着孩子们的成功与欢乐

“在一年级时，我是个‘错别字大王’，常常因为写错别字被老师罚抄。写字潦草不说，写字习惯也不好，成绩一降再降，使我对什么也失去了信心。班里开展了临字诵典活动，每当我用稚嫩的小手写出一个个漂亮的字时，老师就为我画上一颗闪亮的小星，我是多么高兴啊！每当我作业书写得工整时，老师就加上一句‘你的字真是赏心悦目’，我心里就别提有多欣慰了！”在亲子读写成果汇报会上，吴冠莹同学满怀喜悦地说。

“多亏老师对我的激励，如今五年级的我，不但字写得好，学习成绩也飞一样地增长，还经常被评为‘三好学生’。”

为了让学生保持长久的写字兴趣，除给学生一展自己的长处之外，学校采用了“星级奖励＋情感评语”、档案袋式评价等多元化评价办法。

在每位实小孩子的手上，都有一份由家长委员会为他们设计的“书写成长记录档案袋”。别小看这档案袋，里面装有学生得意的作品和他们成长的秘密。“每隔一段时间，孩子们看看自己取得的成果，从中感到成长的足迹，感到自信心的不断增强。”

业务校长武志鹏说：“为了激励不同层次学生的不同进步，还采取了分类评价：对低年级学生，特别关注书写态度、写字习惯和写字兴趣的评价；而对中高年级学生，侧重关注对基本笔画、汉字基本结构的把握和书写的流利程度。这样的评价，有力地激发了学生汉字书写的个性、自信心和审美趣味的增长。”

据了解，学校还采取了“教师评、学生互评、学生自评、小组互评、家长参评”等主体参与的评价方式，达到了取长补短、自我反思和公平公正的效果。

多元、多样的评价，激发了学生对写字、诵典的兴趣，从而逐渐养成正确的写字姿势和规范的写字习惯，学生在练字中接受中华传统美德教育。

为了收到一举多赢的教育效果，学校结合诗文考级制度，制定了《“临字诵典”考核细则》，将每年的6月份和12月份的第一个星期五定为“临字诵典考级日”。诗文和写字结合的综合评价，促进了学生综合素养的不断提升。

在实小校园里，记者看到，一幅幅师生同练、共读、共写，教学相长的喜人局面，处处散发墨香与书香的人文气息，心中不由得感到：沂水县实验小学坚守童真办学的可贵，也不由得感到他们立足当下、着眼为学生一生人文素养奠基的伟大的使命感。他们用了不到两年的时间，就结出了丰硕的果实。2011年，在“山东省书法教育基地”基础上，学校又荣获“山东省规范汉字书写特色学校”称号。

深入实小班级，都会看到四、五年级的学生40分钟之内，立即写就近800字立意新颖、自然通畅的文章；年仅10岁的赵润东同学写出10万字的科幻小说，接受了中央电视台《综艺大观》栏目的采访；戚凯琳同学在第四届临沂市中小学生艺术展演活动中获得小学组一等奖，在“万兴都杯”书画大赛中获一等奖；毕露斐同学有多项书法绘画作品在“书圣文化节”书画大赛中获奖……学生们这些日渐丰厚的人文素养，必将为他们走向美好明天奠定人生之基。

附：校长风采

1. 刘振华简历

刘振华，男，汉族，1972年5月出生，山东省沂水县人，本科学历，中学高级教师，1992年7月参加工作，1993年加入中国共产党。现任沂水县第一实验小学校长、党支部书记。先后获得全国作文教学最具影响力名校长、全国作文教育旗舰校长、省优秀教师、市援川工作先进个人并记二等功、市优秀校长、市基础教育工作先进个人、市优秀中队辅导员等荣誉称号。

先后主持省级规划课题《小学情感主体德育评价的实验与研究》《关于提高小学生写字教育实效性的研究》等多项课题。在国家、省、市级刊物上发表论文8篇，先后参与人教版小学语文课本主编崔峦主持的作文辅导书《阅读与作文》的分册（二年级上册）主编工作；2016年1月，参与人教版小学语文课本主编崔峦主持的作文辅导书《阅读训练80篇》的分册（五年级）主编工作。

2. 办学主张

作为小学办学，要坚守童真办学的可贵，要立足当下，着眼为学生一生人文素养奠基的使命感。

在汉字文化国度、“羲之故里”生活的人，我们应让学生从小养成写字好习惯，热爱汉字、热爱母语。在教会他们学写汉字的同时，感受书香的魅力、陶冶情操，写字、诵典、育德一个也不能少。

要从小培养学生审美观察的好习惯，激发学生热爱母语的情感和人文素养的提升。要着眼为学生一生的人文素养奠基，运用“临字诵典、益趣树德”的育人理念。要使书写、诵典、作文与做人“四合一”，用汉字文化启蒙孩子的智慧，必须对汉字书写进行系统思考、整体规划。要用融合的办法，将写字、诵读、习作与习惯养成结合起来进行，实现高效育人的目的。除此之外，还有情感融合、审美融合等，我们在赏析揣摩诗词、欣赏临摹书法作品时，感受诗词和书法蕴含的审美价值，体会诗人的人格魅力。要采用“星级奖励＋情感评语”、档案袋式评价等多元化评价办法，激发学生对写字、诵典的兴趣，逐渐养成正确的写字姿势和规范的写字习惯，学生在练字中接受了中华传统美德教育。日渐丰厚的人文素养，必将为他们走向美好明天奠定人生之基。

第三章　德育改革与学校整体育人

导　言

人是完整的，教育也应是完整的。只有完整的教育才能培养完整的人。全面发展教育的五个要素中，德育、智育、体育、美育和劳动技术教育之间是相互联系、相互制约、相互促进、相互渗透的。在实践活动中，只有按照教育系统各领域在联系，将它们结合成为一个系统的完整结构，才能发挥教育的整体功能。但是，这五育中的每一育又都是相对独立，各育在学生发展中发挥独特而不可取代的作用，它们各自承担着特殊的任务。① 因此说，在实施全面发展教育过程中，我们不能对学生进行一揽子式教育，要以每一育任务为中心，联系其他各育，将五育聚合成为一个系统完整结构，以取得完整的育人效果。

在学校教育整体改革实验中，德育是牵一发而动全身的，学校办学应以德育改革作为切入点，撬动学校育人的整体改革，从而促进学校人才培养模式的变革，促进学生的全面发展。临沂第五实验小学、沂水县第二中学、临沂傅庄中学和莒南县一小针对现实学校德育存在着目标高大、脱离生活、教育低效的现状，推行以德育为中心的全面发展教育结构形式，进而推进学校德育变革，实现整体育人，促进学生的全面发展。

基础教育的“基础”到底是什么？基础教育又怎样为每个学生的终身发展奠定基础？临沂第五实验小学，作为基础教育学校以“慧心教育”特色办学作出了

① 张同善．马克思主义关于人的学说与教育 [M]. 北京：教育科学出版社，1992.

回答。培养什么人，怎样培养人，为谁培养人，是基础教育首先要回答的问题。学校经过长期的办学实践和积淀，基于对“石头”精神——“坚实、厚重、本真、执着”的诠释和传承，2006 年初步形成“给人生最坚实的起步”的办学宗旨。教育是一种智慧和心灵的启迪，是智慧与心灵的孕育。2014 年 5 月，正是基于这样的意义与尺度，临沂五小在刘同科校长带领下，提出了“慧心教育”的办学主张。

作为一所驻城小学，临沂第五实验小学办学者的使命到底是什么？这就是向社会及家长提供具有个性和特色的教育服务，关注和促进学生全面、健康、有个性地发展，培养智慧与心灵共同成长的合格人才，满足家长、社会对优质教育的迫切需求。在继承基础上，进一步明确了“慧心教育——给人生坚实起步”这一办学理念，实施“教育启迪智慧，文化润泽心灵”的办学策略，致力于培养“秀外慧中·身心两健”的慧心少年。

有了办学的科学定位，五小人制定出学校发展战略规划、学校发展的办学方略，总括为“一个灵魂，三项目标，五大工程”。为了增强师生认同感，让慧心文化成为学校教育精神的象征和文化自觉，五小人不断解析“慧心教育”精神文化，提炼和充盈校训、校风、教风、学风、学生品质等精神文化内涵，引导师生构建“慧心教育”认知结构，内化并顺应学校的特色文化，在自己的学习、生活和工作中努力践行这种特色文化精神，力求做到师生精神创造文化，文化培育师生行为。

五小人办学始终坚持德育为先、质量为上。为了提高德育实效，他们对学校德育进行了深层次变革。品德只有根植于心灵，才能塑造灵魂，引领发展。五小人认为，育“德”虽然外显于行，但核心却是育“心”，用“心”启迪生命智慧，以“慧”滋养阳光心灵。怎样走进孩子的心灵，他们在不断的摸索和实践中探索出一条行之有效的途径——“慧心体验德育”，围绕“体验育人”核心思想，践行“体验——让发展更快乐”的核心理念，引导学生在活动和实践中用“身体”去体验，用“心灵”去感悟，内化品格，渐成修养，从而培养一批又一批雅言正行、体艺双馨、自信快乐、奋发向上，具有“慧心”烙印的学生群体。

随着市场经济社会的逐步成熟，社会对人才需求的竞争越来越激烈。为增强学生的抗挫折能力，提升学生身心素质，他们创建了罗庄区首所少年军校——“红五营”，创作了自己的“营旗”“营歌”“营操”。“五月花正开，五小别样红”，每年五月，五小的操场上是一片绿色的海洋，阵阵嘹亮的口号是 回响在校园里最美妙的旋律，孩子在严肃、紧张的军事化训练中，体验多姿多 彩的军校生活，磨炼意志，强健体魄，锻炼了吃苦耐劳、严守纪律等品质。

党的十八大以来，中国进入新时代。在新时代，人民对美好生活的需求愿望越来越强烈，促进人的全面发展的使命要求学校要不断创新人才培养模式。根据发展学生不同个性的需要，他们围绕“会感恩、会跳绳、会乐器、会书法、会微机、会英语、会读书、会表达、会劳动、会创新”的“十会”目标，开发具有成长特质的多元课程，建立了符合学生多元发展的“慧心人才学院”，分设文学院、艺术院、科技院、体育学院、社会学院五大系列。学生的五大素养，即人文素养、科学精神、强健体魄、艺术修养、创新能力得到了较好的培养，为学生的个性全面发展打下坚实基础。①

教育就是“使人的灵魂向上引”。在素质教育这块育人的沃土上，走进学生心灵，倾听学生成长拔节的声音，用心播撒“人性”的种子，努力让学校教育的道德力向上生长，促进全体学生的全面发展。沂水县第二中始终坚持以人为本，把学生当成有个性、有思想、精神丰富的“人”，尊重差异，因材施教，让人人走向成功。

教学永远是一项道德的事业。好的教育就是让“德育帮助学生构建起丰富的精神世界”“德育教学生学会自我教育”“德育帮助学生扬起自信的风帆”。该校坚持“德育为首”不动摇，不断创新德育工作，对学生实施适度、适合的教育，给学生以面对明天的底气。

学校推行德育与智育整合性改革，实施教学德育化，德育教学化。通过集中开展主题教育活动、创建和谐校园，帮助、指导学生愉快学习、生活等，为每一位学生构建了丰富的精神世界。学校形成了爱心教育系列、常规教育系列、感恩教育系列、情操教育系列、核心价值观教育系列、人文教育系列、绿色教育系列和创造教育系列等 8 个主题教育系列，构成贯穿整个高中教育阶段的学校德育体系。

为了让学生过有道德的学习生活和交往生活，学校抓住新生入学这一关键

---

① 张同善. 马克思主义关于人的学说与教育 [M]. 北京：教育科学出版社，1992.

时期，指导学生自主制定班规和班级公约，引导学生进行自主管理、自我教育。同时，注重班级文化和班集体建设，引导、鼓励各个班级建设自己的特色班级文化①，为学生营造良好的学习氛围和成长环境，让学生在三年的学校生活中度过美好时光。同时，该校还针对个别学生在初中、小学阶段造成道德情感缺失的状况，利用入学初学生恢复自尊、重建自信、渴求成功的机会期待，帮助学生树立人生的自信，对新生进行恢复自信的“情感补偿教育”。另外，沂水二中的德智“捆绑式”评价制度，把学校的德育和智育整合在一起，促进了德育一体化改革，促进每一位学生更好发展。

爱是教育的前提和基础。没有爱，就没有教育。爱是德育的源泉，爱和创造是教育的本质。临沂傅庄中学从“人人成人、成才、成功”的办学目标出发，提出博爱教育办学特色。决定以生命力发展逻辑为起点，以“博爱”为办学价值追求，让学校教育回归本真。

教育的爱是一种博爱、大爱。作为教师要有一种悲天悯人的教育情怀，用博爱的情怀教育学生。只有爱才能培育爱，教师只有用爱心呵护、培育孩子们的成长，才能赢得孩子们的爱。以爱育爱，才能做好立德树人这篇大文章。

爱至深，艺至精，境至远。学校是一个充满着人文关怀的地方。真正的教育是学生离开学校若干年后忘记所学知识后剩下的东西。王风军认为，当校长要善于为师生的发展营造和谐的文化环境，让校园的每一个人都生活得阳光、自信和充满爱心。王风军认为，当校长要善于为师生的发展营造和谐的文化环境，让校园的每一个人都生活得阳光、自信和充满爱心。

教育是关于人的工作，而教育管理的最高境界是爱的管理。以博爱思想为引领，学校从教学、管理、评价三方面进行系统设计，做到因事选岗、因岗选人、因才录用。学校对教师的爱体现在信任教师，体现在对教师的培养与使用上。学校在分析名师成长历程的基础上，启动了傅庄中学星级教师梯级培养工程，并制定出台了“临沂傅庄中学星级教师培养制度”。要培养有独特教学个性的老师，学校必须鼓励每个教师形成独特的课堂教学特色，鼓励教师将自己的教学思想表达出来。

① 李慧 . 班级建设的范式变革：由“班集体”到“班级共同体”[D]. 济南：山东师范大学，2017.

每个人都有自己的人生哲学，人生哲学往往决定了一个人的人生走向；一所学校也有自己的发展哲学，学校哲学也往往决定着学校的发展走向。同样一所学校，同样一群教师，由于学校的发展哲学不同，学校发展的速度、发展的品位往往大不一样。临沂傅庄中学教干教师，就是这样为理想聚合的一群。他们用“爱”的哲学，改写着学校的发展轨迹，改写着学生未来的人生之路，探索着未来学校品质提升的有效路径。他们用“爱”的哲学，改写着学校的发展轨迹，改写着学生未来的人生之路，探索着未来学校品质提升的有效路径。

德育是关乎每个人一生的伟大事业。新时代的发展给学校办学带来了新的机遇和挑战，面对社会转型时期的新变化，学校立德树人如何突破又如何更好落地呢？莒南县第一小学校长王立华认为，落实立德树人根本任务是一项系统工程，必须从中找到一个统领的、灵魂的东西，整体推进学校变革，让“立德树人”真正落地生根开花结果。她认为，这个“统领的”东西就是“五心养成教育”。它既能发挥对教师专业发展的引领作用，又能激发学生成长的内在力量；既是学生道德教育的目标，也是师德教育的重要内容。

学校立足“整体人”的培育，把“五心养成教育”作为学校发展的共通价值，引导师生树立正确的价值观。学校先将“五心养成”目标要求纳入学生六年成长的各个阶段和关键环节，形成学段衔接、学科融通、课内外深度融合的办学体系。然后，逐渐扩展到对教师师德教育的规定和合格家长的要求，促进完整的教育发展。

学校从学生生命立场出发，准确把握道德发展关键时期，开启了心灵润泽、立德树人的系统化探索历程。首先以建构“润心文化”为主线，对学生实现文化润心、课程润心、教学润心、活动润心、牵手润心等教育，学校文化体系逐渐由文化校园、书香校园、幸福校园“三园”目标，逐渐转向为文化校园、书香校园、幸福校园、智慧校园“四园”目标。其次，建构校园文化、课程规划、课堂文化、家庭教育、经典阅读、研学旅行、主题设计、微信公众平台等一系列校本实施策略，实现心灵润泽的全覆盖和全息化。这种将“五心养成”德育特色体系加以深化、细化的过程，不断丰富着教育实践，拓展着教育渠道，逐渐构建出具有浓郁地方特色的“润心教育”品牌。

一、给孩子坚实的人生起步
——刘同科校长和他的“慧心教育”

一所学校要站得高、走得远，关键看这所学校的办学实践是否回归到教育的本身。教育的本身是什么？是润泽生命。如何润泽生命呢？临沂第五实验小学校长刘同科认为：只有教育者把孩子的健康发展放在心上，教育的智慧就必然产生，润泽生命才可能实现。在这简单、朴素的教育理念引领下，临沂第五实验小学坚持特色办学、内涵发展，在朝向优质教育的道路上迈出了坚实的步伐。

理念创生：价值与创新共进，展现慧心教育新生态

办学理念是学校发展的灵魂所在，体现着一所学校的凝聚力、向心力和核心竞争力。她连接着学校的过去、现在与未来，凝聚着学校内涵的文化张力，作为学校发展的引领指针，是对办学传统的积淀和升华，更是对学校发展的哲学思考和文化引领。

1. 凝练慧心教育愿景

根植于沃土，必崛起于阡陌。临沂五小始建于1955年，前身是一所只有几个教学班的普通村级小学——八块石小学，据《琅琊乡音》记载，八块石村有一个八块石头的美丽传说，村名因此而来。学校经过长期的办学实践和积淀，基于对“石头”精神——“坚实、厚重、本真、执着”的诠释和传承，于2006年初步形成“给人生最坚实的起步”的办学宗旨。2012年，已发展为城区窗口学校的临沂五小回归教育的原点，思考着最基本的哲学问题——“学校要培养什么样的人？为孩子提供什么样的教育？”明朝学者高濂有“开其窍，慧其心”之说，表明教育是一种智慧和心灵的启迪，是智慧与心灵的孕育。正是基于这样的意

义与尺度，临沂五小以“慧心”两字为考量，提出了“慧心教育”的办学主张，开始了特色教育的破冰之旅。

作为一任校长，刘同科带领团队有责任传承学校发展的良好定位与传统，面对刚刚萌芽的慧心教育，开始思考学校未来的发展——“五小应该为孩子种下什么样的文化基因？五小的孩子，应该有着什么样的精神特质？”与老校长、教师座谈，与学生、家长交流，与教育专家进行研讨……最后达成一致共识：作为驻城小学，办学者的使命是向社会及家长提供具有个性和特色的教育服务，关注和促进学生全面、健康、有个性地发展，培养智慧与心灵共同成长的合格人才，满足家长、社会对优质教育的迫切需求。于是在继承的基础上，进一步明确了“慧心教育——给人生坚实起步”这一办学理念，实施“教育启迪智慧，文化润泽心灵”的办学策略，致力于培养“秀外慧中·身心两健”的慧心少年。

2. 厘清慧心文化内核

在探索与实践中，他们坚持专家引领、师生参与，采用“思维导图”的方法，厘清了学校发展中的核心精神要素：“慧”即“智慧”，把它解析为知识、智能、经验、能力等，即在教育的过程中，不仅仅关注知识传授、能力发展，更加关注学生的思维和智慧发展；“心”即“心灵和德性”，外在表现为品德和言行，内在特质是“美好”——倡导师生品行“以美为荣”，学校的机制平台“呈人之美”，师生生活与发展“与美相遇”，使人因“内在的美感”而自主发展，精神饱满。慧心，是“智慧”与“美好”的相融，是老师用自己丰富的智慧和美好的心灵，使学生的智慧和心灵得到唤醒和发展，从而培养出人格健全、和谐发展的人。

3. 构建慧心办学方略

五小人依靠规划理论、程序、方法制定出学校发展战略规划，完成了学校发展的办学方略构建，总体概括为“一个灵魂，三项目标，五大工程”。

一个灵魂：即学校办学理念：慧心教育——给人生坚实起步，实施的办学策略为：教育启迪智慧，文化润泽心灵。

三项目标：一是陶养“秀外慧中、身心两健”的慧心少年；二是滋养“亲和严谨、和而不同”的慧心教师；三是打造“竞合相融、精致儒雅”的慧心校园，努力追求“学生慧学，教师慧业，师生共享慧心成长快乐”的办学愿景。

五大工程：即慧心教育的推进途径，体验德育工程——用慧心体验让成长更快乐；慧心课程建设——用慧心课程让发展更多元；灵动课堂工程——用灵动高效让课堂更充盈；文化聚合工程——用慧心文化滋养校园；智慧研训工程——用慧心成长打造团队。

“一个灵魂，三项目标，五大工程”，构建起慧心教育发展规划的整体框架，是学校持续发展的内在动力支撑，从各个层面摇曳出了绚丽的教育风景。

慧心文化：陶养与激励并存，体现滋养新质态

文化对于一所学校的意义，犹如灵魂之于生命、思想之于人类，是一所学校凝聚力和活力的源泉。而富有生命力的校园环境，则可以衍生出一股强大的文化力，能使学校的品质卓尔不群，绽放个性神采。

1. 引导慧心精神的文化自觉

为了增强师生认同感，让慧心文化成为学校教育精神的象征和文化自觉，五小人不断解析“慧心教育”精神文化，提炼和充盈校训、校风、教风、学风、学生品质等精神文化内涵，引导师生构建“慧心教育”认知结构，内化并顺应学校的特色文化，在自己的学习、生活和工作中努力践行这种特色文化精神，力求做到师生精神创造文化，文化培育师生行为。

2. 凸显环境育人的文化力量

结合“慧心教育”文化内涵，他们逐步建构和完善知性与典雅并蕴的校园景观、陶养与激励并存的廊道文化、规范与个性相融的班级文化，努力将学校建设成一个儒雅的道德社区、精致的成长乐园、智慧的学习殿堂，打造智性慧心校园。点缀校园各处的“慧心石”、洋溢书香的“慧心书吧”、充盈体验的“慧心农场”“一班一品”的班级个性文化……校园里的每一个角落，每一块墙壁，都在努力呈现慧心文化的教育力量。

3. 开展特色充盈的文化活动

为了丰富提升学生的生命内涵品质，他们积极为孩子搭建才艺展示平台，

开展丰富多彩的文化活动，为学生提供精神文化的饕餮盛宴。金秋艺术节、炫彩科技节、阳光体育节、快乐读书节、缤纷创意节、趣味数学节六大“慧心文化节”精彩纷呈，“慧心校园吉尼斯”成为校园里一道亮丽风景。“班级文化墙”让孩子展风采、书梦想；“星光大道”“艺术之窗”宣传才艺之星，展示优秀作品；“慧心剧场”成为全校学生自由展示的场所。缤纷赛场，多彩展示，是对学生成长的肯定、激励和鞭策，孩子们在参与中尽情展现才艺与激情，体验着成长中收获的喜悦。先后有数百幅作品在山东省少儿书画大赛中获奖，几百名学生通过了山东省舞蹈、声乐、钢琴、国画、书法等艺术等级考试，舞蹈、古筝等节目远赴韩国参加了“中韩文化交流大赛”，多名孩子在全国DIY创新大赛中获奖。

体验德育：德性与习行并重，呈现育人新常态

品德只有根植于心灵，才能塑造灵魂、引领发展。五小人认为，育“德”虽然外显于行，但核心确是育“心”，用“心”启迪生命智慧，以“慧”滋养阳光心灵。怎样走进孩子的心灵，他们在不断的摸索和实践中探索出一条行之有效的途径——“慧心体验德育”，围绕“体验育人”核心思想，践行“体验——让发展更快乐”的核心理念，引导学生在活动和实践中用“身体”去体验，用“心灵”去感悟，内化品格，渐成修养，从而培养一批又一批雅言正行、体艺双馨、自信快乐、奋发向上，具有“慧心”烙印的学生群体。

1. 推进慧心养成，在习行中滋养美德

为了体现学生不同年龄阶段特点，他们坚持落实学生养成教育梯度训练，开展“习惯养成链”工程，摒弃传统的知行脱节、灌输说教为主的“外化”教育模式，构建以学生“内化”为主要途径的主体互动教育模式，多渠道推进养成教育。一是明确内容，突出重点。构建《慧心学生每日规范》，让学生明确慧心养成教育目标要求，做到知行统一，重点落实到学生个体，通过点上强化突破，推动面上整体提高。二是立标示范，有效推进，组建“文明劝导队”、宣传榜样事迹等，发挥引导和示范作用，有效推进学生良好习惯的养成。三是强化训练，有效巩固。建立“天天美丽·月月争星”的“美丽学生”养成评价体系，引导学

生“说话美、行为美、课堂美、课间美”，在落实过程中化“监督”为“服务”，实施“行为储蓄”，借助星级评价机制，促进学生的行为规范的主动性。四是有效检验，落实养成。建立“规范·引领”的德育管理线，完善以“行政值周（校长问情）为主导——值周教师为主体——班级争星为主线——红领巾值勤岗”为辅助的学生在校一日管理系统，强力引领，落实养成。

2. 凸显自主管理，让孩子成为小主人

为着力培养学生秀外慧中的素养，让孩子乐学会学、敢干能干、自主自立、文雅大方，他们提出了生动、简约的口号——“干干净净迎接每一天”、“让一切物品排起队来”等，开展“小主人当家”计划，班内设置自主管理岗，开展自主午餐、自主路队、自主早读、自主值日等活动，每个活动设立相应的管理体验岗，培养学生“自己的事情自己管，班级的事情我来管”的意识和习惯，形成了人人争当自主管理小明星的良好局面。

3. 创建少年军校，让红色教育入心

为增强学生的抗挫折能力，提升学生身心素质，他们创建了罗庄区首所少年军校——“红五营”，创作了自己的“营旗”、“营歌”、“营操”。“五月花正开，五小别样红”，每年五月，五小的操场上是一片绿色的海洋，阵阵嘹亮的口号是回响在校园里最美妙的旋律，孩子在严肃、紧张的军事化训练中，体验多姿多彩的军校生活，磨炼意志，强健体魄，锻炼了吃苦耐劳、严守纪律等品质。“班班唱响红歌、讲述红色故事、观看红色电影、争当红色少年”，“红五营”还充分利用沂蒙老区的红色资源，让红色教育进课堂、红色之旅进实践。邀请沂蒙老红军、老党员、老文艺工作者等，组成“五老”宣讲队，到学校作革命传统报告；带学生到军营、国防中心等参观，走进沂蒙革命老区踏寻红色足迹……

4. 创新学生评价，让鼓励更智性科学

评价是教育本身。他们创新并实施了激励＋唤醒的“10+N”学生评价体系，建立了“鼓舞＋体验”的“慧心少年智慧成长链”，把“他评”与“自评”有机结合，努力让评价更智性科学。“10”是围绕“勤学”“才艺”“洁美”“文明”“健身”五个方面设置的十个表彰项目，采用“班级评选——年级推荐——校长颁奖”的方式进行。“N”是自评项目，是学生的自我认可，每个学生都有申报的机会，以“个人申报——班级审核——年级颁奖”的方式进行。“智慧成长链”中的评比项目根据相应的标准链式推进，让更多的孩子品尝成功的喜悦，涵养自信快乐慧心少年，将慧心德育效果持续引向深入。

慧心课程：多元和适性并行，显现校本发展新样态

学校教育是依托课程进行的，课程文化是学校特色文化的核心，也是学校的核心竞争力。在慧心教育理念引领下，该校课程建设核心小组对课程设置进行梳理，构建了“健康·智慧·多元”的慧心课程体系，以国家课程为基础，以校本课程为主干，以特色课程为补充，为学校发展有特色、教师发展有特点、学生发展有特长创造了条件，提供了路线图。

1. 夯实基础课程，让课程更具融合

在“基础课程”中，他们对国家课程的校本化实施，主要通过对教材内容的校本化处理来实现的。校本化处理的主要策略是“在教学实施中对国家课程教材内容进行补充、整合与拓展”。如语文课开展了“主题阅读”教学，指导学生学习某一作家的作品时，会将该作家的同类型作品推荐给学生阅读，然后将这些作品“横向联系起来”指导学生学习。

2. 开发校本课程，让课程更具成长

刘同科认为，“课程要以孩子的发展为本，要选择一种恰当的方式，实现教师因能设课，学生因趣选学，最终达到学生自主发展、个性化发展的目的。”为此，他们努力关注学生五大素养，即人文素养、科学精神、强健体魄、艺术修养、创新能力的培养，围绕“会感恩、会跳绳、会乐器、会书法、会微机、会英语、会读书、会表达、会劳动、会创新”的“十会”目标，开发具有成长特质的多元课程，建立了符合学生多元发展的“慧心人才学院”，根据发展学生不同个性的需要分设文学院、艺术院、科技院、体育学院、社会学院五大系列，每个学院下开设相应自助课程项目，每周的“快乐星期二”下午，是“慧心人才学院”开课时间，经典诵读、趣味数学、舞蹈、跆拳道、播音主持等 70 多种课程丰富多彩，为学生的个性发展、全面发展导航。

3．开发特色课程，让课程更具扬长

为了充分挖掘地方和学校独有特色，他们围绕“秀外慧中·身心两健”的育人目标，创设个性拓展课程：开发了“绳彩飞扬”“炫梦足球”“活力篮球”“激情乒乓”等系列阳光健体课程；结合本地“羲之文化”“陶塑文化”开展了陶笛、竖笛、书法等艺术审美课程。他们聘请“京城绳王”王守中作为跳绳总教练，校聘退役运动员等10余名专长人才为体艺课程特长教师，打破常规的班级授课制，同一年龄段的学生根据自己的兴趣爱好和特长自主选择体育专项课程，课上习艺，课下提升。目前，学校已全员普及跳绳和课堂乐器，着力培养“小绳王”和“小乐手”。目前，“学会一门艺术技能，擅长一项体育活动，获得一次登台表演的机会，留下一件值得回忆的作品”已成为临沂五小每个学生每学年的体艺发展目标。

灵动课堂：创造与启智并重，彰显自主学习新姿态

课堂是育人的主渠道。课堂占孩子每日在校时间的2/3，孩子的生命状态在很大程度上取决于课堂所营造的场态。以往的课堂：老师喋喋不休，要求学生鸦雀无声；老师发号施令，要求学生言听计从……这种课堂犹如“死水一潭无微澜”，儿童天真、活泼的天性得不到张扬，学生的探索精神、质疑精神、对他人和自我的感受力得不到培育。为此，他们在“开启智慧·润泽心灵”的文化指导下，努力建构“灵动课堂”。

1．更新观念，智慧引领共同追求

传统的教学方式，老师们轻车熟路，所以最初时多数人并不热衷于改革。为此，他们首先邀请领先全国课堂教学的优秀教师上示范课，邀请专家到校进行专题培训指导，让老师们更新理念，寻找课堂教学之本源，回归灵动课堂，谋求共识。同时，组织教师到省内外知名学校观摩学习，感受课改给课堂带来的变化，转变教育行为。接着创新学习方式，让教师成为学习的主讲人，激发他们探索课堂改革的积极性和主动性，努力让改革的源动力来自教师主体。这样，教师全员参与，学科全方位覆盖，灵动课堂成为教师的共同追求。

2. 自主启智，智慧落实生本理念

灵动课堂的核心关键词是“创造启智”。他们借鉴生本教育先进理念，结合学校本土特色，采取培训指导、校本研磨、成果展示等推进策略，秉承先学后教，以学定教，不教而教理念，通过“启迪唤醒主动”——“生成促进互动”——“共享激发生动”课堂环节，让学生智慧、生动地学，学生在课堂中通过自主、合作、探究的方式“感受过程、习得规律、发展智慧”，达到“生本塑造灵动”课堂诉求。

3. 师蕴灵慧，智慧打造个性课堂

教师的智慧不在于教，而在于让学生智慧、生动地学。教师要用自己的“慧心”创造“灵举”，让课堂真正成为开放的课堂、自能的课堂、人文的课堂，在这探索的征途上，教师们也进行着“师蕴灵慧”的修炼。慧心课堂建设侧重于生本理念的融入，更注重教师个体特色课堂的构建和教师群体教学风格的提升。他们的定位是：既要培养教师个人的课堂教学特色和风格，和而不同，各领风骚，又要建设“简约、高效、慧心”的五小课堂教学群体风格，而这种群体教学风格需要一个个和而不同的个体风格来不断丰盈和使之灵动。

慧心服务：民主和法治并举，凸显管理新状态

慧心生态语境下的教育管理期求日臻“善”的境界，学校管理力图从强调效率到关注公平，从注重结果到重视过程，从权利控制到责任提升。学校管理者努力朝向从“问题解决者”转变为“欣赏型领导者”的角色担当。

1. 强队伍，焕发活力勇创新

团队是教师成长的沃土，一个好的团队，能成长一批优秀的教师，成就一所好学校。他们以促进教师专业化发展为要务，以骨干教师队伍建设为重点，着力提升教师的专业水平和施教能力。为此，他们建立了“教师成长苑”，七大工程促进教师专业成长：一是智慧引领教研组活动，夯实团队建设的基石。二是开展“特色教师”和“特色教研组”的“双特”评选，实施名师工程和青蓝工程，打造群体教学风格。三是推行教师专业成长链，开展“教坛新秀——教学

明星——学科首席教师”三级教师专业发展成长链，让每一位教师都能“跳一跳，摘桃子”。四是构建专业发展共同体，倡导草根研究组织和交流团队。五是开辟“慧心行动论坛”，梳理、分享慧心教育心得，提升教育智慧。六是加强个体研修，开展小课题研究，引领教师建立教育博客，加速成长。七是完善激励机制，开展星级年级组、星级教研组、慧心教师评比，促进教师主动成长。

2. 优制度，凝心聚力促和谐

改到深处是制度。没有制度也就谈不上管理，各项规章制度、岗位职责、工作流程等均能体现一所学校的价值取向。制度本身就是一种文化。因此，他们非常重视现代学校制度，先后制定了“学校章程”“规章制度汇编”等，使学校各项工作“有章可循”，同时以人为本，不断地梳理修订，达到考核制度民主、财务制度公开、评优制度明朗、招生制度公平、科研制度自主、奖惩制度公正……在刚性管理的基础上，更注重人性的尊重、理解和关爱，对师生进行价值认知方面的引导，让师生知晓为什么要遵守规定以及遵守规定对自身成长的意义所在，继而在内心认同学校的规章制度。实施“人性管理，理解欣赏”式的教师管理制度，运用多种途径努力消除教师的职业倦怠，激发教师的主观能动性。

3. 善管理，各展其能助发展

五小人追求“慧心理校”的管理品质，积极践行“分层管理——分线负责——线块结合（处室研组）”的管理体制，缩短管理半径，增强执行力，优化管理效能；设立“校长问情——行政值周——值周教师——红领巾值勤岗”的德育管理线，落实到点，关注细节，细化教育教学过程。构建和完善“慧心评价”四大管理体系：学校管理——实施“一比两创”，处室创优秀项目，研组（年级）创特色工作，班级比特长学生；教师管理——实施潜力教师、活力教师、实力教师、魅力教师四层面的慧心教师评定体系；研组（年级）管理——实施星级评比，比规划、成效与展示；学生管理——实施慧心班级与慧心学生评价体系，采用凸显学生个体的《慧心成长手册》，开展“习惯养成链”与“慧心成长链”工程，唤醒激发学生自我发展的内在驱动力。

教育启迪智慧，文化润泽心灵。5 年来，临沂第五实验小学在刘同科校长团结带领下，学校教育质量和文化品位不断提升，慧心教育办学成果不断涌现出来，有近百余篇论文发表于《人民教育》《中国德育》《班主任之友》等刊物。学校综合办学水平连年位居罗庄区第一名，先后被评为“教育部第二批校本课程建设实验学校”“山东省文明校园”“全国体育工作示范学校”“山东省教学先进单位”“山东省德育工作先进单位”等荣誉称号。教育的“慧心”在这方土地上尽情地跳跃着，痴心教育的临沂五小人携手共进，坚定地前行在慧心教育的特色之路上，用独特的慧心诠释着理想的教育，演绎教育的理想。如今，幸福的五小人沐浴着春风阳光，感悟智慧的奥秘，体验心灵的快乐。

附：校长风采

刘同科简介

刘同科，男，1972 年 3 月出生，中共党员，本科学历，现任临沂第七实验小学校长，山东省第三届齐鲁名校长建设工程人选。

行走在教育的路上 28 载，他历任班主任、数学教研员、少先大队总辅导员、副校长、校长、党支部书记。教育启迪智慧，文化润泽心灵。任校长以来，他把师生的健康发展放在首位，围绕“秀外慧中•身心两健”的育人目标，坚持特色办学、内涵发展，构建并实施着慧心教育办学方略，“体验德育”“慧心课程”“灵动课堂”等五大明珠相得益彰，慧心教育数年不懈，成果斐然：学校成为“教育部校本课程建设实验学校”，荣获“全国体育工作示范学校”“山东省文明校园”等十余项省级以上荣誉。主持国家级、省级、市级课题十余项，在教育部校本课程建设研讨会、山东省学校特色建设交流会、临沂市教科研会议、临沂市德育工作会议上做典型发言，其教育思想及成果发表于《人民教育》《沂蒙教育》等，所主持研究的《慧心体验德育》被评为全国中小学德育工作典型经验。而他本人也被评为“山东省关心下一代工作先进工作者”“沂蒙名校长”“临沂市优秀教师”“临沂市优秀辅导员”“罗庄区模范校长”“罗庄区教学能手”等，多次荣获市、区级“优秀教学奖”，荣获“山东省省级教学成果奖一等奖”。

二、给学生面对明天的底气
——孙卫东校长和他的“和谐教育”

沂蒙山区有一所普通高中学校，多年来，这所学校的教育教学质量连年攀升，保持了持续发展的办学活力，打造了优质高中教育品牌，被人们称为“放心满意的学校”。到底是什么秘诀使这所处于城乡接合部的普通高中学校取得了令人瞩目的办学成绩，是什么原因赢得了人们的交口称赞？带着诸多的疑问，记者走访了临沂市沂水二中的孙卫东校长。

当问及学校有什么特殊的办学经验时，孙校长说，他们“使学校像学校，把学校办成学校”，全面贯彻党的教育方针，坚持“德育为首”不动摇，对学生实施适度、适合的教育，给学生以面对明天的底气。学校建校50多年来，始终坚持以人为本，把学生当成有个性、有思想、精神丰富的“人”，尊重差异，因材施教，让人人走向成功。“只要学生思想对了头，端正了态度，确立了为理想而奋斗的目标，学生学习、生活方面的一切困难都能迎刃而解。”孙校长强调。

“教育的艺术在于唤醒，而唤醒的功效莫过于德育。德育既能优化育人的环境，也能丰富学生的精神世界，更激发学习的原动力。”二中人用“以德育人，以德优学”的德育实践和办学成果，反复证明了“学校搞德育不但没有耽误学习，反而更能提高教学质量”的结论。

“德育帮助学生构建起丰富的精神世界”

近年来，沂水二中不断创新德育工作，通过集中开展主题教育活动、创建和谐校园，帮助、指导学生愉快学习、生活等，为每一位学生构建了丰富的精神世界。学校经过十几年的育人探索，形成了爱心教育系列、常规教育系列、感恩教育系列、情操教育系列、核心价值观教育系列、人文教育系列、绿色教育系列和创造教育系列等 8 个主题教育系列，构成贯穿整个高中教育阶段的德育体系。

“近、小、实、亲、活”是沂水二中德育工作探索取得实效的好路子。不论是哪个系列的教育活动，二中人都是通过一些最基本的、与日常生活紧密相关的主题教育活动，对学生进行了鲜活而细致入微的教育，让学生在自觉或不自觉的体验中养成了良好的道德习惯和学习习惯。针对学校德育工作容易出现的薄弱环节，沂水二中狠抓了学生的入学教育和毕业教育。入学初，学校抓住学生对学校向往和陌生的复杂心理，对学生进行适应教育、爱心教育、归属感、意志磨炼和人生理想的教育，培养学生热爱学校、热爱学习、关爱他人的良好品德。

到了毕业期间，针对有的同学升入高一级学校，有的则直接走向社会，“扶上马，送一程”，学校集中对学生进行毕业教育。为了培养学生同情他人、体贴他人的美好道德，学校专门设立了一个特殊金库叫“爱心金库”。起初，二中人启动了“人人奉献一点爱”的主题教育活动，鼓励每位师生在“金库”里天天存储一点“爱心”，帮助在学习、生活上有困难的学生顺利完成学业。开始参与爱心捐款的人只有学校的领导、老师和同学。现在参与捐款的人员已发展到社会各界，爱心延伸到社会，大仓面粉有限公司等十几家单位也成了学校“爱心金库”的储户。以爱心赢得爱心。同学们在助人中思想得到了升华，在接受资助中学会了感激。

“拾金不昧”虽在许多人眼里是过了时的名词，但在二中人育人词典里却赋“拾金不昧”以教育新意，积淀成为学校的十大优良传统之一。学校设立拾金不昧奖励制度，至今已有 16 年了。政教主任边说边打开一本厚厚的“拾金不昧记录簿”，上面记录着数不清的教师名字和学生的名字，金额从几元到几千元不等。十几年来，师生们以拾金不昧为荣，以见利忘义为耻；十几年拾金不昧的传统发展为学生“推己及人”“重义轻利”的美德，引导了学校积极向上的价值观，弘扬光大了学校的正气，建立起了良好的校风。

2006 年 3 月开学的一天，高一•16 班田静同学拾到了 1100 余元的现金。她不为金钱所动，如数交到失者的手中，让焦急万分、待交学费的同学平静了下来。后来，这位升入北京大学的学生在写给孙卫东的一封信中这样说，知识的海洋浩瀚无边，对于某个知识点，我早就忘记了。可“拾金不昧”这个词语，令我终生难忘。我永远忘不了田静这位“拾金不昧先进个人”，永远忘不了学校拾金不昧的光荣传统。

于细微处见知著，沂水二中的德育工作善从细微处抓起。二中人让诚信进校园，推行“诚信课堂”“诚信作文”“诚信考试”“诚信交往”等活动，努力培养学生诚实守信的美德；廉洁教育从开展“节约教育进餐桌”“珍惜一粒米”抓起，……一点一滴皆教育，一言一行见美德。通过这些细节教育，逐步培养了学生们的社会主义核心价值观。

沂水二中曾在学生中做过一项关于青少年学生理想信念、价值观方面的调查。调查结果显示，青少年学生普遍存在着价值缺失、以自我为中心、信念危机、言行不一的问题，突出表现为“对人不感激、对己不控制、对物不珍惜、对事不认真”。“这样的问题学生走出校门，走向社会，怎样面对明天？”学校领导陷入了深深的思考。经过一番深入细致的研究，学校及时抓住这个切入点，开展了以“会自持、会感恩、会珍惜、会处事”为主要内容的“四会”主题教育活动，培养了学生高尚的道德情感和道德行为。高中阶段是学生高级情感形成的关键时期，学校先从“会感恩”这个最易打动人心的的教育活动入手，布置德育家庭作业，让学生为父母洗一次脚等不同的方式回报养育之恩，体验父母的快乐与艰辛，从而焕发刻苦学习的动力。“母亲只有一个，高考明年还会再考。”王同学，一个沂蒙山的小女生，面对高考和给母亲看病二者的抉择，她毅然选择了后者。从 2006 年 5 月开始，她独自一人陪母亲到举目无亲的大上海给母亲看病，失去了 2006 年参加高考和回校复读的机会。落榜志更高。她每天坚持给妈妈端水、喂饭、洗脚、擦背、唱歌、讲笑话，悉心照料着妈妈，鼓励妈妈战胜病魔，还跑前跑后地帮其他病人干些力所能及的事情。她的笑容与自信感染了病房的每一个人，人们都喜欢用“山东闺女”称呼她。她白天不辞劳苦地伺候妈妈，夜深人静时，坐在医院门口的台阶上，借着灯光读书。凭着一颗感恩的心和坚强的毅力，2007 年，她如愿圆了大学梦。王同学孝亲感恩、努力学习的精神时时感染打动着身边的每一个人。在二中，这样的故事还有很多。二中人善于用这些蕴含着丰富教育价值的感恩故事教育着一代又一代的学子们。同时，高中阶段也是学生情感不稳定的时期，学校用“会自持”活动，帮助学生有效控制情感，通过开办心理健康教育咨询热线、办《心理健康报》、举办心理健康教育征文等活动，有效地培养了学生的自律意识。

为了培养学生坚定的理想信念和道德信仰，学校用“宣誓”文化来凝聚人的精神力量。“十八岁成人宣誓”“班级宣誓”“集会宣誓”“入党宣誓”等激情宣誓活动，让每一个学生充满青春活力和创造激情，为学生注入前进的动力。学生的激情宣誓活动，如今已成为沂水二中校园的一道亮丽的风景。

1999年9月，中央号召在中小学中开展“弘扬和培育民族精神月”活动，为了培养学生高尚的民族自尊感和民族自豪感，培养高尚的民族精神，进一步丰富提升学生的精神生活，学校从那时起，八年雷打不动，每年通过“甲午海战”“抗日战争”“解放战争”图片展、主题班会、知识竞赛等活动，坚持对学生进行民族精神教育，增强民族自豪感和自尊感；“找契机、抓主题”做好德育工作，体现了二中人教育的机智。2004年4月，太平洋海啸事件发生后，学校不失时机地利用这一教育机会，通过开展“演讲比赛”“主题班会”“募捐”等活动，对学生进行爱国主义和国际主义教育。2006年3月4日，胡锦涛总书记发表社会主义荣辱观重要讲话。学校利用这一契机，以“做什么样的人”为目标，集中开展“十个一”活动，对学生集中进行“知荣辱、懂廉耻、明是非”教育，帮助学生确立了社会主义荣辱观。

为了保证教育在各个时段、每一过程和所有空间“不空档”，沂水二中还把对学生的德育从校内延伸到校外，从课堂延伸到社会。在校内，让孝心教育进课堂，让感恩之情时刻挂在心间，培养学生尊老孝亲的美好品德；“每天三问”成为学生每天必做之事。“扶老助幼献爱心”，“走进敬老院，深入贫困户”，把爱心教育延伸到校外。沂水二中的德育工作，形成了学校、家庭、社会“三结合”的育人网络。

“德育教学生学会自我教育”

只有当教育在满足了学生学习与成长的需要之时，教育才最有效。为了满足学生的需要，让学生过有道德的学习生活和交往生活，沂水二中抓住新生入学这一关键时期，指导学生自主制定班规和班级公约，引导学生进行自主管理、自我教育。在组织全班同学订立班级公约过程中，班主任在旁边发挥监督、指导作用。通过分组讨论、代表发言、民主决策，彼此达成共识，形成一致结论、成为公约雏形后，再经过集体宣誓、个人签字、订立道德承诺等程序后，这时，渗透着全班同学思想意志、体现共同意愿和凝聚着班级精神的班级公约就这样诞生出来。随着班级公约和班级活动制度的逐步成熟，良好的班风、学风就形成了，学习、工作和生活的班级秩序、课堂秩序和学习秩序从此就建立起来。

班级是学生在校生活的主要场所，学生在校生活的质量如何，取决于班集体建设的情况。[①] 如何为学生营造良好的学习氛围和成长环境，让学生在校三年中度过美好的时光？沂水二中注重班级文化场的构建，从班级文化序列策划到特色班级文化建设，都有独到之处。在班级文化建设系列设计上，引导、鼓励各个班级立足本班实际，从教室布置、主题班会活动、班训、班级精神等方面创新，建设自己的特色班级文化。高二·20班坚持开展“感恩教育”系列主题活动，两年后出版了一本班本教材《寸草心》，结出了丰硕的“感恩果实”。步新同老师带的班级被称为“激情燃烧的班级”。全班同学在每周日下午举行激情宣誓，以激情点燃激情，以人格陶冶人格。同学们通过三年的宣誓活动，其自信心、归属感和理想信念得到了很好的教育培养。

一个人良好品质的形成是不可能一蹴而就的，它是一项长期而细致的工程，不是通过一两个活动就能形成的。“只有营造一个学生积极参与、充满激情的教育场，唤醒学生的主体意识，激发学生的道德冲动，打动学生的灵魂，教育才有成效。”二中人独具慧眼，把校园环境、学生学习与生活的教室、宿舍和校园建筑等都作为与人的课程，精心打造学校“文化墙”，使学校环境都散发着文化气息，整个校园就想一座立体的“育人场”。学生公寓、教室、办公楼和操场上，都有属于自己的名字，响亮而别致，凝练而有神，每一个名字都蕴含着二中人某方面的育人价值，展示着一道道文化的风景。教学楼的“明志”“致远”“揽月”，阶梯教室前的“教师誓词”“学生誓词”，以及楼道里以“爱国与科学”“立志与成才”“诚实与守信” 等的命名和主题的选择，都要征求学生的意

---

① 李慧．班级建设的范式变革：由“班集体”到“班级共同体”[D]．济南：山东师范大学，2017.

见，都从学生参与的命名中挑选出来。生活在其中的学生时时受到激励，天天得到启发。生活在由师生和这些励志性炼词、警句等共同生成的“教育场”的学子们，接受着润物无声的教育。

校园里每增添一样新东西，都成为学生进行自我教育的机会。2006 年 7 月，“领航”雕塑在二中校园正式落成。为给雕塑起一个像样的名字，学校充分发挥学生的想象力和创造潜能，把雕塑样图发给每一位学生，让学生根据自己的生活经验和创造智慧，大胆想象，做到既能符合实际，又能体现学校发展的愿景和办学理念。学生们运用所学知识，广搜资料，认真研究，把研究的结果写成可行性方案。一个月下来，共征集到近万份研究方案，学子们因此而受到了真切的爱校教育。这样的征集活动很多，每一次的征集都要经过搜集、讨论、提炼、修改，再提炼、再修改的过程。在讨论中，师生们往往为发表自己独到的见解争得面红耳赤。无论在学校层面，还是在班级层面，抑或课堂上，同学们都把自己的前途和学校发展的命运紧紧联系在一起，从而焕发出自主学习的动力。

素质教育的出发点是培养学生的创新精神和实践能力，落脚点是通过因材施教，挖掘、开发人的创造潜能，使每个人的优势智慧充分发挥出来。沂水二中注重加强对品德高尚、有创新潜能，特长优异学生的进行特殊指导和培养，促进了他们创造潜能的开发。“研究性学习论坛”活动是学校开设的一项常规性课程，同学们在老师的指导下，结合科技发展的新形势以及当代社会生活出现的热点与焦点问题，“如何保护沂河”“旅游资源开发与社会发展”“沂蒙精神与品德教育”等一篇篇闪烁着学子们研究能力与创造智慧的研究报告，相继在学校校刊、省市级环保刊物等发表。通过在各科以及社会实践、环境保护等方面开设研究性学习课程，学生搜集与处理信息的能力、创造能力和创新意识都有明显的增强，结出了累累硕果。在中学生学科大赛中，先后荣获国家一等奖 7 人次、二等奖 35 人次、三等奖 26 人次，省级一等奖 61 人次、二等奖 84 人次。二中新颖独特的“五小”活动，培养起学生广泛的爱好兴趣，有效地开发了学生的创造潜能。2006 年以来，学校先后有 20 名同学的小设计、小发明、小论文、小制作，获得省级以上奖励。艺术教育对学生的非智力因素影响非常大。为尊重学生的爱好、特长，学校注重加强对学生进行音乐、美术、体育特长生的发现、培养，为学生创新人才的成长提供了平台。每年都有上百名同学分别考入中国人民大学、北京师范大学、中央美术学院等高等院校。在山东省中学生文学艺术博览会上，有 1 人获得金奖、2 人获得银奖、7 人获得铜奖；在中华校园歌曲大赛中，有 2 名同学荣获国家级优秀奖。

苏霍姆林斯基认为，真正的教育是自我教育。为了进一步培养学生的主体意识、自我教育、自主发展的能力，学校在班集体建设中，推出了班级“四自”管理模式。班里人人都有一个适合自己发展的角色，做到“自己的事自己做，他人的事帮着做，集体的事我有份”，从而实现学生自我约束、自我管理、自我评价、自我发展的目的。同时，学校还倡导了每日“三省”活动，即每天学生都要问自己三个问题：“今天我做了什么？我有什么不对的地方？我应该怎样做才能更好？”就是这“三问”，进一步培养了学生自主学习、自我教育的良好品质。

山东省教育厅副厅长张志勇研究员在一篇题为《做一位有思想的教育管理者》的文章中，认为“如果说我国的中小学生缺乏创新精神和实践能力，毋宁说我们的中小学校缺乏促进和支持中小学创新精神和实践能力健康发展的环境和条件”。孙卫东校长带领二中一班人积极为师生创设实施创新教育的支持性环境，学校的各项管理不断实现由经验型、人本型向文化型管理的超越与升级，教育教学因此步入了持续发展的良性循环轨道。

“德育帮助学生扬起自信的风帆”

人生路上不“空档”，时时处处有德育。二中人坚持对学生进行道德教育，从新生入学到毕业离校一点儿也不松劲。德育工作，天天有日志，周周有周记，月月有月报，及时发现学生的思想动态和“问题学生”的问题，及时进行引导教育，形成了道德教育的“接力”。二中人针对个别学生在初中、小学阶段的道德情感缺失的状况，利用入学初学生恢复自尊、重建自信、渴求成功的机会期待，帮助学生树立人生的自信，对新生进行恢复自信的“情感补偿教育”，帮助、指导学生重燃人生的信念，扬起自信的风帆。

凡到过沂水二中的人，都知道有四块被师生们称誉的“里程碑”，这就是“名生榜”“明星”榜、“十大感动校园人物”榜和“领航”雕塑。它们像四块“磁石”，深深吸引着在校学生，镌刻着离开母校走向成功的学子们的求学历程，也铭记着学校办学的历史与创新轨迹，成为学校德育教育的重要资源。

新生刚入校，便三五成群地簇拥在这些光荣榜前，有些站在“名生”榜前，有些站在“明星”榜前，瞪大的眼睛里闪现出羡慕的眼光，嘴里还发出“啧啧”的称赞声。沉浸在“群星”闪烁的校园里，学子们心里就早早订立下赶超的奋斗目标。

看到班级中有那么多学习比自己优秀的同学，有些同学觉得有点信心不足。二中的老师在摸透学情之后，想方设法给他们打气、鼓劲，鼓励他们增强战胜困难的信心，教他们学会学习，绝不让一个学生掉队。“星级学生”的评选就是学校进行信心教育、培养学生个性、展现学生特长的一个做法。无论学生在哪一方面有闪光的地方，都有评上班级“明星”的机会。“明星”的类型各种各样，有“自尊自爱星”“勤学进取星”“诚实守信星”“遵规守纪星”“勤劳俭朴星”“尊敬师长星”“团结友爱星”“自立自强星”“身心健康星”“爱护公物星”等，要想评上“明星”学生，要经过“申请、自我展现、讨论、自评互评、教师讨论”五个过程。各年级评出的“明星”都贴上自己的照片，个个神采飞扬，精神饱满，每一位学生明星都熠熠闪耀在校园。

近年来，沂水二中在学生评价制度方面实行了一些革新，废止了沿用多年的“三好学生”评选制度，代之以“每周之星”“星级学生”“名生”“十大感动校园人物”的评选，分层表彰，让每一位学生都能发现自己的闪光点，找到自己前进的方向。学校通过评选各方面表现突出的优秀学生，进一步唤醒了学子们成功的自信，鼓起战胜学习困难的信心和勇气。从此，奠定下人生自信的根基。

“十大感动校园人物”评选制度从2006年开始实施，评选活动已成功举办两届。在各种评选活动中，过程最复杂、最有教育意义的还要属二中每年一届的“十大校园感动人物”的评选。这个评选活动是在“每周之星”评选的基础上进行的，将当选的“每周之星”事迹发到校园网上，通过同学之间、学生家长、任课教师、班主任、学校领导以及社会各界人士一起点评。经过近一年的时间，最终评选出“十大感动校园人物”，在五四节前夕，集中进行表彰。然后，学校对评选出的十大感动人物进行事迹展评、举行专场事迹报告会，进行大张旗鼓的表彰，让每一个学生从他们的身上感受来自身边的感动，撷取向上的不竭力量。

张昭峰是2006年首届“十大感动校园人物”。我们从校园网上看到有关他的事迹介绍：“当别的孩子还在父母怀中撒娇时，弱小的他从困境中学会了友善、勇敢和坚强，家境的贫困让他变成了任何苦难都打不倒的男子汉。”

“虽然家境贫苦，但面对路上拾到的近千元现金，他丝毫不为所动，毅然将现金如数交到学校政教处。他看起来文弱，但精神上他从来都是强者。”表彰他的“颁奖词”是这样说的。拾金不昧是从古至今备受推崇的美德，张昭峰虽然家庭贫苦，但面对重金，却不为所动。二中学子的高风亮节在他身上熠熠生辉。无论是评上“十大感动校园人物”，还是没有评上，都不重要，重要的意义在于评选过程。通过这一评选过程，或亲历或间接体验人生经历的艰辛与磨难、快乐与幸福，成为学子们面对未来生活的一笔宝贵的财富。

在二中校园里，人人都是教育的资源，人人都有教育的价值，每一个人的成长经历都会成为激励自己奋发有为的力量，同时也都会成为他人学习的榜样力量。“成功”一词在二中人眼里有着特殊的内涵。他们把各种优秀学生的参选当成学子们展示成功的机会，他们都是同学们心中追逐的榜样，他们相互学习、相互借鉴、相互激励，不仅成为同伴们相互激发斗志的力量，也成为激发有志者不断奋发进取的动力。

无论是班级明星的评选，还是“十大感动校园人物的评选，都体现着师生们的创造智慧，展现着人与人之间相互尊重、彼此信赖和平等交往的人际和谐关系，编结着他们互相学习、教学相长、共同发展的学习共同体纽带。作为国家级绿色学校的沂水二中，注重为学生提供“绿色教育”。这种“绿色的、环保的、人文的”的教育，是让学生人人受益、终身受益的教育，是促进学生全面、协调、可持续发展的教育，学校的“绿色升学率”因此而不断提高。

“捆绑式”评价把教书与育人当成一回事

对于教学和政教（德育）两处的设立，沂水二中和其他学校没有什么特别。要说特别之处，倒是在这应试教育横行泛滥之时，沂水二中高举素质教育大旗，坚持德育为首，设置政教和教学两处室，只为了工作之方便，使两处功能和谐一致，实现完整育人。教学处努力“让教学成为道德事业”的工作，政教处努力为教学创造着良好的育人环境，二者相得益彰。

靠什么把学校的德育和智育整合在一起，沂水二中有一条德、智“捆绑式”评价制度。名生背后必有名师。在二中，要想成为一名优秀教师，必须首先具备高超的育人能力，达到德育量化指标，同时还具备优秀的教学成绩，其中有任何一条不符合标准，都不能评为优秀教师，更没有评为优秀班主任的资格。在考核中，规定在原千分考核评估机制的基础上，把德育工作的好坏纳入教师干部的任用、晋级晋职、评先树优的重要依据。

为了让人人成为“育德”之人，学校对先进班级的评选也采取了捆绑评价的办法。班里因为学习成绩、班级文化建设、个人品德表现等任何一项不能达标，都不能评上先进班级。为了增强集体荣誉感，同学们把自己融进集体的熔炉，时刻注意表现自己，努力成为班里最好的自己。

郭思乐教授认为，民主平等师生关系的建立是营造教学生态的关键，同时它本身也是一种教育质量。沂水二中把良好师生关系的构建作为学校捆绑式评价制度的重要内容，列为和谐校园创建的核心。这里，师生间相互尊重、平等相待；这里，干群和谐、师生和谐、生生和谐，学科间和谐，家校间和谐，构筑了一幅“和谐校园图”；在这里，师生们感到安全和自由，天天创造着美好愉快的学习生活，大家天天觉得有一种“充实感”和“满足感”。

科学的捆绑式评价，推动了学校以“三变”“五让”为主要内容的一体化教学改革，促进了教师教育教学观念的根本转变。他们向课堂要效益，向单位时间要效益，降低了教学成本，提高了教学质量，每一位学生都得到了更好的发展。

校长孙卫东作了这样一个对比，当学校一切工作围着“升学率”转的时候，学校的本科升学率仅为 10 % 左右；而当学校坚持德育为先，教学生做人先于做事，养成习惯先于学习的时候，学校的高考本科升学率却达到了 60%。素质教育不是不要教学质量，而是追求更高、更好、更全面的教育质量。沂水二中的和谐德育使教育质量得到了稳步提升，使来校就读的每一位学子得到了更好、更快、更强的发展。这就是沂水二中教育给予我们的感悟。

附：校长风采

1. 孙卫东简历

孙卫东，男，1969 年 10 月出生，中共党员，高级教师。1992 年毕业于山东师范大学历史系，研究生学历。1992 年 7 月至 2013 年 7 月任沂水二中教师、班主任、教研组长、政教主任、教导主任、副校长，2013 年 7 月至 2017 年 11 月任沂水一中副校长，现任沂水二中校长。

长期工作在教育教学第一线，多次获得市县教学成绩奖、教学质量奖，获得市优秀德育工作者、骨干教师、教学能手，获得沂水名师、沂水县新长征突击手、优秀教师等称号，沂水县中小学班主任工作研究中心组第一届成员。正确把握教育教学研究方向，提出的“三段六要一体化高效课堂教学策略”在临沂市教科研中心高效课堂构建活动中得到推广。撰写的《高中教学管理中的低效现象及对策》发表于《当代教育科研》；开展的《目标引领下精细化管理的实践与意义》和《对教师听评课的探究》两项研究在 2015 年和 2016 年获得临沂市人民政府教学成果奖一等奖。《关于学生自主学习能力的培养和探索》课题研究获得市教学成果个人特等奖。积极进行分层教学和目标引领的研究，注重学生强大内心的塑造和卓越精神的培育，每年都被学生评为最受喜欢的老师。先后开展了“中小学创造个性教育的理论与实践研究”“高中‘轻负担高质量’课堂教学策略研究、山东解放区革命动员与农民理性互动研究（1946—1949）”等课题研究。在学校管理中，结合学校的发展，积极进行分层教学和目标引领的研究，开展同衡水中学、莱州一中、临朐一中、诸城一中等学校的交流合作，积极探讨优秀学生和各类学生的个性化培养，在塑造学生健全人格和全面发展的基础上，学生获得极大发展，教学质量连年攀升。

2. 办学主张

教育是完整的，没有无德育的教学，也没有无教学的德育。教育要对学生未来负责，要给每个孩子面对未来的底气。只有当教育在满足了学生学习与成长的需要之时，教育才最有效，最有意义。作为校长，要团结带领教育同人一道，高扬素质教育大旗，努力培育和践行社会主义核心价值观，坚持“德育为先，育人为本”，坚持立德树人，不断创新学校管理体制机制，使学校各种教育资源的育人定位合而为一，育人功能和谐一致，实现完整和谐育人，让学生拥有健全的人格走出校门、走向社会。

三、用“爱”改写学校发展哲学
——王凤军校长和他的“博爱教育”

山东省临沂市傅庄中学位于沂蒙山区庆云山下、小涑河河畔，是一所典型的农村初级中学，学校曾一度得到较大的发展。2011 年，由于教育管理机制缺乏创新，学校陷入了发展的瓶颈期：教师职业倦怠、师生关系紧张，生源流失较为严重等现象频发。2013 年 9 月，在城区名校干过多年业务校长的王凤军被调到傅庄中学任校长。在王凤军的团结带领下，傅庄教育团队用博爱理念治校，使这所办学水平徘徊在中下游的学校跻身全区教育发展的“第一方阵”。是什么原因让这所学校在如此短的时间内发生了巨大变化？

以人为本，探索学校内涵发展的改造之路

面对当时学校发展的现状，王凤军陷入了深深的思考：如何改变这一现状，提升教育教学质量，使学校成为一个充满活力、人人向往的地方？

经过一段时间的学校实情分析和问卷调查，王凤军结合自己的教育管理经验，从“人人成人、成才、成功”的办学目标出发、提出了学校“博爱”教育的特色内涵发展的办学思路。

王凤军认为，爱和创造是教育的本质。他希望用博爱文化来管理学校，用博爱思想来改造学校。

“博爱”教育思想的核心即为“博学”“仁爱”。所谓博学，意为教育者从事的是文化传授的工作，教给学生一杯水自己要有一泓活水。教育者要努力做到知识渊博；而学生，也要在三年的生活中，积淀知识、发展能力、提高素养，成为一个有学问的人。所谓仁爱，从某种意义上来说，教育是一项讲求良心的工作，作为教育工作者要有一颗仁爱之心，爱岗位、爱学生，爱一切美好的事

物；要培养学生爱同伴、爱老师、爱学校、爱他人、爱国家的情怀。“博学”是根基，“仁爱”是硕果。一个人只有将仁爱深深扎根于博学，才能自强不息。于是，我们把“博学仁爱，自强不息”确定为校训，逐渐形成学校的核心文化体系。

在博爱教育思想的引领下，王凤军与大家一起制定了三年发展规划：第一年，扭转落后情况，提升教育教学质量，力争达到农村中学第一名的佳绩，努力打造城南名校。第二年，教育教学水平再上一个新台阶，扩大名师队伍，以名师促名校的发展。第三年，集全校之力认真办学，努力将学校打造成市级优质名校。

王凤军认为，教育是关于人的工作，而教育管理的最高境界是爱的管理。以博爱思想为引领，学校从教学、管理、评价三方面进行系统设计，做到因事选岗、因岗选人、因才录用。通过教代会和民主推荐，他大胆起用一批有能力有水平的高素质的人才，将他们选拔到教育教学管理岗位上，真正做到了人尽其才，才尽其用。

乔海江是一名普通的一线代课教师，因为踏实勤勉、教育得法，班主任工作特别优秀，被王校长提拔为七年级年级主任。新升任教学研究中心主任的杨晓露不无感慨地说：“我从未觉得自己如此受重用过，也从未感受到如此强烈的教师职业幸福感。”

教师是学校教育的第一重要资源。办好一方的教育，特别是办好像傅庄中学这样的学校，更是需要一个优秀的教师团队。“我们学校地处农村，师资流失严重，教师成长存在发展缓慢的现状，要想办法改变这一现状。”王凤军说。

为了让每位教师实现不同梯次的发展进步，学校在分析名师成长历程的基础上，启动了傅庄中学星级教师梯级培养工程，并制定出台了《临沂傅庄中学星级教师培养制度》。这一制度在认真分析每位教师的年龄、教学现状、课题研究、教学反思、论文发表等情况的基础上，明确星级教师的评定标准和升星要求。学校的每一位教师对星级教师的认定评选有目标可奔、有制度可依、有动力争取。学校还遴选了一批优秀教干教师组建“星级教师”培养指导团，具体指导低星级教师工作，努力解决中青年教师培养难、老教师创新难等问题。通过定期召开教师发展研讨会、新老教师结对、个别指导等方式指导青年教师向优秀教师靠拢，学校骨干教师向市、区级名师发展。

夏丽娜是一位2011年参加工作的年轻教师，平时喜欢研究教学，全身心扑在教学中，有着强烈的学习愿望，平时虚心向老教师学习，积极参与市级、区级举办的各项活动。2014年10月，她代表学校参加罗庄区讲课比赛时获得了一等奖，后来又代表临沂参加了山东省讲课比赛。夏老师不但课堂教学水平飞速提升，教学质量也不断攀升，她被同事们称为“全能教师”。短短几年时间，夏老师成为青年教师成长的标杆。

谈到教师的教育创新，分管教育的罗庄区副区长王兆艳说：“做一名优秀的教师，一定要讲得出来，做得出来，说得出来。也写得出来。”要培养有独特教学个性的老师，学校必须鼓励每个教师形成独特的课堂教学特色，鼓励教师将自己的教学思想表达出来。杨辉老师是一位有独特教学思想的老师，平时特别注意将自己的教学总结、反思形诸文字，多次在《沂蒙教育》《中小学数学》等杂志发表文章。杨辉老师还是一个善于思考并付诸行动的人，他发现市面上很难有完全适合学生的数学练习册，要么题型不对，要么题型不全，而且每个学校学生的学情是不一样的，需要练习的侧重点也不尽相同。为此，他萌发了一个大胆的想法：编写一份适合自己学校学情、教情的学案。杨辉老师带领数学组12位教师将初中6册数学课本上多有章节进行分工，编写学案。历时一年半的时间，3本厚厚的《数学课时笔记》出现在了学生面前。

“有王校长做我们的坚强后盾，我们教干可以解放思想，大刀阔斧地干了。”分管教学的副校长丁来潮说。

王凤军认为，当校长要善于为师生的发展营造和谐的文化环境，让校园的每一个人都生活得阳光、自信和充满爱心。学校以“博爱”思想为引领，营造校园文化，让师生彼此之间涌动着爱的暖流，幸福地生活在博爱思想灌溉的校园里。

踏入校园，首先映入眼帘的是一座名为感恩苑的花园。这里花香鸟语，绿树成荫。最引人注目的是一座外形酷似雏鹰的泰山石，上面书写八个遒劲有力的大字“博学仁爱”“自强不息”。这是2012级毕业生临别之际送给母校的一份感恩礼物。毕业生代表刘同说：“在傅庄中学学习生活的三年，我们感受到了学校老师们博爱教育的情怀，心中装满了浓浓的爱与感动，如今就要离开，我们很不舍得，我们想留下这块泰山石在校园里，留下我们生活过的痕迹，留下我们对学校的念想。”

在感恩苑里，毕业生留下的礼物无言地诉述着对老师、对学校的感恩之情。“这不只是学生们留下的对学校的念想，也是学生们留给我们做教师的感动。”王凤军说。

学校的校园文化建设标志物不止有“感恩苑”，还有每间教室的走廊上同学们自主设计的“博爱墙”。同学们各展其能，将这面墙布置得爱意浓浓，积极向上。博爱墙上有同学们洋溢着欢乐笑脸的全家福照片，有学习榜样的风采，有班主任的寄语，有同学的佳作展示，有同学手绘的图画，有评选出的每日之星，同学们用一面面个性飞扬的博爱墙，诠释了生活在这所学校的幸福美好。

校长是一个学校的灵魂，有了灵魂的指引、鼓励，全体教干、教师各司其职，都在自己的岗位上做出卓越的成绩。“王校长是一位有魄力的领导者，非常值得人敬佩，有这样一位校长给我们压阵，我们心中便觉得有了依靠，心里便安定下来了，能静下心来做学问，沉下心来教书育人，成绩想不好都难。”平艳秀老师说。

整个学校成为一个昂扬向上的集体，有这样优秀的教育发展集体，学校的教学质量想不提高都很难。同时，好成绩的取得极大地鼓舞了学校教师的工作热情和学生的学习热情。

以爱育爱，做好立德树人这篇大文章

没有爱，就没有教育。教育的爱是一种博爱、大爱。作为教师要有一种悲天悯人的教育情怀，用博爱的情怀教育学生。只有爱才能培育爱，教师只有用爱心呵护、培育孩子们的成长，才能赢得孩子们的爱。九年级一班的杜慧是一个学习稍微欠缺灵性、有早恋倾向，无法专注于学习的同学，因为觉得自己在班级中年龄偏大，学习看不到希望而产生了辍学的想法，并以离家出走为要挟，让其父母给于新艳老师打电话告知退学的事情。于老师恐怕她像离群的大雁掉了队，于是约她到学校谈一谈。于老师从她喜欢画画并取得不错的成就入手，告诉她只有坚持自己的特长，日后才有可能有更大的发展，将来在社会上才会有立足之地，并给她讲自己曾经教过的学生如今的现状，告诉她坚持的重要性。于老师还安排与她要好的同学到她家和她一起聊天，缓解她内心的苦闷与挣扎，激发她积极向上。翌日清晨，终于盼得她的回归。于老师很欣慰，满怀喜悦之心写了一张卡片给她："看到你回来，老师很高兴。愿你谨记，唯有真正爱你的人才会竭尽全力推你前行。"

每一个学生都是班级最重要的最独特的存在，三年来，于老师没有放弃过任何一名学生。作为于老师班上的学生，每个学生都收到过老师手写的卡片，这些卡片伴随着他们三年的成长，成为他们珍藏的"宝贝"。于新艳老师说："初中阶段是人生观、价值观形成的关键时期，爱学生就要为学生负责，为学生的成长之路把握航向，不要让他偏离正确的航道，中学时代是充满活力和青春的时光，在他们最美的年华如果荒废我会觉得惋惜。"

爱是相互的，教师全身心地爱学生，学生不仅能理解、能感受到老师的爱，还学会了感恩。于老师无私博大的爱在学生成长的道路上、生命中留下了浓墨重彩的一笔。在初三毕业典礼上，李鑫同学代表全班向班主任于新艳献花，感谢三年来老师的辛苦培育，并说"遇上于老师，是我一生最幸福的一件事"，师生相拥而泣的一幕让很多师生的眼睛都湿润了。

"爱至深，艺至精，境至远。"这是罗庄区教育体育局局长周广军用九个字概括的教育真谛。学校是一个充满着人文关怀的地方。教师面对的是鲜活的生命，对学生们的成长负有责任。临沂傅庄中学的教干和老师们一起研究管理，用爱心研究学情，让学生在大爱的环境里用心学习。

杜飞同学是一位大部分学科成绩都比较优秀，化学成绩较为落后的同学。他曾一度对学好化学失去了信心，对化学有了抵触心理。杨金彩老师知道了这种情况后，多次找他聊天，开导他，放弃休息的时间为他补课。她从基础补起，眼看着杜飞同学的化学成绩慢慢地提升起来。现在杜飞同学已是老师和同学眼中的化学学科的"铁杆粉丝"了，经常和老师探讨化学问题。他说："我特别喜欢杨老师，她知识特别渊博，我很佩服她。我希望考上大学时，也能学习化学专业。"

爱上老师，才会爱上老师所教的学科。[①] 化学组的老师就像辛勤的花匠，用自己的爱，用心的呵护、滋润着每一朵花，让热爱学习之花盛开在每一位同学心中。因为出色的教学表现，化学教研组被评为“临沂市优秀教研组”，杨金彩老师被评为“临沂市优秀教研组组长”。

王凤军认为，优质的教育要根植于传统文化当中，学生的成长要扎根深厚的传统文化。临沂傅中以儒家文化为核心传承发展传统文化，先后举办了一系列“经典诵读展示”活动。每个班级都以小组为单位进行展演，组内每个同学都自愿报名参加，根据自己的特长选择最适合自己的表演形式。学生们充分发挥自己的自主能动性，有的唱诵结合，有的改编成课本剧，有的深情朗诵。在展演活动中，由各小组组长和老师组成评审团进行赋分评选，选拔出优秀节目参加校级展演，各位同学在这些活动中各展其才，既积累了知识、提升了素养、锻炼了能力，又使同学们感受到学校生活的无限魅力。

如今，社会上存在着一些文明缺失、道德缺失、诚信缺失的现状。学校针对此种情况，从青少年的文明习惯抓起，开展一系列文明教育。如在学生考试中开展“文明考场”评选活动。文明考场的评选从考场的整洁程度、教师的监考态度、学生的答题态度三个方面入手，教学研究中心组织教干教师对每个考场的情况进行赋分，综合各考场的表现评选出“文明考场”，量化表扬。

傅中人从培养学生的慎独、诚信做人品质入手，在考试中设立“无人”监考考场，使学生在“无师”监考的情况下，依然做到慎独，自觉遵守考场秩序。一个人的道德水准决定了他未来的路能走多远，傅中人从学生学习生活习惯点滴做起，培养他们出色的品质，为他们的未来人生奠基。

真正的教育是学生离开学校若干年后忘记所学知识后剩下的东西。王凤军希望这里的学生经过三年的学习生活能留下一些值得他们回味并享用一生的东西，让学生“读万卷书，行万里路”。2015 年暑期，学校组织了“2015 游学北京夏令营”活动，带领学生游学北京。临行前，王校长再三叮咛、嘱咐他们要好好学习、注意安全，安排教干教师引导好、组织好、保护好学生，展现出爱护学生的拳拳深情。这次活动让同学们感受了北京作为文化古都的厚重历史、感

① 蔡连玉．论教师的专业理性之爱 [J]. 中国教育学刊，2013 (10)．

受了北京作为现代化都市的繁华兴盛、感受了清华北大顶级大学的文化氛围、倾听了北大教授激动人心的演讲，从心灵上得到了洗礼、震撼与激励。“这次能和老师、同学一起去北京我太开心了。北京给我留下的印象太深刻了，我要好好学习，将来到北京去上大学。”张彤彤同学说。

学校立德树人工作除了“走出去”，还做到了“请进来”。学校经常开展感恩励志表彰大会，邀请知名专家进行演讲，邀请家长和学生一起参与。家长亲自到学校里来，看到了孩子成长的快乐、体验了孩子成长的酸辛、感受了老师教育的辛苦。家长们看到学校用心育人、用心付出的时候，感受到了老师的伟大，发自内心的感激学校、支持学校。张慧敏同学的妈妈说：“感谢学校，让我见证了女儿的学校生活，我觉得女儿太棒了，老师们更是辛苦了，把孩子放在这所学校我真是太放心了。”

“孩子是每个家庭的希望，未来傅庄经济社会的发展需要这些孩子们的发展做支撑，学校给这片土地培养了这么多优秀的学子，我们非常感谢。以前，为了孩子上学我们都得托关系、找路子去好的学校上学。现在，自己家门口的学校就办得这么好，我们再也不用犯愁孩子‘上好学’的事了。为了表达对你们的感谢，我代表公司捐出一万块钱，作为优秀学生的奖学金，支持资助学校办学。”临沂恒鑫房产开发公司的总经理说。

和谐育人，追求有差异的高质量教育

世界上没有完全相同的两片树叶，同样也没有完全相同的两个学生，每个学生的学习潜力、智力素质也是有很多差别的。这就要求教师认真分析每位学生的个性、特长，为他提供最适合的教育。

傅庄是一个工、农业交融发展的乡镇。这里既有留守儿童，也有许多随迁子女、外来务工人员子女，生源状况十分复杂。不管这些学生的学习基础如何、个人素质如何，学校都敞开博大的胸怀接纳他们，并且安排优秀的班主任悉心培养他们。“每一个学生都是独特的、优秀的，一个学生在班级里或许是五十分之一，但对于他的家庭来说却是百分之百。我们要关爱每一个孩子，使每一位学生成为最好的自己。”王凤军说。

张泽同学是一名留守儿童，他的父母都去上海打工了，他和年迈的爷爷生活在一起。家庭教育和亲情的缺失，使张泽无法融入班集体，整日里沉默寡言。担任过多年班主任的杨晓露老师时刻关心他，抓住一切机会和他交流，安排优秀的同学与他一个小组，专门帮助他学习。有一次，张泽同学生病请假，班主任杨晓露去看望他，发现他治疗过两个星期，病情依然如故。杨老师向他爷爷了解情况，爷爷说张泽有遗传性白血病，一直打吊瓶治疗。爷爷的话让杨晓露老师满腹狐疑，于是打电话给远在上海的张泽爸妈，让他们关心张泽，回来给张泽治病。杨晓露认为，作为教师既要为孩子负责，也要教育好家长，她多次请张泽的父母来学校开家长会。在家长的帮助教育下，慢慢地，张泽同学的进取心上来了，更团结同学了，集体荣誉感增强了，主动为班级做事了。

杨晓露说：“教育是个慢功夫，我希望能温暖张泽同学心中的‘坚冰’。教师要和学生一起成长，彼此都能成长得更好。”正如王凤军校长所说：“什么是成功？成功的概念并不只是拿到冠军，取得好的成绩，我们教给孩子一生受用的品质也是一种成功。”张泽同学在老师、同学们的关爱下，心理更健康了，品质得到了提升，这就是博爱教育的成功。

家庭是教育的第一学校。杨晓露逐渐认识到家校沟通、合力育人的重要性。“我们要呵护好孩子的成长，你的孩子不管学习程度如何，只要每天都在努力，每天都能有进步有收获就可以了，他身上总有闪光点，不丢掉学习的情况下，我们可以开发他身上其他方面的才能，我们要理解孩子，让他在我们的爱护下成长。”杨晓露说。杨晓露还经常对学生说：“咱班同学的家长是最好的家长，是最支持老师、最理解老师、最重视教育的家长。请你们将这句话带给自己的家长，看谁最能传达出老师的诚意。”经常有家长对杨晓露说：“你对我们家孩子太好了，我太感谢你了，孩子交给你，我太放心了。”

正如世界上没有完全相同的两片树叶一样，每一个学生都是带着独特的个性来到傅中求学的。每个同学的成长轨迹也不完全一样的，尊重每一个学生的特色、个性就是博爱。杨晓露老师为班级每个同学建立起独特的成长档案，及时记录学生成长的轨迹，标注出每一阶段学生标志性的成果，让每一个学生看到自己成长的进步，激发、唤醒学生主动成长的自觉，使之对自己的成长有清醒的认识。在尊重差异的基础上，让后进的进步，让中等的变优，让优秀的更优，整个班级稳步前进，越来越好。

王凤军认为，没有教师的发展，就没有学校的发展，学生的发展也会成为一句空谈。为了教师更好地发展，学校制定了一系列保障措施。一是设立年度“临沂傅庄中学教师推荐书目”引导教师阅读，增强教师的知识储备和文化素养。二是全天候开放图书馆。学校图书馆藏书62819册，报刊种类达到80余种，实现了“超市”自选式开架借书，切实满足了教师阅读需求和教学需要。三是开展读书沙龙。以一个月为周期，全校教师共阅一本书，通过读书心得展示、读书漫谈等活动，深入读懂、读透一本书。四是开展“你读书，我买单”活动。教师可到新华书店选购自己喜欢的书，并认真做读书笔记、撰写读书心得，购书款项可凭发票到学校报销。

“胸藏文墨怀若谷，腹有诗书气自华。”教师们通过读书陶冶了情操，开阔了眼界，学习了先进的教育理论，提高了文化素养。杨伦老师说：“读书确实让我们收获了很多，学习到了先进的教学理念、经验，改进了自己的教学方法，体会到了读书人的幸福与尊严。现在办公室里老师们经常讨论的是今天读的什么书，你觉得这本书怎么样之类的话题。通过读书使教学更有底气了，课堂上更挥洒自如了。”

课堂是立德树人的主阵地。调查发现，在通常的教学组织下，1/3的学生能听的懂，1/3的学生似懂非懂，1/3的学生听不懂。作为教育者，要相信每一个同学都是最优秀的，每一个同学都有进取心，都想进步，每一个同学都不能放弃。源于此，傅中人启动了“差异化教学改革”工程，采取小组合作学习的课堂教学形态。学校根据不同的学情，化细化小教学单位，根据学生的性别、学习潜力的不同将四位学生分为一组，让不同潜质、不同程度的学生在小组中充分交流，互帮互助互学，老师对小组进行整体评价。小组间互相竞争、你追我赶，小组内互相帮助、共同提高。

李建波是一个对学习较为淡漠的学生，不愿意与老师交流，上课时一直低着头，不愿意回答问题，无法融入课堂上师生思维交流、碰撞的气氛。实行小组合作学习后，班主任房树菊经过权衡，把他和平自文同学安排在一个小组中学习。平自文是一个对学习有热情、对人有热情的同学，他热心帮助李建波学习，讨论时关注着他，小组展示时鼓励他代表小组发言，就连下课后也会邀请他一起做作业。一段时间后，李建波的表现像变了一个人似的，脸上有笑容了，眼睛明亮了，上课爱表现了，学习进步了，爱与老师交流了，不再是那个躲避着老师目光的内向寡言的男孩了。小组的同学有了共同发展的愿景，相互之间有了深厚的情感，当老师想要调动小组时，他们彼此之间都不愿意分开了。

通过小组合作学习，每一个学生的潜能都得到了提升，合作意识、自主精神、互帮互学得到了很好的培养，每个小组的学习都得到同步提升，小组成绩的提升促进了整个班级学习成绩的提高和思想的进步。每个班级学习成绩的提高使整个学校的成绩都得到了大幅度的提高。学校的基础教育发展进入全区第一梯队，得到学生、家长、政府的一致肯定。

学生的发展需求是多样的，他们都渴望得到个性的全面发展。2014 年 3 月，学校启动了“选课走班”校本课程研发工程。通过问卷调查的形式，分析整理出学生感兴趣的项目，结合调查结果，成立课程开发小组。各专任教师在自己教学特长的基础上自主进行课程开发，报教学研究指导中心讨论通过，同时学生根据自己的特长、爱好，进行选班。学校开发形成了废旧材料制作、音乐、舞蹈、足球、篮球、排球、羽毛球、乒乓球、书法九门课程。每周三下午的最后两节课是全体学生选课走班的时间，同学们根据自己选择的课到不同的地点进行学习、活动。“选课走班”充分考虑了教师的专业特长，赋予了教师参与课程开发的权限，让专任教师在课程开发中有发言权，极大地调动了专任教师在课程开发中的积极性、创造性，教师参与课程开发的热情高，上课积极。学生也参与了校本课程的开发，课程设置充分尊重了学生的意愿，为他们“量身定做”。“选课走班”活跃了学生学习的氛围，开阔了学生的视野，提升了学生的综合素质。

教育的真正逻辑起点是生命力的成长。只有拥有爱，才能营造爱的教育。让每位师生每一天都能在校园生活中感到无比地幸福、快乐，是王凤军心中最大的愿望。

博学是根，仁爱是果实。所谓根深才能叶茂，树有多高、果有多大，取决于根有多深。临沂傅庄中学的学生们在这里积淀了博学的素养，为日后腾飞打下了厚实的基础；老师们也在这里实现了自身的专业化成长，收获了职业的幸福感。乔虎老师是一位有着近20年工作经验的教师，从学校建校之初就在这里工作，见证了临沂傅庄中学发展的历程。他感慨地说："我工作这么多年，从没像如今这样幸福充实，虽然工作很辛苦，但我感觉活得很有价值很有意义，把自己的青春奉献给教育，奉献给孩子们的成长，是最幸福的！"

每个人都有自己的人生哲学，人生哲学往往决定了一个人的人生走向；一所学校也有自己的发展哲学，学校哲学也往往决定着学校的发展走向。同样一所学校，同样一群教师，由于学校的发展哲学不同，学校发展的速度、发展的品位往往大不一样。当学校办学回归教育的原点，以生命力发展逻辑为起点，以"博爱"为办学价值追求的时候，学校教育自然向本真回归，学校的教师和学生就会以从未有过的激情和干劲、责任和创造、真情和热爱，为学校的进步、学生的成长和教师的发展默默地奉献，他们从不因为教育发展的付出觉得疲累；相反，他们在学校创设的自由宽松氛围中，在自己的领域独立地进行创造时，感到无比幸福和快乐，他们觉得活出了人生真滋味。

临沂傅庄中学的教干教师就是这样为理想聚合的一群，他们用"爱"的哲学，改写着学校的发展轨迹，改写着学生未来的人生之路，探索着未来学校品质提升的有效路径。

附：校长风采

1. 王凤军简历

王凤军，男，1973年出生，中共党员，大学文化，高级教师。参加工作以来先后担任班主任、教务主任，历任四所学校教学业务副校长，2014年任临沂傅庄中学校长，现任临沂第二十三中学校长。他对基础教育阶段特色教育颇有研究，先后在国家级重点教育期刊《基础教育课程》和省级教育期刊《创新教育》中发表文章，主持的省级重点课题《自主互动生成高效课堂的实践与探索》已结题，被评为“临沂市基础教育工作先进个人”。

2.办学主张

只有拥有爱，才能营造爱的教育。作为校长，带领大家积极创办博爱教育特色学校，以生命力发展逻辑为起点，以“博爱”为办学价值追求，学校教育向本真回归。要激发学校教师和学生以从未有过的激情和干劲、责任和创造、真情和热爱，积极为学校的进步、学生的成长和教师的发展默默地奉献。要为每位“傅中人”在学校创设的自由宽松氛围中，在自己的领域内独立地进行创造。要用“爱”改写学校的发展哲学，改写学生未来的人生之路，探索未来学校品质提升的有效路径。

四、六年影响一生
——王立华校长和她的“润心教育”

走进莒南县第一小学，一股浓郁的文化气息扑面而来。“文化校园、德育先行”的文化墙，把人带进洋溢着美好幸福的殿堂。学校位于红色沂蒙大地的九顶莲花山下，著名的“山东红都”热土之上。长期以来，学校重视将红色基因融入立德树人体系，深入探索以德育特色建设推进素质教育改革，坚持回归常识办教育，通过以心润心、文化润心、课程润心、书香润心、牵手润心，努力打造“润心”教育品牌，一项项立德树人任务不断落地开花。学校被誉为“道德的校园，智慧的殿堂”，已成为齐鲁大地远近闻名的素质教育实验基地。

用整个的心办整个的教育

社会转型时期，素质教育到底如何深度发展？立德树人如何突破又如何更好落地生根？2012 年 11 月，接过育人接力棒的王立华，成为莒南县第一小学校长，对“培养什么人、怎样培养人”的命题开始了深度思考，多年的教科研经历和丰富的从教经验，让王立华通晓教育的真谛是什么，懂得如何回答这一根本问题。

当时，莒南一小已步入良性发展轨道，教学质量名列前茅。但在此基础上，如何实现教育质量持续提升？如何不断提升办学品位？实现这一更高目标的愿望，挑战着王立华的智慧，检验着王立华的胆识。

王立华的追求是：站在更高的平台上，促进学校、教师和学生卓越发展，实现学校优质发展的“三高”目标，即教育高品质、管理高效益、办学高品位。

王立华琢磨着：落实立德树人根本任务是一项系统工程，头绪繁多，必须从中找到一个统领的、灵魂的东西，整体推进学校变革，让“立德树人”真正落地生根，开花结果。

经过一段时间的研究与探讨，这个“统领的”东西在王立华脑海里越来越明晰：它既能发挥对教师专业发展的引领作用，又能激发学生成长的内在力量；既是学生道德教育的目标，也是师德教育的重要内容。一旦掌握了这个共通的价值，牵一发而动全身，“立什么德、树什么人，怎样立德、怎样树人，以及深度推进素质教育的难题，就会迎刃而解”。

2013年春节期间，时任莒南县县委书记的陈一兵，在全县干部大会上，向全县人民提出了每位干部群众都要拥有“感恩心、包容心、责任心、进取心、自律心”的要求，希望大家要做“五心”之人，怀着“五心”情怀，努力为人民服务。

小学是人生发展的重要阶段，也是学生人生观、世界观、价值观形成的关键时期，“五心”教育更应该从小学段抓起。王立华决定，给所有到这里就读的学生，从小播下美德种子，给他们终生难忘的教育，教给他们一生最有用的东西。

王立华找来班子成员一起研究分析，决定立即落实县委会议精神，针对一小办学实际，将“感恩心、包容心、责任心、进取心、自律心”等元素引进校园，在全校开展以“五心”为主要内容的整体性教学改革。

“习惯是教育的根本，育德是教育的灵魂。”王立华认为，小学教育的目标是培养学生的良好习惯，关键在于培养学生良好的道德习惯。

2013年3月，为了解决发展素质教育的关键难题，王立华经过多次深入调研，邀请多位专家研讨，参照临沂市特色学校建设意见，确立了“六年影响一生”的办学理念，将“五心养成教育”初步定位为学校德育特色，通过加强德育品牌建设，作为立德树人的抓手，促进人才培养模式的根本性改革。

教育是以生命影响生命、以心灵润泽心灵的事业。莒南一小将“五心养成教育”作为学校发展的共通价值，引导师生树立正确的价值观。学校先是对学生提出“五心养成”目标要求，以后逐渐扩展到对教师师德教育的规定和合格家长的要求。并对“五心”做了诠释：感恩心是存有爱心，感恩一切，是积极、幸福的人生态度；包容心是理解、协商、互让，在交往中用宽厚、仁爱的心包容对方；自律心是自我控制、自我约束，是修身立志、成大事必备的条件；责任心是勇于担当、履行义务的自觉；进取心是坚持不懈地追求新目标，主动学习，不甘落后，勇于迎接挑战，成就美好的人生。

任何一项决策的落地，都要经过校本化实施过程。2013 年 3 月，学校站在学生一生发展的立场，以五心养成教育为引领，研制并启动学校发展第一个三年规划，提出了“制度育人、文化立校、科研先行”的办学策略，完善了校本化实施方案。

人是完整的，教育也应该是完整的。学校立足“整体人”的培育，将“五心”培养目标纳入学生六年成长的各个阶段和关键环节，形成学段衔接、学科融通、课内外深度融合的办学体系，这种办学思路，符合学生认知规律和成长规律，促进了学校教育一体化发展。

完整的教育，如何任一环节出现断层都会导致学生发展的不健全。学校从学生生命立场出发，对道德发展关键时期和关键因素进行准确把握，开启了心灵润泽、立德树人的系统化探索历程。先后推出校园文化、课程规划、课堂文化、家庭教育、经典阅读、研学旅行、主题设计、微信公众平台等一系列校本实施策略，实现心灵润泽的全覆盖和全息化。

当学校发展进入第二个三年规划，全体一小人在“六年影响一生”理念的引领下，开始将“五心养成”德育特色体系加以深化、细化，不断丰富教育实践，不断拓展教育渠道，逐渐构建具有浓郁地方特色的“润心教育”品牌。

6 年来，莒南一小以建构“润心文化”为主线，对学生实现文化润心、课程润心、教学润心、活动润心、牵手润心等教育，学校文化体系逐渐由文化校园、书香校园、幸福校园“三园”目标，逐渐转向为文化校园、书香校园、幸福校园、智慧校园“四园”目标。这里的每个学生都快乐学习、幸福成长，这里的每个教师都奉献爱心、永不满足。

文化润心，立体育人

“学校应办出一种氛围，这种氛围就是学校的文化。”王立华认为，文化是德育的血脉，立德树人只有靠文化的影响，润泽人的心灵，以文化人，全面熏陶，素质教育的目标才能实现。

破题在关键处，着力在细微处。“学校文化对人的影响是全方位的，如观念文化、班级文化、管理文化、环境文化以及教师文化、学生文化等，对人的影响是潜移默化的，其中的教师文化，发挥着导向和引领作用。”习惯于研究思维推进工作的王立华，选择了以文化育人改革推进立德树人任务的落地。

2013 年 5 月，莒南一小决定从新形势下学生思想实际出发，施以让孩子们感动、感念并触发心灵细节的教育，向他们的思想理念中注入感恩、包容、责任、进取、自律等崇高美德，促其内化为积极健康的意识和信念，最终沉淀为人的精神和品质，进而培养“聪颖与担当”的阳光少年。

“学校作为育人的主体，要从办学愿景、办学目标、课程、教学、师资队伍建设等因素对学校文化系统进行顶层设计、整体规划，才能对立德树人工作做出科学决策，带领全校成员做正确的事情。”王立华在“校长手记”中写道。学校应将文化建设重点放在教师文化培育和师资队伍道德领导力的提升上，努力增强课程教学改革的主动性和自觉性。

道德领导力不足的老师，绝对谈不上从道德情感上真正关心学生。莒南一小将“五心”纳入师德建设的重要内容，要求教师先做“五心”教师，达到“为人要有感恩心，处世要有包容心，行事要有责任心，立身要有进取心，为民要有自律心”的标准，最终养成教师师德素养，形成一种共通的价值追求。

一个组织共同愿景的实现，离不开组织核心价值观的引领。2015 年初，莒南一小开通微信公众号，建立了微信公众平台。学校每天将文章上传“莒南一小”微信群，解读一小精神，领悟人文情怀，记录校园故事，铭记发展历史，倡导读书活动，浸润精神成长。

王立华在《制度育人，文化立校》一文中诠释了如何避免教育发展的周期率问题，提出了文化才是长久兴校根基的观点；在《成绩代表着什么》一文中，指出考试成绩如何运用才是关键；在《过一种什么样的生活》中，提出教师要享受职业幸福感；在《培养什么样的学生》一文中，提出应该培养心态阳光、品行端正、身体健康、有学习能力的学生。……这些充满睿智思考、充满温暖情怀的文章还有很多。

教师道德领导力是否真实提升，关键要看课堂能否体现。莒南一小坚持以“六年影响一生”理念为统领，以特色教师培养为抓手，用特色教师培养构建课堂文化，为学生创设好学、乐学的课堂学习时空，着力培育学生的感恩、包容、责任、进取、自律等美德品质。

为引领教师走上科研之路，2015 年 3 月，学校启动《以观课议课为途径，提高教师现场学习力》课题研究。一年多时间的研究，课题组先后研制形成了教师课堂提问、课堂参与、课堂行为观察量表，关注学生参与、合作、探究、质疑、批判思维、创造性、自主性、独立思考等品质生成，教师的“专注力、捕捉力、转化力”等现场学习力以及研究力、教学领导力等同时得到了锻炼和提升。

秦晓兰老师是莒南一小的少年大队总辅导员、一名语文老师，同时也是一位班主任。她利用《西游记》《道德经》《曾国藩家书》等经典文化作品，在班里策划设计了“润心教育”改革，在儿童幼小心灵里播下美德种子。

情怀与境界决定人生和事业发展的高度。王立华校长是一位很热情，工作很严谨的人。每天早上，她都坚持在校门口迎接孩子，为孩子送上一句鼓励的话语，一缕暖心的微笑，甚至一个爱的眼神。有时迎着朝阳，有时迎着雨雪，雷打不动，用言传身教地感染着一群朝气蓬勃的孩子，传达出一种热爱教育、热爱生活的精气神。“这是校长每天为孩子们上的第一课——感受关心、感受爱。”电教主任王永金说。

浇花浇根，育人育心。“教师首先只有具备‘五心’，才能养成拥有‘五心’修养的的学生。”学校工会主席孙钦云说，“这就是我们的润心教育，教师用心灵滋润孩子的心灵，不需要刻意去做什么，而是在日常的言行中、在人格的感染中，润物细无声，五心素养自然渗入孩子的骨髓、浸入孩子的内心，美好心灵自然形成，从而影响孩子的一生。”

无论是多么先进的办学理念，只有把其融入校园文化、班级文化和小组文化传达到每位学生的脑海里，才能生根开花结果。2013 年 9 月，莒南一小启动特色班级文化创建活动，要求每位教师将教育目的和科学文化知识融进校园的每一个角落，建设独特的班级文化、小组文化，以此将学生的生命意蕴、诗意梦想、个性创造、人文道德等融入其中，营造其乐融融、教学相长的育人境界。

文红粉是一名语文教师，兼任班主任，致力于完美教室打造。文老师用学生作业拼成“书”“行”字样，营造意蕴丰厚的墙壁文化，“寓意读万卷书，行万里路，让每个学生都能做最好的自己。”文老师在特色班级创建中，总是放手让学生自主设计文化板块，充分发挥想象力和创造力，用智慧和双手创设班级文化环境。

六年级班主任张筱君将“五心”融入班级文化、课堂教学的每个细节，班级每一项决策都坚持学生立场，感恩学生的参与，尊重学生的选择，包容学生的犯错，放大学生的优点，关怀学生的成长。久而久之，张筱君的班级形成了独特的“五心”文化。

漫步一小校园，处处散发着浓厚的文化气息。宣传栏里，诗文辞赋随处可见，诸子百家凝视众生；楼宇走道，细节凝练智慧，小善积累厚德；孝文化长廊，二十四孝剪纸图精致、厚重；古诗词长廊，诗文配画图文并茂，书法作品精彩纷呈；校园网站，及时传递正能量；“童稚下学时，一路读书声”，诵读经典的路队文化成为一道“亮丽风景”；“文明礼仪操”，固化学生的道德认知，引领学生的行为养成。教师文化引领教育自觉，环境育人蔚然成风。

莒南一小精心构建起了立体的校园文化，让人感受到一种无处不在、润物细无声的育人氛围。生活其中的学生，在这种氛围中得到熏陶、得到教化。校园文化闪烁着蓬勃的生命力量和道德的智慧光芒。

课程润心，整合育人

课程是育人目标的载体，也是落实立德树人的核心环节。莒南一小坚持培养“聪颖与担当”学生为目标，努力造就具有创新精神、实践能力和有感恩心、包容心、自律心、责任心、进取心的一代新人。

按照这一目标定位，一小在“五心”养成教育实施前，都先行顶层设计、整体规划，从入学初到小学毕业，对学生发展核心素养培育体系进行系统设计。他们的思路是，立德树人突出德育建设，绝不能局限于“道德与法治”课，应更加注重在知识技能、情感态度、学习策略和文化意识中潜移默化、点滴浸润，促进学生整体性发展。

为了充分体现“五心养成”的统领性，学校不仅把“五心养成”确定为学生道德学习的内容与目标，而且将其纳入师德教育的核心内容。对照“五心养成”内容要求，根据学生年龄、身心发展特点，结合学校、家庭、社会生活实际，把握住学生思想发展的脉络，设计相关主题实践课程，构建形成年级主题实践课程。如一、二年级主要围绕感恩心设计“感恩”主题实践课程；三年级围绕“包容心”设计“协商互让”主题实践课程；四年级围绕“自律心”设计“自律守信”主题实践课程；五年级围绕责任心设计“勇于担当”主题实践课程；六年级围绕“进取心”设计“自强自立”主题实践课程。

“润仁心、培良知、育良能，唤醒学生和教师的生命自觉”。莒南一小着眼于学生全面发展和特长发展，坚持以长短课改革为突破口，将拓展类课程细化为精品共性课程和特色个性课程等26门课程。其中，精品共性课程包括语言类（写作）、时政类、思维类、交往类、健康类、艺术类；特色个性课程包括阅历类、仪式类、牵手类、衔接类、主题教育类、社团类、创新类，保证了学生全面发展的需要，也满足了学生个性兴趣发展的需求。

家国情怀和文化自信是立德树人的起点。从2013年开始，莒南一小开设以“红色教育、科技教育、爱家乡教育”为主题的游学课程，利用当地特色旅游资源，开展丰富多彩的研学旅行活动。学生走出学校，先后到临沂科技馆和书法广场、平邑天宇自然博物馆、孟良崮烈士纪念馆等地，感受先进科技、书法艺术的博大精深，领略家乡美景，感受先烈们的爱国精神。这些亲身体验、实地考察或调查活动，有效地提升了学生完善自我、热爱自然、关注社会的意识，提升了学生的综合素养。

德育的实效性需要强化德育的生活化和情感的体验。莒南一小根据“五心养成”目标，分类构建节日文化课程。如：借助三八妇女节、母亲节、教师节、重阳节，对学生进行感恩教育；借助春节、中秋节，对学生进行传统文化教育；借助清明节、国庆节等，对学生进行爱国主义教育；借助植树节、世界地球日、世界环保日等，对学生进行保护环境教育；借助“世界粮食日”，对学生进行爱粮、节粮教育。这些传统节日特色课程，促进了学生良好道德习惯的养成。

为了切实尊重学生的主体地位，尊重学生的课程选择权，2015 年 9 月，莒南一小启动了选课走班制度，为学生精心设计合唱、文学、科学探究、剪纸手工、绘画、主持、书法和乒乓球等 10 多门社团活动课程，将校本课程制作成选课菜单，让学生根据自己的实际，自主选择喜欢的课程。选课走班保证了学生的学习选择权，润育了学生的进取心和自律心，促进了学生的个性化发展。

“学生选课，每一学期选择一次，按水平不同分层走班上课。学校从选课到课程实施，形成了完整的程序机制，实现了自主选课、走班上课、分级考核的管理模式。选课走班制度，真正实现了因材施教，充分调动了学生学习的积极性和主动性。”滕升华说。

如今，“小作家”文学社团在各级刊物发表作文 419 篇；乒乓球社团连续 5 年获县乒乓球联赛团体和个人冠军；合唱社团在“小荷花”全国青少年优秀艺术节目展演中获金奖。魏婉莹同学获得山东省电视台第六届校园金话筒主持人大赛二等奖，庄晶如同学在山东省校园学生才艺展示大赛中获小学声乐一等奖等。这些精品社团，彰显着学生的灼灼风姿，诠释着一小“六年影响一生”的办学理念和“育人为本，全面发展”的教育观。

秦晓兰老师利用原版《西游记》和《道德经》作为素材资源，指导学生阅读《西游记》，背诵《道德经》，用经典浸润“五心”。在指导学生阅读原版《西游记》经典小说时，模仿故事情节，组建取经团队，感受取经的艰难历程。秦老师要求孩子们把每次阅读感受和收获，做成思维导图，再制成“美篇”，开发出独具特色的“五心养成”班本课程。“班本课程”达到了“润物细无声”的育人效果。

莒南一小从课前基本功入手，着力构建润心课堂教学模式。他们先是探索了“四环七步”集体备课模式，促进教师共同发展。同时，学校积极开展全学科、全息化观课议课活动，全面提升课程实施水平。“四环七步”基本流程为：集备研讨（个人初备，有效提问—集体研讨，形成预案）—先导探索（先导示范，专业引领——一次议课，二备改进）—跟进提升（跟进模仿，递进提升—二次议课，三备完善）—实践推广（群体实践，个性展示）。

谈到教学模式这个话题，教学副校长滕升华告诉记者，实施“润心”教学策略，即“开心激趣—专心探究—齐心合作—精心点拨—信心提升”。按照这一策略，每个学科组以学科为单位，分别构建特色教学策略。语文学科的卓越课堂教学策略是，自读识字—合作交流—品读领悟—巩固延伸；数学学科的卓越课堂教学策略是：唤起与生成—探究与解决—强化与应用—小结与提高。学校课堂教学文化的构建，唤醒了每位学生成长的生命自觉，让学生用自己的力量不断成长。

学生的成长状况、幸福程度等，决定着学校的办学质量。莒南一小坚持以学定教、以学评教，通过书面测试、撰写小论文、活动实验、实践设计、学科竞赛、现场表演等方式，对学生进行多元、综合和动态的发展性评价；反过来，用学生的成长状况，考量教师课程意识、课程规划能力、课程评价能力等课程素养，衡量润心教育课程目标、课程设计、课程实施等是否合理有效，以及学生对课程的满意度等。

教育是一个完整的统一体，同时也是一体化过程。莒南一小将小学教育纳入学生人生教育全过程，注重幼升小、小升初的衔接，从习惯养成、知识衔接等方面入手，以小升初经验交流会、小初衔接养成教育报告会等方式为载体，开发“引桥”课程，促进学生学习生活的幼小衔接、小初衔接，促进学生的可持续发展。

“学生求学六年，在这里毕业了，我们没有当甩手掌柜；入学时，我们也没有对他们袖手旁观。前伸三年，实行幼小衔接；后延三年，实行小初衔接，12 年的养成教育必定会影响孩子的一生，为每个孩子的终生幸福奠定基础。”王立华说。

书香润心，整体育人

未来社会是学习型社会。培养学生终身学习习惯和能力，必须从小培养良好的读书习惯开始。莒南一小把握小学阅读启蒙和阅读素养形成的黄金阶段，将五心养成融入书香校园建设工程，在培养阅读习惯的同时，促进学生价值观和世界观的形成。

“与书香相伴的人生，一定有生机、有活力；书香飘溢的校园一定有内涵、有发展。”

2013年4月，莒南一小启动实施“大阅读”读书计划，提出以文养德、“读好书，做好人”的号召，并把4月定为读书月。

充足多样的读书资源和书目，是书香校园建设的前提。学校根据学生学习特点、成长规律和学科教学需要，统一购置《中国小学生基础阅读》等必读书目，共有100种1万册图书，并将优秀电影、纪录片、专题片等作为阅读课程，丰富了阅读资源，为阅读课奠定了基础。

为打造书香校园，学校利用每层楼的空间，设置移动阅读书架，便于学生阅读；学校联合莒南县新华书店，打造“琅琊书吧”一小店，服务教师阅读；学校新上超星校园数字阅读系统，丰富阅读形式，开阔阅读资源。

为了建立推动读书活动长效机制，莒南一小推行阅读课程改革，将阅读活动纳入课程规划，坚持长短课结合，将每天下午的三节课，由每节课40分钟缩减为30分钟，将节省的时间与课外活动时间结合，开设全校大阅读课，由指导教师带领统一阅读。

学校以班级为单位制订阅读计划，印制了阅读卡，按年级阶段分发到班级，实行适性主题大阅读。学校定期开展读书沙龙、读书论坛、图书漂流等活动，通过群众性的读书活动润泽学生的心灵。

优雅的校园里，鲜花盛开，树木青翠。周二或周五下午3点，诗一般的环境里，琅琅的读书声从教室飞出，像动人的大合唱，音韵漫天。此时，笑容可掬的教师，天真活泼的笑脸，组成一幅动人的画面。

最是书香能致远，腹有诗书气自华。莒南一小抓住“读书—写作—发表”这个阅读链条，着力为学生搭建读书展示的平台。学校组织创办了《小金星》校报，编辑出版了《雏鹰文学》《百草园》等刊物，为师生发表美文提供平台，促进了阅读成果的转化。

王立华率先带头读书、带头写作，并提出许多精当见解。600多篇教育叙事、课堂反思、校园感动、管理心得等文章，留下了读书学习、思考创新、家校合作、生活旅行等随笔，记录了对学校发展、学生成长、教师提升的思考。在王立华带动下，师生争相读书、购书、写作，成为学校的一道亮丽风景。

秦晓兰老师利用《道德经》言辞隽永、典雅质朴的特点，组织学生背诵《道德经》，将老子对人生、社会、宇宙、自然的深度思考，将哲人真实深远的生命体验，渗透到每个学生的心灵里，让学生真正懂得老子“天人合一”的思想。为了激发学生的兴趣和想象力，秦晓兰还把全班学生分成精英队、冲锋队、攻无不克队和战无不胜队四个团队，每月举行一次背诵大赛，争夺流动红旗。竞赛活动不仅培养了学生们的团队精神，还收获了深邃的道德信念和人生智慧。

兴于诗，成于礼。莒南一小注重优秀诗教传统的传承，大力推行诗心育人。一方面，将优秀传统文化教育纳入书香校园建设规划，让“五心养成”扎根优秀传统文化土壤，积极培育学生文化自信。另一方面，把读诗诵典作为书香校园建设的切入点，开展“诗词进校园”活动，引导教师和学生读诗、写诗，培育学生优雅的生命情感。

经典润泽校园，书香化育生命。莒南一小针对小学生学习特点，分类选择优美的古典诗歌、童谣作品供孩子阅读，做到晨读有诗诵、校园有诗画、教室有诗句、节日有诗演。

学校鼓励教师开展班级诗文特色创建活动，要求各班根据实际加以延伸拓展，每个学期以年段为单位进行古诗词过级考核，打造具有浓郁文化气息的书香校园。每周一、三、五晨读时间诵读古诗文，落实《语文课程标准》指定的《小学生必背古诗词 70 首》《弟子规》《三字经》等经典作品。通过读经诵诗、传唱经典，学生的优雅情感、优雅气质不断培养起来。

同时，学校专门成立了“春草诗社”，作为诗词创作的主阵地，激发师生创作热情，在全校兴起写诗热潮。如今，莒南一小已结集出版教师版《杏坛诗集》、学生版《百草园诗刊》等，学校已成为中华诗词之乡创建基地。

为了让师生作品得到更多展示的机会，2015 年寒假，莒南一小利用微信公众平台，开辟“校长手记”栏目，王立华写下了第一篇文章《寒假第一天》。从那时起，每天一篇，至今从未间断。“校长手记”不仅是校长治校的思想结晶，也是立德的宝贵资源，更是教师教育和家校沟通的载体。

几年下来，微信公众平台栏目日渐丰富，小到教师日常教学的所思所想，大到学校发展的制度及规划，从“校长手记”，到现在的校园快讯、家有儿女、域外传真、教育故事等十几个常设栏目，还有传统节日、家访故事、家风进校园等短期专栏。这些栏目，不仅记录着对师生发展的工作要求，也记录下学校发展的历程。

读书兴味长，落笔墨花香。在莒南一小，记者处处感受到校园的书香气，师生共读、亲子共读、同伴共读的身影随处可见。学校用“心”营造着书香校园、文化校园、智慧校园、幸福校园，用读书提升着教育素养和人文素养，用读书修炼着课堂，促进每位师生精神的完整成长。他们既有立德之行，也有立言之为，更有立功之成。“立德、立功、立言”为“三不朽”。

牵手润心，一体育人

学校从来不是青少年成长的“孤岛”，也不是孤立育人的“单行道”。莒南一小通过构建牵手课程，实施家校牵手、亲子牵手、师生牵手、校社牵手，为每个孩子搭建成长的“立交桥”，打通学校、教师和学生与世界的联系，架起心灵沟通的桥梁，促进学生发展核心素养的形成。

与家长牵手，实行协同育人。现代家庭中，独生子女居多，家长过分溺爱和娇惯，再加上父母大多有“望子成龙”的想法，只关心孩子的学习成绩，忽视孩子道德品质的发展，独生子女的健康成长因此受到严重影响。

家长是孩子的第一任教师。现在70后、80后的家长，有许多是第一代独生子女，在教育孩子的过程中存有很多困惑。“儿童道德成长引领能力，不仅是校长和教师应具备的能力，作为孩子第一任启蒙老师的家长，也必须具备这种能力。”王立华说。

过去，学校教育一直行走在单行道上，与家庭、社会处于游离状态。莒南一小利用微信公众平台和家庭教育年会，连接起家庭和学校的育人桥梁，打通了教师与家长、学校与家庭、社会的联系，分享育人理念，让教育相关者都参与到育人全过程中来，实现了家校协同育人。

良好的家风、家训，对学生的影响是潜移默化，也是持续终生的。王立华出生在一个教育世家，从小受到良好家风的熏陶，她深知家风家训对孩子影响的深远，决定利用这一教育资源对学生进行“五心”教育。在县教研室主任徐名印的指导下，2016 年 12 月，莒南一小启动了家风、家训进校园活动，通过开展优秀家风家训征文、家风家训优秀家庭等评选活动，让孩子们分享家风、家训及背后的故事，将优秀传统文化之风吹进了孩子们的心灵。

在莒南一小，家长成为孩子每天记录的督促员，陪伴他们成长。学校除了成立亲子阅读联盟之外，还开展亲子同游、“亲子共学日”、亲子共读共写活动，引导家长进课堂听课评课，进考场当考官监督考试等。一系列亲子教育活动的开展，拉近了教师和家长、家长和学生、学校和社区的距离，加深了情感交流，转变了教育方式，提升了家教效果。

除此以外，“名家进校园”也成为家校合作育人的重要举措。一方面，学校请老红军郭凤海讲述革命故事，请“五老”队伍进校园，举办先模报告会、名家进课堂等活动，丰富教育资源；另一方面，开展“优秀学子进校园”等系列活动，邀请优秀毕业生回母校为学弟、学妹做报告，介绍学习、成长经历和成功经验，把美好的情感和故事传送到每个学生。

与身边的榜样牵手，在人格感染中感受向上成长的力量。在莒南一小，不论是教师还是学生，都在用自己的力量成长着。学校采取不同的形式与成功人士牵手，开展励志教育活动。一方面，每年举办一届校园十大感动校园人物评选活动，通过举办颁奖仪式、宣读颁奖词、颁发获奖证书等形式，传递“五心”教育正能量。另一方面，学校出台人才政策，让事业留人。孙怀军是一名体育老师，他不仅负责体育课教学，担任校园春草文学社社长，同时还在莒南县文联兼职。学生文化社、诗社都离开孙怀军。为老师和同学们编辑稿件，修改师生和家长的投稿等，孙老师每天都忙得不亦乐乎。有位学生风趣地说：“我的语文，是体育老师把我教会的。”

王永金是一位语文教师，兼任道德与法治课教学，同时，他还是新闻宣传的负责人。而王老师工作起来总是夜以继日，不辞辛苦，毫无抱怨，老师和同学们都称他是“拼命三郎”。王老师挚爱着教书育人这一事业，用行动诠释着教育大爱。2016年10月，王永金被评为“临沂市十大最美教师”。像这样的老师，还有李芳、杨伟丽、林青等。

王立华说，凡到莒南一小任教者，必须是全科教师，不仅谙熟自己学习的学科，还要至少掌握学科之外的一两项技艺或特长。“因为这所学校是一所育人教书的学校。只会教书不会育人，这里的学生不喜欢。”

随风潜入夜，润物细无声。莒南一小的润心教育是“润泽心灵”的教育，通过教育滋润孩子的心灵，在日常的言行中，在人格的感染中，孩子美好的心灵自然而然地形成。这种教育与影响，会伴随着孩子的一生。

与名师大家牵手，站在巨人肩上飞翔。2013年，学校启动“知名专家学者走进莒南一小”活动。通过与高校、科研部门牵手，与名师大家牵手，不断拓宽教师的视野。学校先后聘请华东师范大学心理与认知科学院院长、教授庞维国，山东省教育科学研究院研究员张斌等专家来校做报告。“请进来”的同时，也不失时机地“走出去”，学校先后组织420多人次，奔赴四平、杭州、武汉、济南、南京等地培训学习。对话大师，开阔眼界，学习理论，增长智慧，教师们开始站在巨人肩上飞翔。

与历史牵手，不忘从来，心系未来。莒南一小充分挖掘利用当地红色资源蕴涵的“感恩、包容、责任、进取、自律”道德元素，传承红色基因，对师生进行“五心”润泽教育。让每位学生在经历与学习中，培养社会责任感和爱国情怀。

莒南县大店镇是“齐鲁红都”，抗日战争时期，这里是八路军115师司令部驻地和山东省政府诞生地，如今已被中宣部确定为全国爱国主义教育基地。学校利用这一资源，构建“五心”美德课程，着力培养学生的家国情怀。孩子们来到这里，走近历史、走近革命老前辈，找到信仰，找到价值，有了力量。孩子们反复参观、学习后，深深懂得我们今天的幸福生活来之不易，有效激发了“捍卫祖国、巩固国防，好好学习、天天向上，胸怀祖国、放眼世界”的人生情怀。

附：校长风采

1. 王立华简历

王立华，女，中共党员，大学本科。1968年生，1988年毕业于临沂师专。先后在莒南县城关第二中学任历史教师，莒南县教育局教研室任历史教研员，莒南县教科室主任兼高中历史教研员。2012年11月，任莒南县第一小学党总支书记、校长。先后荣获首届沂蒙名校长，临沂市教育科研能手，山东省教育科研工作先进个人，山东省女职工建功立业标兵，莒南县一级校长等荣誉称号。

《中国教育报》于2016年2月，2018年5月，先后两次报道了学校办学的经验。《基础教育杂志》在区域探索与均衡发展栏目，介绍了莒南县第一小学打造德育品牌的经验。《山东教育》2018年第6期整体报道了学校开展润心教育的情况。2018年3月，学校微信公众号被评为临沂市第二届行业最具影响力“十佳”微信公众号。

2. 办学主张

学校教育不仅关注学生人生的当下，还要关注学生的未来，关注学生未来人生的美好；不仅注重学生知识量的增加和技能的长进，更应注重学生情感态度价值观的培育以及学生关键能力和必备品格的生成。不仅为每个孩子奠定美丽的幸福人生，也不断绽放自己积极人生的美丽，在引领每位家长美好人生走向的同时，也引领着社区乃至整个社会的文明风尚，推动着社会的文明进步。要以“六年影响一生”的伟大情怀，用“润泽心灵，化育生命”的润心教育智慧，诠释美好教育的本质和立德树人的真谛。

第四章　教育供给侧改革与人的全面发展

导　言

党的十九大报告指出：“建设教育强国是中华民族伟大复兴的基础性工程，必须把教育事业放在优先位置，深化教育改革，加快教育现代化，办好人民满意的教育。”面对人民对美好教育需求与发展不平衡不充分的矛盾，要办好人民满意的教育，必须主动回应人民群众对教育的新期待，以质量和效益为中心深化供给侧改革，努力破解教育体制机制障碍、解决热点难点问题，切实增进人民群众的获得感、幸福感和安全感。同时，教育供给侧改革要以学生未来发展为导向，不仅要贴近学生的消费需求，满足学生的个性发展，还要关注未来社会的人才需求。① 学校教育要通过以体制机制改革为中心的综合改革，通过实施“学段衔接与学科融合”双线育人改革、分层教学、选课走班、智慧课堂改革、“一校一品”等特色化办学措施，进一步提升办学品位，充分满足各类学生群体对美好教育的不同需求。

随着经济全球化、信息化和现代化的不断深入发展，社会对人才综合素质的要求越来越高，人类对自身全面发展的跨界综合素养增长的需求也越来越迫切，这就要求学校教育改革传统的育人模式，创新教育教学方式，充分满足各类学生对不同优质资源的需求。临沂华盛实验学校在校长马英勇的带领下，围绕社会对创新型、复合型人才的需求，针对学段割裂、学科孤立、家校育人不能形成合力的教育难题，打通十二年一贯制办学体制衔接教育的瓶颈关隘，弥

① 教育研究杂志社.2017 中国教育研究前沿与热点年度报告 [N]. 中国教育报，2018-04-12.

合学段之间、学科之间的隔痕，构建形成“学段衔接、学科融合、三段一体、无缝对接”的整体育人模式，为学生成为全面发展的人打下基础。临沂华盛实验学校针对现实中小学学生发展长期处于“被作业，被学习，被优秀，被成长”状态，首先在教会学生在复杂情境下独立处理问题、解决问题的能力，适应社会对人才需求等方面，寻找教育综合改革的突破口，努力满足人民群众对美好教育的需求。

现行基础教育发展造成教育并没有跟上社会的发展，学生的想象力不够丰富，看问题不长远，创造力欠缺。马英勇认为：“教育是一种引领，必须用新的人才需求标准引领学校各项变革，社会需要什么样的人才，就要研究形成适合社会发展的人才培养模式。”针对职业倦怠、应试教育、德育缺失、德智分离和新课程标准认识不到位等问题，马英勇提出了“切入师生成长点，打造持续发展力”的改革构想。利用幼儿园、小学、初中十二年一贯制的办学优势条件，通过推进“学段衔接”和“学科融合”来改变学段割裂、学科孤立的现状，提升师生综合素养。

面对教育改革的复杂状况，华盛教育人决定借助科研的力量，将“双线推进整体教学改革，打造持续发展力”这一项目确立为山东省教育科学“十二五”规划重点课题。即坚持“以学科融合、学段衔接的双向课程整合，实现幼儿园、小学、初中教育持续发展”的“教改线”；同时坚持以“体验”为核心全员育人的“德育改革线”，与教学改革呼应，形成更深层次的“双线”改革，助推形成全新的华盛教育模式。

为有效实现各学科、各学段教育资源整合，打破因“学段割裂、学科孤立”带来的教育发展瓶颈，促进中小幼教育的可持续发展，华盛人将教学研究指导中心和学生发展研究指导中心资源实行统整，组建成立学校教育创新研究中心。为了推进十二年一贯制三段教学的学科统整，学校打通了原有学科间的壁垒，将幼、小、初三个学段的14门学科进行重新规划，整合为文科、理科、英语、音乐、体育、美术六大课程板块。这种统一于育人主题的学科整合、学科融合，为全科育人、全程育人打下了坚实基础。[①] 马英勇认为，学段衔接是在幼、小、

① 李中国．综合实践型教师培养模式研究 [M]. 济南：山东人民出版社，2013.

初三个学段十二年一贯制的条件下，立足学生的习惯养成、潜能开发、基础知识、关键能力和核心品质的形成，保证学生在身心健康、习惯养成、能力等各方面平稳过渡、顺利衔接和适应，从而实现持续性发展的可能。

跨越学段的课程整合，实现完整育人，这一目标为教育者提出了更高的要求和挑战。对此，马英勇提出了团队建设“四六八”理论（即四识、六力、八提升）与实践体系。“四六八”理论的提出与运行，提升了教师团队软实力，为课改的深入推进注入了不竭动力。

目前学校已初步完成“学段衔接、学科融合，三段一体、无缝对接、整体推进的教改模式”和“以体验为核心的全员育人德育模式”的构建工作，实现了教学和德育的有机融合，标志着新形势下素质教育华盛模式的初步形成，为十二年一贯制学校的教育内涵发展提供有益的借鉴。如今，“会做人、会求知、会生活、会感恩”的“四会理念”，已成为华盛学校每个学子的必修科目。具体可行的培养目标，扎实有力的实践，让每位学子心中写满一个大写的“人”字。每到毕业期间，从学校走出的一个个会感恩的人、爱生活的人、会求知的人。

做校长，既要有眼界、有格局，又要有韬略、有技术，唯此，校长才能拥有办学智慧。智慧办学体现在校长能为教师和学生的全面发展提供丰富多样的和可选择性的充足资源，尽可能地满足学生多样化发展的需要。对于每一位学生而言，他可能在某个领域不能实现最好的发展，但总有一个是最适合的发展领域，一旦具备这方面的条件和土壤，从而获得最好的成长。临沂十九中把每位学生梦想当成学校办学的梦想。不论在这些学生的入学成绩如何，不论天赋怎样，也不论是来自城市抑或农村，积极为学生创造最优化成长机制、多样化扬长机制和厚德修身机制，保证到这里求学的每个学子都能实现自己的美好梦想。

朱文宏校长认为，学校教育改革的关键要创设最优化发展育人机制，促使每个学生人人都拔尖。学校以加德纳的多元智能理论为指导，对学生实施英才教育，为所有学生开设语文高效阅读、英语星火式学与教、艺体特色课程、科技创新课程、心理与生涯规划指导、厚德修身课程六大类特色课程，充分满足不同潜质学生的不同发展需求。

为国家培养拔尖创新人才，首先要从培养完整的人开始。要坚持“小班化教学，一生一策辅导”，“促优与补弱结合”，“既抓特优生发展，又抓学困生提高”，“为不同类型学生设计各种选修课程，供学生选择”，“开展大阅读理解水平和能力训练，提升语文素养”，“在基础课程开齐开足基础上，开足体育、音乐、美术、综合实践活动课程”等。要面向全体，创建多样化扬长机制，促进每个学生人人成才，既抓学困生提高，又抓特优生发展，体现大众教育与精英培养并重。“教育的主要责任在于创造适合学生的教育，让学生的学习需求和兴趣得到充分满足，让每个学生扬长避短，找到适合自己的成才道路，在校园里生活得更幸福、更有尊严。”

“先成人，后成才”，临沂十九中把“培养合格学生”作为学校办学的基础目标，要求学生首先做到“学会做人”“学会做事”“学会共处”。为把学生培养成为“底气足、见识广、特长优”全面发展的合格毕业生，该校为学生构建厚德修身教育机制，让他们在人生路上走得更远。学校抓住高中阶段是学生人生观、价值观形成的关键期，对学生进行厚德修身的主题教育，习惯养成、自主成才、理想信念、励志感恩教育，为的是让学生在人生路上走得更远。

为使每位高中生的品德发展不出现“空档”，临沂十九中逐步构建了从初中后到高中毕业后的“一纵两横”的厚德修身教育体系。首先，为学生确定“四大特色主题教育”序列课程，即“角色体验课、角色适应课、成人仪式课、离校教育课”，这四大类特色德育修身课分别对应学生的爱心教育、意志力和适应教育、责任感教育、感恩教育，而理想信念教育贯串于学生整个高中阶段，其次，对学生进行入学初衔接教育、书信教育、军训教育、批判思维教育、成人仪式教育、毕业典礼教育，培养学生道德的、人性的思维方式，积极的态度，持久的兴趣，探究的学习素养。通过对学生人生四大“核心素养”的培育，培育学生健康人格，为学生幸福成长引航。

“我的学校首先要培养负责任的人，然后才是一个学习者。”经历过多种管理岗位历练的临沂第十一中校长刘书君，对责任教育情有独钟。他认为：“一个人只要有了自我责任意识，才会去尽社会责任。一个人对自己都不负责任，还指望他对他人、对社会尽多少责任？即使尽了，也可能是一时的冲动。”对于校长，他的自我责任是把课改落实在课堂里，用课堂变化检验课改的成败；对于学生，要求他们在学习上自主当家，倡导自主学习、自我管理、自主发展；对于教师，学校倡导自我负责，要求他们调动一切资源，创造性地备课、上课、辅导，做到因材施教。

刘书君和他的团队确立了详细的发展思路，立足近期目标，构架起中远期发展规划，力求通过实施“三大工程”，带动实现“三大突破”，即通过课堂模式改革为主体的教学改革工程，实现以中考优秀人数大幅增长为标志的教学质量新突破；通过班级双线管理为主体的精细管理工程，实现以校园秩序井然为标志的校风校貌新突破；通过以校建及内部配套为主体的硬件工程，实现以社会认可、家长满意为标志的社会效益新突破。

在不懈的努力中，逐渐有了清晰的结构框架：双线育人—智慧课堂—特色品牌。但每一个框架的构筑，都需要参与者倾注全部热情。从双线管理到双线育人，学校课程结构发生了巨大变化。

为了适应立德树人、立体育人的要求，学校对课程结构和课程实施进行了新的规划，在变革中实现重构。在聚焦学生人生成长中关键问题上，学校启动了“问题导向德育、课堂、管理和评价改革”工程，提出了问题导向初中德育专题课程教学创新、问题导向智慧课堂教学改革、问题导向学校管理机制创新、问题导向学校教育综合评价改革等。原来沉寂的气氛被打破，代之而来的，是充满生命活力的课堂、呈现勃勃生机的校园。

问题导向德育课程改革聚焦学生成长问题，促进了传统思品课教学的变革转型，实现了价值教育从教学体系到成长体系的转变。改革实验的成功，一方面引发了课堂教学的深度变革，另一方面也撬动了学校内部管理体制的根本性创新。

学校创造性地将延续多年的政教处、教学处、后勤处整合，实行扁平化管理机制。按照培养全面发展人的目标要求，将原来科室衍变为课程规划发展中心、学生发展指导中心、评价管理中心和后勤保障服务中心，实行“四中心”管理，全面聚焦立德树人根本任务的落实。

当德育改革、管理体制改革这些关键被突破之后，刘书君又把眼光瞄向了课堂教学的深度改革这一关键，他们决意要把课堂改革推向第四个阶段，构建智慧课堂，在课堂上实现全息学习，促进每个学生的全人发展。

当课堂教学改革进行到第三个阶段，即形成较为成熟的“235 导学一体”教学策略之后，受班级双线育人成熟经验的启发，整合以前实验探索的成熟经验，启动了人才培养模式改革实验。

会学比学会重要，学会思考比学会知识重要。临沂第十一中学课堂教学改革先后经过了合作学习、翻转课堂、“235 导学一体”教学策略、智慧课堂四个发展阶段。智慧课堂正以“互联网 +”信息技术为平台，将课堂从课内延伸到课外，让学生课前自主学习与课中知识内化有机结合，使全息化学习成为现实。借助云教育平台，智慧课堂将让每一个学生都能享受到优质的教育资源，课堂将更加注重对弱势群体的关照，促进每一个人的公平发展、全人发展，让学生实现真实、全面、各具特色的成长，让他们成为有智慧、有责任、有担当的大写的人。

自古以来，人们对美好生活的追求从来没有停歇过，同样地，人们对美好教育的追求也是如此。推进义务教育均衡发展，就是实现教育公平发展、满足人们对美好教育需求的重中之重，而促进教育特色化发展则是促进教育均衡发展的根本对策。全国上下，大到一个省，小到一个乡镇的教育发展，都面临这样一个问题。张照升就任沂水县黄山铺中心校校长之时，这个镇拥有 1 处初中和龙山完小、泉庄完小等 7 处村小。当时，全镇只有一处市级规范化学校，大多都是县级或以下规范化学校。学校布局分散，大多处于薄弱状态，特别是完小发展参差不齐，区域差距较大。有的学校连台像样的电脑也没有，更谈不上有钢琴等音乐教学的奢侈品了，教学设施与现代化教学很不配套。

面对镇域内教育发展的一系列问题，如何办好每一所学校，教好每一学生，让全镇所有适龄儿童不出远门就能受到良好的教育，促进他们有个性地发展，人人获得成功?

学校特色就是学校办学的“脚手架”，有了“脚手架”，才能建好教育这座大厦。张照升到黄山铺镇就提出了“规范 + 特色”的教育均衡发展之路。“标准化建设，特色化推进，捆绑式发展，向着教育强镇迈进”，把优势财力和人力集中起来，形成一股强势力量，着力解决学校布局分散和教育设施基础薄弱的难题，成为该镇推进义务教育均衡发展的总体思路。

树立一个样板，高扬一面旗帜，全面建设规范化学校。在规范中求特色，在特色创建中求优质。于是，该镇制定出台了《黄山铺镇关于创建规范化学校的实施意见》，推出了建设合格学校的“362”工程。创造性地运用导师团队的“点评制”，推动特色化发展和教师专业化发展进程。

如何让每个孩子像城里孩子一样，人人都能按自己的兴趣学到一技之长，使人人都能获得特色的发展，成为教育发展的一大难题。在规范办学基础上，该镇决定以特色学校建设引领全镇教育均衡发展的方向，在全镇开展“一校一品”特色学校建设工程。

张照升认为：“学校没有特色，学生要想按照自己的兴趣实现个性化发展是不可能的事情，发展的需要很难得到满足。推进特色办学，让人人都能获得成功，是我们的不二选择。”自从该镇启动旨在让学生人人获得成功的“一校一品”和“一校多品”特色化办学工程以来，全镇8处中小学校校有特色，校校有品牌，每处学校各打各的“特色牌”，各唱各的“拿手戏”。

每所学校结合实际，边研究，边实验，边实践，各自发挥自身优势，确定自己的特色强势项目：初中的特色德育、中心小学的“美育教育”、龙山完小的“民乐教育”、泉庄完小的“书法文化”、土沟完小的“童谣诗画”、埠西完小的“体育特色”、小河完小的“英语特色”、爱心小学的“舞蹈”特色等。全镇初步形成了“一校一品、百花齐放”的办学格局，每所学校都在原有程度上办学品质都有所提升。从“特色项目”到“一校一品”，以特色学校引领教育均衡发展的方向，大部分学生也都找到了适合自己的教育，教育过程公平的现状得到改观，有力地促进了乡镇区域教育的均衡发展，某种程度上实现了区域教育发展的公平。

“教育的均衡不是千校一面，而在有特色的均衡。每一所学校都要为孩子的终身发展奠基，为孩子的个性成长留出空间。”黄山铺镇每处学校正是通过抓特色、扬优势，不断提升办学品位，形成了相对稳定而特色鲜明的育人模式。

学校发展就要使学生有特长、教师有特性、学校有特色。[①]“特色办学显优势，一校一品惠民生”，黄山铺镇特色均衡教育在使每位学生找到适合自己发展的教育同时，全镇的整体教育因此也收获了一系列成果。这里的每所学校既能吸纳传统文化，又能自主建构，用教育的光辉照亮每个校园，不断刷新着学校的办学纪录。更为可喜的是，这“满园春色”在规范办学的基础上，突显其个性，壮大其内涵，彰显着巨大的办学活力。

“推进均衡发展，绝不是要搞‘削峰填谷’，而是通过提高薄弱学校的质量来缩小校际差距，让优质教育资源迅速膨胀起来，充分满足人民群众对优质教育的需求。”[②] 教育均衡发展，就是不管学生地域、身份不同和贫富差别，让每一位学生都享受到应该享受的教育。为了实现更美好的教育，黄山铺镇教育人并没有止步，张照升带领大家用文化的力量推动区域教育实现高位均衡、内涵发展。

---

① 杨九俊. 学校特色建设：“寻找属于自己的句子”[J]. 教育研究，2013(10).

② 李中国. 综合实践型教师培养模式研究[M]. 济南：山东人民出版社，2013.

一、为了培养“全面发展的人”
——马英勇校长和他的“整体教育”

培养什么人，怎样培养人，是学校教育首先解决的根本问题。社会对创新型、复合型人才的需求十分迫切，但学校教育培养出来的人却缺少这样的素质。如何打通十二年一贯制办学体制衔接教育的瓶颈关隘，弥合学段之间、学科之间的隔痕，形成“学段衔接、学科融合、三段一体、无缝对接”的整体育人模式？这是多年来期待破解的难题。临沂华盛实验学校作为一所公办民助的义务教育学校，在马英勇校长的带领下，学校与山东省教科研院等研究者们联手探索研究，用教育智慧对这一难题作出了解答。

20世纪90年代初，临沂市罗庄区也和全国一样，改革开放搞活了这方教育，民办教育发展在这里风起云涌，诞生了许多民办学校。临沂华盛实验学校就在这时应运而生。马英勇从当校长第一天起，就遭遇了教育学段割裂、学科孤立、家校育人不能形成合力的教育难题。为了培养“全面发展的人”，他带领团队为破解难题进行了探索。经过20多年的建设与发展，这所学校如今已成为一所集学前、小学、初中“三段一体”十二年一贯制的省级规范化学校；走出以“双线整体课改的新人本教育”之路，创立的“华盛教育模式”备受世人瞩目。面对可喜的办学成果，华盛人的教育价值追求是什么，他们是如何思考教育改革，又是怎样进行改革的？带着这一系列问题，我们来到临沂华盛实验学校寻找答案。

“教育是一种引领，更是一项实实在在的行动”

1994年，这所只有85名学生、13名教师的学校，到今天已发展成拥有3000多名学生、300余名教师的现代化学校，教育教学质量综合评估连续14年在全区名列前茅。

谈起对办学成功的感受，马英勇对记者说，他永远也不会忘记2013年10月发生的一件事。有一次，他在办公室正忙于全国教育改革创新成果研究与申报工作，突然听到清脆的敲门声。一位初二（三）班的女生彬彬有礼地向他走来，她向马校长深深鞠了一躬："校长，是您和老师们用心地培育我们，使我们在学校生活得好、很快乐，身为一班之长，我代表全班同学向您致谢了！"然后，她将一个又大又红的苹果双手捧给马校长，以表谢意。

"评价一所学校的办学成果好与不好，关键要看学生是否对师生、对学校的留恋和怀念。能让生活其中的每个人都能找到喜欢学校的理由，就是办学成果最好的表现，也是对办学是否让群众满意的最大认可。"马英勇说。

20多年来，正因为马英勇有着华盛江泉集团跻身"全国五百强"的创业经历，他从担任校长的第一天起，脑海里不停地闪现着一个"问号"：社会变了，为什么我们的教育还没有跟上？①

"一些企业招聘的大学生、研究生，在工作中缺少积极主动、合作、奉献、创新的精神；生活做人中，缺乏一种责任心和一种感恩之心。对此，我们的教育到底该如何作为？"马英勇深有感触地说。

基础教育的"基础"到底在哪里？带着这种深入思考，校长马英勇决定深入课堂听课。他发现，很多学生竟然在课堂上对许多知识点，等着老师讲一点、学一点，教一点、会一点，如果老师不讲孩子也不学、不会了。就是这个细节，引发了校长马英勇对学校教育改革的深度思考。

如今的独生子女占多数，由于孩子的很多事情被家长包办代替了，长期以来形成了被动、依赖和盲从的心理，表现在学习与做事不主动，思考问题循规蹈矩。"类似这类教育培养出的人才，如何适应社会转型发展的需要，又如何担当未来重任？"

变革迫在眉睫。

2009年初，春寒料峭。临沂华盛实验学校校园里，悄然发生了一场关于"什么才是真正的素质教育"的大讨论。后来，这一大讨论催生了华盛人对"学

---

① 程介明．社会变了，教育还没有跟上[J]．上海教育，2010(12)．

段衔接、学科融合”的深层研究。

“教育是一种引领，必须用新的人才需求标准引领学校各项变革，社会需要什么样的人才，我们就要研究形成适合社会发展的人才培养模式。”经过几轮辩论、实践与论证，学校逐步确立了培养学生“会做人、会求知、会生活、会感恩”的基本理念。

社会转型打破了社会对人才的需求标准，我们的教育要应时而变。然而，现实中学生的发展长期处于一种“被作业，被学习，被优秀，被成长”的状态。“如何教会学生在复杂情境下，独立处理问题、解决问题的能力，对此我们理应做出科学回答。适应社会对人才需求标准的变化，我们应把‘新人本教育’作为学校改革的价值追求，以学生发展为本，不仅培养学生举一反三的能力，而且要培养他们举一反十的能力和核心素养。”

针对整个基础教育的发展状况，校长马英勇对教育改革有着独特的认识。他觉得，现在的教育并没有跟上社会的发展，学生的想象力不够丰富，看问题也没那么长远，创造力也是很不满意的。为此，马英勇一直有个朴素的办学理想，就是希望把每个学生培养成为起点高、眼界广的“大气”之才。

“教育者眼界要高、视野要宽，才会对教育有一个好的价值引领。引领固然重要，但真正的行动更重要。”2010 年 9 月，马英勇针对职业倦怠、应试教育、德育缺失、德智分离、新课程标准认识不到位等问题，提出了“切入师生成长点，打造持续发展力”的改革构想。

能不能在学校拥有幼儿园、小学、初中十二年一贯制条件下，通过推进“学段衔接”和“学科融合”来改变学段割裂、学科孤立的现状，提升师生综合素养呢？

对于这样一项涉及学段、学科的综合改革，到底如何规划、怎样设计？“教育不仅是引领，更是一项实实在在的行动。教育改革要有成效，必须按照青少年儿童和人才成长的规律、教育自身发展的规律和经济社会发展的规律进行设计、规划。”他带领团队按照新课改精神，结合一贯制办学的优势，对这次改革进行了整体设计。

2011 年 5 月，他们决定将“双线推进整体教学改革，打造持续发展力”这项研究课题呈报给山东省教科所规划办，申请报告得到了省规划办的批准，并确定为山东省教育科学“十二五”规划重点课题。从此，拉开了学校育人模式综合改革的序幕。

为尽快总结研究出成果，指导老师们进一步改进育人模式，马英勇校长多次组织召开课题立项会议、中期推进会，研究讨论起来有时废寝忘食。老师们至今还清晰地记得这年春天校长马英勇带着团队顶风冒雪、踏泥泞之路请专家的情景。因为马英勇内心知道，他要亲手缔造华盛教育走向辉煌的历史。

为深化学校课改，引领教师实现转型，马英勇会同李校长先后 9 次邀请精英专家团队为教学改革诊断、把脉。为把课改推向深入，山东大学儒学研究院副院长颜炳罡教授来了，省教育社副总编陈为友来了，省教科所所长李文军来了，省教研室综合科长卢巍也来了……他们结合新理念下高效课堂建设的规律，高屋建瓴地对学校“切入师生成长点，打造持续发展力”的课改做了深度指导，为这次教改指明了方向。

有了专家们的科学指导，华盛人对课题研究成果进行深度提炼，最终确定了“以学科融合、学段衔接的双向课程整合，实现幼儿园、小学、初中教育持续发展”的“教改线”，并将课题细分为 19 项子课题。沿着这一整体教学改革线，他们以龙头课题为引领，全员开展课题研究。为探索一条新形势下引领学校、师生可持续发展的素质教育新路径，他们坐在一起碰撞、讨论，有时为了一个问题争得面红耳赤。同时，坚持走好以“体验”为核心全员育人的“德育改革线”，与教学改革呼应，形成更深层次的“双线”改革，助推形成全新的华盛教育模式。

“每一天都向成功迈进”，不仅是镶嵌在校园墙壁的鎏金大字，更是矗立在华盛人心中的精神丰碑，记载着华盛人对基础教育深入探索的一串串脚印。

历经 4 年的实践，学校已初步完成“学段衔接、学科融合，三段一体、无缝对接、整体推进的教改模式”和“以体验为核心的全员育人德育模式”的构建工作，实现了教学和德育的有机融合，标志着新形势下素质教育华盛模式的初步形成，为十二年一贯制学校的教育内涵发展提供有益的借鉴。

马英勇不断地刷新着自己，在不同角色之间成功转换中不断实现着卓越发展。20 多年来，他带着对教育的深厚情怀和对教育的深度思考，致力于以科学的人才观和用人观推进学校教育的综合改革，带领华盛教育团队进行了一场关于“人才培养模式变革”的大课改、真课改，因此也成就了他作为一名“传奇校长”的教育事业。

完整育人：跨越学段的课程整合

“为什么很多孩子在幼儿园又爱唱又爱跳，上了小学后就逐渐变得只唱不跳，上到初中后既不爱唱也不爱跳了呢？”

改革之初，校长马英勇安排学校教科室对学生学习兴趣做了一次调研。调查结果表明，学生的学习兴趣随着年龄的增长和年级的增高呈下降趋势。很多孩子在幼儿园表现非常优秀，喜欢上学。但到了一年级后，却有很长一段时间难以适应小学的要求；在小学表现优秀的孩子，进入初中后也有很多难以适应。“这主要因为各个学段之间的衔接教育工作没有做好。因此在每一个学段的教育教学中，不仅要完成本学段的任务，还要为孩子在下一学段的可持续发展和成长做好准备，注重学段衔接。”马英勇说。

长期以来，基础教育分学段的办学体制和分科教学的管理机制在推动教育发展的同时，客观上也造成了当前学段衔接不畅、学科互相孤立的问题。学段割裂、学科分割的办学格局，人为地造成学校培养的人才缺乏持续发展后劲，无法谈及全面发展的问题。

培养什么人，怎样培养人，是教育首先需要回答并解决的根本问题。社会对创新型、复合型人才的需求十分迫切，但学校教育培养出来的人却缺少这样的素质。如何打通十二年一贯制办学体制衔接瓶颈关隘，弥合学段之间、学科之间的隔痕，形成“学段衔接、学科融合、三段一体、无缝对接”的整体育人模式？这是多年来一直期待破解的难题。

“教育是百年树人的事业，教育者应把学生一生成长的主题贯穿教育的始终。”马英勇认为，要解决学科孤立的问题，就必须按照人才成长的规律，打破学科之间的壁垒，建立一种课程资源整合机制。

2012年开学之初，学校教育改革进入攻关阶段。“以促进师生共同成长为切入点，双线推进整体教改，打造师生持续发展力。要创造性地双线整体推进学段衔接、学科融合教学改革，同时以体验为核心，深入推进全员育人德育改革。在此基础上，要将教学改革与体验德育进行双线整体推进，促进二者有机融合、协调发展，促进师生和学校的可持续发展。”马英勇说。

为有效实现各学科、各学段教育资源的整合，打破因“学段割裂、学科孤立”带来的教育发展瓶颈，促进中小幼教育的可持续发展，华盛人将教学研究指导中心和学生发展研究指导中心资源实行统整，组建成立学校教育创新研究中心。从体制上打破了科室之间的壁垒和育人界限，避免了育人工作推诿扯皮现象的发生。

为了推进十二年一贯制三段教学的学科统整，华盛人打通了原有学科间的壁垒，将幼、小、初三个学段的14门学科进行重新规划，整合为文科、理科、英语、音乐、体育、美术等六大课程板块，其中文科包括中小学语文，思品、品生、历史、地理；理科包括中小幼数学、小学科学、物理、化学、生物；英语科包括中小学英语；音、体、美科包括中小学、幼儿园的音、体、美)。这种统一于育人主题的学科整合、学科融合，为全科育人、全程育人打下了坚实基础。①

“所谓‘双线’，是指以学段衔接为纵向的整体育人线和以学科融合为横向的综合育人，将立德树人贯穿学生整个人生的全过程。”马英勇说。其中，学段衔接是指在幼、小、初三个学段十二年一贯制的条件下，立足学生的习惯养成、潜能开发、基础知识、关键能力和核心品质的形成，对各学段衔接的教育过程进行探索研究，保证学生在身心健康、习惯养成、能力等各方面平稳过渡、顺利衔接和适应，从而实现持续性发展的可能。

“由于不同年龄阶段学生的身心特点各有差异，在具体的研究实践中，我们依据学龄特点和课程标准，又将小学和初中的文科整体细分为一至二年级、三至四年级、五至六年级、七至九年级4个学段，理科细分为3个学段。”马英勇说，“无论如何划分，这只是一种具体的实施策略，淡化学段差异、突出学龄特点，实现更好的幼、小、初有机整合、无缝衔接和顺利过渡才是目的。”

---

① 李中国.综合实践型教师培养模式研究[M].济南：山东人民出版社，2013.

学科融合则是在承认学科差异的基础上，依据国家课程标准，根据幼、小、初三个学段的教育教学资源及学生的认知规律，整合相近学科及同科异段的教材资源，重构知识体系，形成符合学生学习逻辑的“知识树”。

“学段衔接、学科融合”，双向整体推进教改的质量与速度，在一定程度上取决于教师驾驭教材知识点的能力。教与学的课堂效率、教学方式的选择在一定程度上又与教师对知识点掌握的熟练程度有关。“要想完成十二年一贯制的学段衔接，知识点的衔接、行为习惯的衔接、心理规律的衔接就要有一个系统的知识体系。”马英勇说。

教育的本质是育人，在一定意义上来说就是回归教育的本源，唤醒真正的人性，使学生享受教育的幸福。华盛人坚持以学科融合、学段衔接教改实践为基础，创新探索实施新课程改革理念，构建立体课程观和科学教材观，创造出充满生机活力的教学体系，立足“学为主体、教为主导、快乐体验、自能高效”四大特点，构建了“新理念探索教改课堂”策略，引导教学回到“教学生学”的本质上来。

“每个孩子成长的任何阶段都有一个关键期，他们的成长主题是统一的，决不会因学段分割、学科分离而不一致。实现‘学段衔接、学科融合’关键要研究形成彼此之间的衔接点，构建形成知识树。这些衔接点，突出表现在学生身上的就是成长点问题，即习惯、潜能、关键知识、核心能力、责任感等核心素养。教育很重要的任务就是要指导好学生搞好人生的整体规划，指导学生实现全面、健全发展，实行跨越学段的课程改革势在必行。”马英勇说。

“我们小学老师到初中和幼儿园交流观察后发现，幼儿园教学以游戏为主，初中教学则更加注重知识和技能的传授。受此启发，我们在小学教学改革中，结合学前教育阶段和初中阶段的教学特点，‘向下学方法，向上要知识’，注重与幼儿园和初中这两头衔接，经过两年的改革实验后，我们欣喜地发现，现在小学和初中的孩子也爱唱爱跳了，更加活泼了。”

在马英勇看来，学校教育实质上只有“两大课程”，即“学会怎样学习”和“学会怎样思考”。教师要做的，就是通过教学引导学生掌握学科的基本概念，解决“学什么”的问题，引导学生主体建构知识的意义，解决“怎么学”的问题，用以人为本的热忱和科学有序的方法，引领学生享受新课堂带来的成长幸福。

“知识断层可以用时间来弥补，如果做人的品德断了层，甚至用一辈子的时间也无法弥补。”2012 年 9 月，在前期整体教学改革取得可喜进展基础上，学校启动了“全员育人实效德育改革”工程。这一工程通过整体推进以体验课程为特色的德育改革，开展以“体验”为核心的实效德育活动，促进学生情感价值观以及人生观的根本转变。①

为让教书、育人双翼齐飞，华盛人坚持教书与育人并重，通过落实教师“一岗双责”，实施浸染式体验德育，实现了育人工作的全程统整。浸染式德育让学生置身于德育的特定环境，接触客观德育因素，激发其主体意识，能动地参与德育实践。

一个人品德的形成要经过正确价值规范的内化，然后才能逐渐形成稳定的道德品质。华盛人摒弃说教的方式，以《学生手册》知识竞答、《做一名合格的学生》演讲、争做文明礼仪先锋活动等形式，让学生在竞赛中自主学习，让学生通过体验行为规范，把枯燥乏味的条文蕴含于富有挑战的竞答与演讲中，蕴含于日常学习生活行为中，实现了每个学生对道德规范的价值认同与内化。

在德育活动中，他们力求把每一处能够触及孩子心灵的细节都作了艺术化的技术处理，让广大同学参与体验，并在体验中深化所感所悟。在“感恩励志”演讲活动中，学校精心设计了 3 处家长、学生、老师互动体验场面，在感恩体验之后，通过撰写感悟，评选观后感，开展师生感恩演讲活动等后继组合拳，让师生再一次零距离体验师生情绪，学生深爱老师，老师关爱学生。

在华盛校园里，华盛人精心打造了一道别具特色的毕业文化风景。每年 5—6 月，他们为学生在校园的生活画上“圆满句号”，让学生体验毕业情感，用最深情的语言唤醒孩子内心深处的激情。通过给母校留言，让孩子把自己的经历诉诸笔端，学校将其作为礼物把留言珍藏于档案室；校长要给毕业的孩子送去关怀、包容、祝福。离校时刻，学生们和往常一样打扫卫生，关闭门窗，一切

① 王爱玲．课程改革的重要问题：关注人的整体性发展 [J]. 教育研究，2009 (7).

如昨，师生之间的情感体验自始至终。师生们依依难舍，此情此景留下的德育力量给教育者以巨大震撼。

华盛人深知，要办让群众满意的教育，就要克服教育的“孤岛”现象，形成各方育人合力。早在建校之初，校长马英勇就提出了“学生入学，家长入校（家长学校）”的教育主张，意在构建“家校社区协作育人”机制。学校视家长为自己的成员，让家长参与学校管理和各项教育活动。每逢周五开放日，让家长走进校园，或听课，或参观，或咨询、建言等；学校定期不定期通过调查问卷了解家长最关心的是什么，就可以确定教学内容，编纂出适合于家长的校本教材；学校认真听取家长对学校管理和教育教学的意见、建议，让他们为学校的发展献计献策。同时，充分利用家长学校的资源，开设丰富的校本实践课程；利用社区资源，开展社会实践活动，形成家校社区齐抓共管育人机制，逐渐形成了“校内与校外、课堂与课外、理论与实践、活动与生活”相结合的体验德育模式。

酿得百花成蜜后，为谁辛苦为谁甜。4年来，华盛人通过分科平台、学段衔接、学科融合，进一步整合、优化教育资源，构建起系统而全新的“知识树”，形成了“学段衔接、学科融合，三段一体，无缝对接，整体发展”的华盛教学模式。如今，《学段衔接》《学科融合》已由山东大学出版社出版。这一模式有效解决了“学科孤立、学段分割”制约教育发展的“瓶颈”问题。这一全新办学格局的形成，为学校教育实现全科育人、全程育人奠定了坚实的基础。

以育人为主题的全科教研，让师生有尊严地幸福成长

“教育是一项极其艰苦而复杂的系统工程，教育的改革更是如此。”饱尝改革“艰辛”滋味的马英勇校长，回忆了当初带领大家搞教改，遇到的阻力和困难。他内心充满着既悲又喜的复杂之情，但更多充满着更多的喜悦之情、希望之情，表现出对改革前景的无限憧憬，浑身鼓满奋然前行的力量。

马英勇至今清晰记得，在教改征求意见之初，有一位反对教改的老教师竟然写给他这样两句话：“楚王好细腰，宫中多饿死。”言下之意，不要以校长个人

喜好随意搞教改。也有不少教师认为，学校已连续 20 多年在全区教学质量评比中位居前列，没必要再费劲搞什么改革。更多的教师则是望而生畏，担心如此浩大的"学段衔接、学科融合"教改工程能否真正坚持下去。

"任何名校的奇迹都是教师创造出来的，但这样的奇迹不会属于急功近利、死拼硬干的教师，而是归功于充满活力、不断反思、不断优化，又永远创新的教师群体。只有科研型、专家型教师队伍，才能保证一个学校的健康持续发展。"马英勇校长认为，教学质量永远是学校的生命线，而教学质量的关键又在于教师专业素质。

思想是行动的先导。2011 年 9 月，马英勇提出了团队建设"四六八"理论（即四识、六力、八提升）。"四六八"理论的提出与运行，提升了教师团队软实力，为课改的深入推进注入了不竭动力。

没有高水平的教师队伍就谈不上高水平的学校，加快教师专业成长是学校可持续发展的根本。没有教师专业的完满发展，就根本没有学生的全面可持续发展。

就如何建设一支高水平的师资队伍，校长马英勇也动了不少脑筋。对于学校启动的"青蓝工程""名师工程""领雁工程""兴师工程"等，马英勇都是亲力亲为，直至抓出成效。让教师走进课改，与学生一起在现场中研究，共同成长，是学科教师得到最大实惠的好做法，深受老师们欢迎。

"以前常会有初中教师抱怨，学生字词等基本的能力都没培养好，而我们小学教师则认为自己已经完成了小学阶段的教学任务，初中遇到的问题和自己无关，还有可能抱怨初中教师没把自己输送的好学生教好。"为了搞清楚这个问题，小学部的崔艳梅教师还曾偷偷跑到初中部听过公开课。

从 2011 年开始，像崔艳梅这样用心教改的老师，就可名正言顺地听初中的公开课了，而且每周还可以和初中教师坐在一起备课研讨。

拥有十二年一贯制教育的优势，能否有效解决学段衔接不畅，学科互相孤立问题，形成幼、小、初"三段一体"的办学格局？

"推进教改不仅需要担当和勇气，也需要工作机制的配套创新。"学校打破了以往年级组分学科教研的界限，分学科建制大教研平台，建立教师以育人为主题的全科式教研机制。这种建立在现有学部管理建制之上的全科教研机制，打破原有教研组，将幼、小、初三个学段学科规划为文科、理科、英语、音乐、体育、美术六大教研板块。在管理体制上，打破学段界限，实行“三段一体”的分科建制，为学段衔接和学科融合的教科研搭建了平台。

每次教研活动，首先让同一学科、不同学段的教师同处一室进行集体教研、备课，把孤立的各学段知识梳理衔接起来。其次，相近学科教师同处一室交流研讨，进行思想碰撞，挖掘不同学科之间的衔接点，拓展延伸知识点的内涵和外延，实现学科融合。最后再进行分学科、分年级的具体教研备课活动。

“以文科为例，我们开展了中小学语文与其他学科融合的研究，包括中小学阅读教学、写作教学、国学修养、写字训练等一体化衔接研究，历史、思品、地理等各学科新理念‘求索’、高效课堂研究等9项衔接和融合研究子课题。这些课题研究实践紧扣国家课程标准和9年一贯的思路整体设计，促进了课程实施整体水平的提升。”文科主任李文龙说。

华盛人以跨学段整体育人为主线，在分科平台上让同科教师聚在一起进行“学段衔接和学科融合”的协同研讨。这些学科团队的老师对不同学段的学生特点、课标要求、教学内容和教学方法进行交流、碰撞，整体把握不同学段的学情、教法和学法，教育教学因此而实现了有的放矢、因材施教。

马英勇介绍说，这些同科异段教师通过对不同学段学科知识的梳理，促进了学段知识点的衔接和知识体系的建构，形成了符合学生学习逻辑的“知识树”，不仅扩大了教师的知识储备，还进一步内化了课标要求；同科异段、异科异段之间的交流，有效地整合了同科异段以及同科间融合的教育资源，教师对同一知识点在各自教学中的使用情况进行把握，更有针对性地引导学生对知识点的系统把握，进而提高了学生学习兴趣，以及知识广度和宽度的积累，大大开阔了师生的人生视野。

“在中小学英语教学一体化教研中，我们强烈感受到中小学英语在教材版本、知识延续性、教学方法等方面的差异。”英语科主任刘静说，“我们按照新课标‘整体设计目标，体现语言学习的渐进性和持续性’的理念要求，基于课堂建设，以课题研究为抓手进行中小学英语教学衔接的研究，目前已开始应用研究编写的中小学英语一体化衔接教材。”

教改的不断深入有力地缩短了青年教师成长周期，拓宽了教师的教学视野，有力地提升了教师学科育人的能力。原来在一所高中任教的青年数学教师王晋友，2009 年来到临沂华盛实验学校教初中，正赶上了如火如荼的教改实践。“让人没想到的是，第一次教学质量检测我就被平行班落下很大差距，平均成绩甚至低了 20 多分。”

王晋友痛定思痛，事后对此进行了深入反思：不能简单地用高中的方法教初中，而要注重在教研备课中发挥自己的长处，寻找知识点在整个小学、初中、高中知识体系中的位置，整体把握，具体施教。他说：“只有教师自己的知识储备系统化、立体化，再辅之以类比、数形结合等方法，才能达到适合初中学生的良好教学效果。”不到一年的时间，他所带的班级教学质量迅速提升，甚至超过了平行班的水平。

“以前只是局限在自己学科封闭的圈子里，看看教参，按照个人的理解上课。现在通过衔接融合教研和知识树的构建，让我开始从宏观上整体把握学生听说读写能力的培养，培养学生品味、欣赏、运用语言的能力，拓展学生的视野。”青年教师李传芳说。在执教《丝绸之路》一课时，李传芳自然地融合了张骞出使西域的一些历史内容，并结合教学的需要，运用工笔细描的美术手段，再现丝绸之路之美，不仅课堂引人入胜，还增加了课程的内涵和厚度。

参加工作还不到两年，就能在全区优质课比赛中获得一等奖的好成绩，青年英语教师路文斐将其归功于学校每周一次的小学部、初中部所有英语教师共同参与的“学段衔接”大集体教研备课，以及每周一次的相关学科“学科融合”大集体备课研讨。“这帮助我在不到两年的时间里，受到了普通教师教过一轮小学、初中所有年级的英语课才能获得的训练和积累。”路文斐说。

“衔接和融合不仅仅是显性知识点的衔接和融合，更重要的是隐性的、看不见的思维方式、思想方法的借鉴和互补。学科能力的提升和迁移，从知识点着手，向能力的培养和迁移过渡，从重视教研实践过程向过程、方法、思想并重过渡。”理科主任徐加奎这样认识。

马英勇对教改的成效给出了自己的评价："在这样的课堂上，教学过程不再那么死板、无味，师生的思维活跃了，视野开阔了，方法多了，课堂也活起来了，师生综合分析问题、解决问题的能力和可持续发展能力不断提升，促进了师生的共同成长。"

八仙过海，各显其能。"学段衔接、学科融合"纵横双线的教改实践，推动了教师整体学科能力和综合素养的提升，像郑朝阳、李士银、崔艳梅、徐加奎等一大批罗庄名师、沂蒙名师在课改中脱颖而出，像王晋友、李传芳、王培娇等一批教学新秀茁壮成长起来，近几年，青年教师李景萍等先后在省、市、区的教学评比中屡获大奖。华盛教师的优秀表现开始引人注目，他们已成为学校课改的中坚力量。

构筑教育磁场，让学校在文化润泽中绽放永恒魅力

教育是以文化人的事业，管理者就要围绕学校办学目标和共同愿景，为师生构筑由精神文化、制度文化、环境文化、学生文化和教师文化等构成的教育磁场，让学生在润物无声的氛围中，主动健康成长。

"学生满意、家长放心、社会认可"，一直是华盛人 20 多年来秉承的办学追求。这十二个字，贯穿华盛教育的始终，诠释着整个学校发展内涵理念。

"如何让学生满意？要知其所求，然后予其所需。育人工作，首先是精神层面上的引领，其次才是技术层面的雕琢。"马英勇说。

"远博"作为学校核心理念，其寓意"境界高远，内涵广博"。站得高，方能看得远；海纳百川，故能成其大；博览群书，博学多才，全面发展，方能成其博。"远博"是对"全面发展、全面优质、追求发展、追求卓越"办学宗旨的提炼，为学生描绘出一个"有容乃大、厚德载物"精神发展的目标。

马英勇认为，"全面发展、全面优质、追求发展、追求卓越"，就是要求学生不但要学业成绩好，而且要人人有爱好、个个有特长，真正做到全面发展，努力把学生培养成适合社会发展需要的"多面手"。

如今，"会做人、会求知、会生活、会感恩"的"四会理念"，已成为华盛

学校每个学子的必修科目。具体可行的培养目标，扎实有力的实践，让每位学子心中写满一个大写的“人”字。每到毕业期间，从学校走出的一个个会感恩的人、爱生活的人、会求知的人。①

积跬步，至千里。优秀拔尖人才的培养，绝非一日之功。教育讲究循循善诱，诲人不倦，需要持之以恒。全体师生不但铭记“每一天我都向成功迈进”的校训，而且以此勉励自己，激励自我主动、健康发展。

“学校的育人除了坚守校训外，还要遵从‘责任、修养、求真、务实’的校风，秉承‘因材施教、循循善诱、温故知新、踏实严谨’的教风。”见证了教改全程的德育主任李汉东老师说。“这样的理念与行动，让育人不再浮躁，而是更加扎实、高效。”

义务教育重在素质培养，重在为每个学生的可持续发展奠定“基础”。华盛育人理念既有宏观的理想引领，又关注微观的育人过程；既有精神层面的满足，又有技术层面的操作；既有华盛人独特的育人理念，又有核心文化的滋养，这也正是20多年来华盛学子成功走上社会，潜力大、发展好的根本原因所在。

苏霍姆林斯基说过，让每面墙壁会说话。有了核心价值和精神文化的引领，优化育人环境，让环境浸润每个孩子的心灵，实现环境育人，是华盛人精心谱写的一篇有育人品位“大文章”。

一个布局合理，生机盎然、整洁优美、宁静有序、蓬勃向上、健康和谐的校园环境，对学生的健康成长和发展，必然产生巨大的影响。因此，建设优美的、科学的、规范的、奋发向上的校园环境就成为推进素质教育的重要内容之一。

漫步校园，只要留心观察，就能感受到学校“一校三部”的建筑格局、“一绿四化”的校园绿化态势以及浓郁的文化氛围。学校对校园环境的营造，注重强化规划意识，把握营造原则。华盛人选择恰当的着力点，深化其人文内涵，强化其教育功能，为师生提供了一个和谐、人性、富有文化气息的校园环境。

清华楼、哈佛楼、北大楼三足鼎立，呈“品”字形排列，体现了华盛人匠心

---

① 联合国教科文组织国际教育发展委员会．学会生存——教育世界的今天和明天[M]．北京：教育科学出版社，2017.

的独运。幼教部宛如童话王国，以其童话城堡的鲜明色调让人顾盼流离；清华楼是小学部，一如长城上的城堡，典雅中显示出稳重沉着的气势；哈佛楼是实验楼，也是经典之作，四根十几米高的粗大支柱支起学校的大门，顶部蓝天白云，支柱红漆雕琢，一拱双肩挑起了南北两座建筑，犹如莘莘学子在学业大成后的佩戴的“博士”顶子。北大楼是初中部更具特色，中西结合，既有传统文化的含蓄内敛的包容之美，又渗透了开放典雅的西方文化元素，成为学校建筑格局的核心与集大成者。

校园内三座建筑皆以名校称之，意在激励学子立志读书，步入名校深造。用家长的话说，“华盛的学生足不出户就可以在名校读书”，这对于十二年一贯制的学校来说，的确具有实际意义。

一校三部格局，碧草蓝天，假山迭起，知恩泉水汩汩，紫藤长廊飘逸，草地小径通幽，林下书声琅琅，构成了学校立体化的美化格局，营造了一种整洁明丽、蕴含思想、优美和谐的校园环境，提升了学生的审美品位，激发出学生朝气蓬勃的性情，达到了环境教育人的目的。

截至 2012 年 9 月，学校累计投资 5000 万元，按照国家一类标准配备了功能室和活动室，对实验教学仪器、音美器材、科技活动、卫生、心理咨询室等室内设施设备进行达标配备。中央空调、液晶多点触摸屏教学一体机、微机室、网络电子红外线监控录像、校园广播系统、功能室、活动场地等各种教育教学设备全面升级；校园绿化、美化、亮化工程全面优化，标志着学校硬件建设已经高标准、高质量、高效率地完成，不仅为全体师生营造了一个宽阔舒适、和谐幽静的工作学习环境，也为学校“双线推进整体教学，打造持续发展力”教改工作搭建了广阔的发展平台。

俗话说：“非规矩不能成方圆，非准绳不能定曲直。”真正高效的学校管理，必然靠健全的制度来运行。每年暑假，学校都要组织党员、干部、教工代表、骨干教师、班主任参与制度修改，相继完善了《双线推进整体教学评价制度》《教职工奖惩制度》《行政管理制度》《教职工奖励条例》《教职工请假制度》《教职工年度考核细则》《教师职务晋升量化条例》《优秀教师评定办法》《评优评先办法》《班主任考核量化细则》等相关改革的配套制度，为致力于教育改革并做出突出贡献的教师搭建成长的平台，同时对步调缓慢、反应迟缓的同志也给予一定力度的督促。完善的管理制度，让制度文化保障教育的可持续发展。20多年的优质办学以及管理经验的沉淀，使现代企业管理的精髓与教育规律实现了最为完美的融合，使学校拥有了完善的制度保障，并成就了华盛教育今天的辉煌。

为实现学校的可持续发展，学校在强化制度规范的同时，一直探索着人文化管理在学校发展中的作用。学校每年避开旅游高峰，组织全体教师分批次赴蓬莱、栖霞、青岛旅游，全体教职员工在湖光山色、历史古迹中，身心得以放松，情操得以陶冶；每天下拨经费3000多元，用于师生一日三餐，解除了教职工的后顾之忧；每逢冬夏换季，学校领导便为教师量体裁衣，仅教师节就为教师定做了两身西服。颈椎病、骨质增生是教师职业病，学校领导召集体育组研究健康方案，由校长亲自带领大家晨练健美操、学习太极拳，舒展筋骨，陶冶情操。此外，定期组织教职工体检，实行职工子女入托入学免费，关切教职工的婚丧喜事，探望生病的教职员工等。

每年9月，学校都要隆重召开教师节表彰大会，并举办“冷餐酒会”，“新教师加盟华盛欢迎会”，让全体教职员工在欢快愉悦中度过自己的节日。每年教师节，学校斥资30万～50万元用于教师节表彰，充分体现学校立足人文和对教师的尊重，匠心独运地将人本关怀这一管理理念融化在惠之以实的细节之中。

为确保教师权益，学校将提升教师的福利待遇明确写入制度，让全体教职员工在学校发展的同时，也分享到学校发展带给他们的“回报”。用制度的形式把教师的前途与学校的发展融为一体，使刚性的规章制度与浓郁的人文氛围有机结合，进一步激发教师主体地位的归属感、幸福感，为实现教育的可持续发展创造了规范和谐的环境。

大家常常看到这样一种现象：很多人在校学习成绩很优异，但因为没有特长，长大之后表现平平；有的学生成绩虽不是特别理想，但有广泛的兴趣爱好，也能为社会做出自己卓越的贡献。

马英勇认为，教育的本质是育人。学生在学校里不仅要学到书本上的知识，还要获取今后走上社会到任何一个地方都能施展的才能。教育者的责任是要帮助孩子发现自己的长处、兴趣、爱好，为他们搭建成长的平台，让每一个孩子都“成其所成，能其所能”。

“没有艺术的教育，教育就不是完整的教育。我们的教育改革，应还原教育的另一半。”为满足学生的爱好、特长的需求，学校还积极发展学生社团文化。借助多姿多彩的兴趣爱好特长培养，让学生的生活不再单调乏味，视野不再狭隘，人生阅历不再单薄。

“只要你会，我们就给予支持；只要你有特色，我们就提供舞台。”2010年9月，学校启动“德育特色活动工程”，目的是让学生在学习中体验文体艺术之美，享受艺术人生。在特色教育中，他们坚持课堂教学与课外学习结合，学校教育与社会教育结合，平台搭建与艺术特长展示结合，全面提升学生的综合素养。通过开设国学、书法、英语口语特色班，以提高学生的人文素养；通过开设竖笛、陶笛、钢琴、西洋乐器、吉他、声乐、舞蹈、健美操等特色班，以提升学生的艺术气质；通过开设篮球、乒乓球、足球等特色班，以提高学生综合素质。到目前为止，学校已连续16年获得全区艺术节团体一等奖及省级校园歌手大赛一等奖。

对于特长教育，学校除提供必要的课程资源及设施设备外，还有一支优秀的专业队伍作支撑，并依据需求外聘专家教师，同时注重加强特色班教师校本课程理念的培训。“让每一个学生的兴趣爱好、个性潜能皆得到开发，同时具备优于同龄人的特殊能力，让每个学生都有特长，将来到更高学段直至到社会上有更好的发展空间。”马英勇说。

文化育人、环境育人，让学生具有“规范的意识，奋斗的激情，高雅的品行，智慧的光彩”，自然浸润“开阔、自由、端庄、典雅”的气质基因，提升了学生的审美品位，激发出学生朝气蓬勃的性情。

20多年的发展，华盛学校的办学条件已经达到省规一类标准，为学校深入实施素质教育奠定了坚实的基础。截至2013年，学校先后获得“全国教育创新先进学校”“山东省素质教育先进单位”“山东省规范化学校”等30余项省级以上荣誉。

路漫漫其修远兮，吾将上下而求索。面对成绩，华盛人不骄不躁；面对挑战与机遇，华盛人豪情满怀，勇敢地站在时代前沿、锐意进取。在新一轮课程改革中，临沂华盛实验学校紧跟时代步伐，不断深化课改，将立德树人落到教育教学的每次行动之中，以崭新的姿态和新的精神风貌，共同创造辉煌的华盛教育明天。

二、让每位学生获得最大发展

——朱文宏校长和他的“素质教育”

什么是好的教育，什么是让人满意的学校？当家长把孩子送到学校，老师尽其所能地让每位学生在其原有基础上得到最优化发展，学校几年后还给家庭一个个人格健全、全面发展的人，让他们拥有一个美好的未来，也带给家庭和社会更多的希望和美好。

临沂十九中敢于打破传统禁锢，积极营造尊重个性差异、发展学生特长的育人环境，为所有的学生开设语文高效阅读、英语星火式学与教、艺体特色课程、科技创新课程、心理与生涯规划指导、厚德修身课程六大类特色课程，充分满足不同潜质学生的不同发展需求。到这里求学的每位学子，不论他们的起点如何，三年后的他们都能成为“底气足、见识广、特长优”全面发展的合格毕业生。他们中的“每一位”都会在老师的指导帮助下，有的考入理想的大学，到名校深造学习；有的艺体天赋明显的学生，升入自己心仪的艺体类大学；有的爱好科技创新，他们及早定位个人的成才方向，走向社会成为创业的佼佼者……这就是好的教育，这就是让人满意的学校。

说起十九中的高中教育，人们印象最深的是十九中学生在各级奥林匹克生物、物理竞赛和体育比赛中获得的各式各样的专利和奖牌：在全国奥林匹克竞赛中，十九中学生30多人次获得优异成绩，多次填补临沂市空白；在国家科技创新发明竞赛中，十九中学生获得110多项国家专利。

仅有这些专利和奖牌还不够，十九中人要的是全面素质教育，让每个学生获得最大发展。近4年以来，临沂十九中高考普通本科进线率、重点本科进线人数在临沂市名列前茅，连续保持了城区学校四连冠。

创设最优化发展育人机制，促使每个学生人人都拔尖

2017 年 5 月 29 日，教育部课程中心的领导和专家来到临沂十九中进行特色办学的调研，当专家就“学生最喜欢的学科”“感到学习最困难的学科”“最急切的学习需求”等问题访谈学生时，高中二年级的 21 位学生一致认为，这里的老师讲课有激情、幽默风趣、很帅等原因，喜欢上学科，喜欢上学校。“他们在这里生活、学习得很快乐、很幸福，让学生都留恋这里。这样的学校难道不是好学校吗？”教育部高中调研组一位专家这样说。

这次教育部对 6 所学校的调研，临沂十九中缘何上了头榜？临沂十九中把每位学生梦想当成学校办学的梦想。不论在这些学生的入学成绩如何，不论天赋怎样，也不论是来自城市抑或农村，临沂十九中积极为学生创造最优化成长机制、多样化扬长机制和厚德修身机制，保证到这里求学的每一个学子都能实现自己的美好梦想。

孟子认为，“得天下英才而教之”是人生“三乐”中的一大乐。临沂十九中的老师们认为，每一位学生都是最优秀的，相信他们都能经过三年的学习成人、成才，成长为最好的“自己”。

“每个学生的潜质、类型不一样，所处智力层面也大不相同。作为一个班级的每个学生，虽然他们各自是班里的五六十分之一；而对于一个家庭来讲，他们却都是百分百。家长把孩子送给学校上学，三年之后，我们将还给他们一个怎样的人才？”校长朱文宏说。

“培养什么人，怎样培养人”，临沂第十九中的领导班子带着对教育这个根本问题的思考，深入教研组、班级，对学生发展需求进行多方面调研。

对于各种类型的学生，就他们的文化知识水平而言，天然存在着多层面的差异。然而，对于十九中的学生差别表现得更为明显：这里有六百七八十分的学生，也有五百六七十分的学生，还有三四百分的学生。经过一段时间的研究分析，他们摸到了学校生源实情和今后发展的思路。

不停地思考，深入地探究，十九中人摸索找到了一种科学理论——加德纳多元智能理论，指导高中进行特色办学的依据。加德纳的多元智能理论认为，

人类存在至少8种智力，每个人的智力优势各不不同。这8种智力形式分别是：逻辑数学智力、语言智力、音乐智力、空间智力、身体运动智力、人际关系智力、内省智力和自然智力，对于学生，我们只是不善于发现而已。同时，这些不同的智力形式，对应着学生不同的发展方向，也对应着每个不同智力优势的人更适合什么样的职业。

这一理论的引进使临沂十九中的决策者们豁然开朗起来：面对这些不同类型、不同层面的学生，进行因材施教、分层进行，让每个学生都“拔尖”。

“不同的学生其文化成绩存有不同层次的差异，即使同一层次的学生，他们的文化课之间的成绩也不尽相同，有的文科成绩好，有的理科成绩好。老师如果采用同一种教学方式方法进行教学，会造成‘优秀生吃不饱，后进生吃不好’的局面。落实因材施教、实施分层教学改革，应成为学校提高教育质量的必然追求。”副校长李志国说。

“设立英才班，实施英才教育，为国家培养一流的拔尖创新人才，这是学校应答钱学森之问的实际行动……”一段时间的论证，全校上下达成了一致共识。

为加强有天赋优势、某方面表现突出学生的“超常”培养。2012年5月，临沂十九中提出了改革传统人才培养模式的设想，制定出台了“贯彻因材施教、实施分层教学”指导意见。

在教学思想设计方面，临沂十九中坚持以中下层学生的教学为起点，牢牢抓住课堂教学主阵地，实施“三步六段学案导学”教学策略。不少任课教师还专门建立了错题档案，针对性地备课、上课、批改作业，向课堂45分钟要质量、要效益。他们对每次的习题精选、精练、精批、精讲，作业做到有发必收、有做必改、有阅必评、有错必纠，使学生练习的过程成为增长知识、增强能力、触类旁通的心智历程。

“学校作为素质教育的主要实施者，既应尊重优秀学生的拔尖成长，又不能放弃对后进生的关照与培养，不放弃每一个孩子。学校应为不同层次的学生创建最优化发展机制，让不同学生获得最大发展。”李志国说。

“有的学生文科成绩比较突出，尽管其他学科不够优秀，照样成才。钱锺书当年考大学，语文考试成绩满分，而数学却得了零分，后来成为名震一世的文学家。”省教学能手刘娟老师插话说。

“对任何一个人，越早发现他们身上的优势和长处，趁早进行有的放矢的培养，把这些长处培养锻造为可用才能，这是一个人一生最幸运的事情。”一位学生家长说。

记者了解到，十九中人形成了实施英才教育的“六共识”，也就是“六个坚持”。

“小班化教学，一生一策辅导”，这是学校实施人才培养模式改革的起点。“优师育优生，让学科突出的优秀都冒尖，是对他们最大的尊重。”临沂十九中非常重视对英才教育的师资配备，他们有至少有两个方面的任务：一方面发现这些“英才”身上的优势潜能，一方面用自己最棒的业务水平辅导、培养最顶尖的学生。

“对在数理逻辑方面较为突出的学生，文理分科时显然要到理科班学习；对于语言比较突出的学生，往往进到文科班学习；科技素养比较优势的学生，学校则为其提供发展平台，提供不同课程；有些学生在艺术方面，拥有艺术空间智能，在美术、音乐、建筑艺术设计等方面，天生就有这方面的灵感。”李志国分析说。

凡是在十九中就读的学生，在经过一年的自我发现和才能展示之后，学校在尊重每个学生意愿的基础上，精心为每个学生配备学科素养最强、专业水评最高的老师，对他们进行有针对性的培养、辅导，并根据发展情况进行心理跟踪疏导，促进这些尖子生的成长朝着预定的方向发展。

“‘促优’与‘补弱’结合，让拔尖学生的弱科不弱，促进他们的均衡发展。”据了解，临沂十九中通过开展各种学科竞赛活动，及早发现各科拔尖学生的优势与劣势，全面进行英才培养，逐渐形成有利于优秀学生脱颖而出的人才成长机制。

“虽然进入十九中学习，心里有许多的忐忑不安，学科上有两个短腿，在竞赛中发现了自己；学校还专门为我们配备了自修室，为自主学习创造了条件，使强科更强，弱科变强，学起习来很带劲，冲刺名校接受更好的教育充满了信心。”学生张来说。

除了对优秀生采取英才培养策略之外，对文科成绩平平、学科特长一时不够明显的学生，学校还为他们建立了学困生帮扶机制，对他们进行“补短”培养。

临沂十九中既抓特优生发展，又抓学困生提高，让后进学生迎头赶上，让良好学生变优，让优等生拔尖，从而实现了“人人成人，人人成才”的办学思想。

“我们已为不同类型的学生设计了各种不同的选修课程，供学生选择，尽量满足学生发展的需求。像语文高效阅读、英语星火式学与教实验侧重于方法的培养，而艺体教育、科技创新教育能让不同爱好学生的潜力得到充分发挥。”

2012 年 5 月，学校先是针对学生阅读速度不快、做题精准度不高的现状，决定在母语——语文学科进行改革实验。

为了解决学生语言素养不高，提高快速捕捉理解、信息以及应用信息解决实际问题能力不强的问题，他们先是从中国教育学会引进“语文高效阅读”实验项目，邀请语文高效阅读创始人程汉杰来校做报告，对教师和学生进行全面的指导。

自 2011 年以来，中国教育学会先后派语文高效阅读研究实验的赵春林、董立英等多位名师到学校上示范课，对教师和学生进行全程指导、训练。

“不出声，不回视，不回读，不摆读”，名师的要求使学生在起初有些不太适应。经过一段时间的训练，实验班学生的学习注意力、阅读速度和单位时间内的阅读量得到了逐渐提升。

为深入扎实地搞好这项实验，学校专门成立了以校长朱文宏为组长，以副校长李志国为副组长的领导小组，组建以亓云玲、刘立众、孙宗丽等为主要成员的名师工作室，设立高效速读研究室、高效精读研究室和高效结题训练研究室，将这项实验成果推广到全校。

老师们对高中三个年级学生实行分主题、按阶段进行教育、训练：对高一学生主要进行速读训练，对高二学生主要进行精读训练，对高三学生进行解题和应试能力的训练。

“一目十行不是梦”，当高二学生回到初中母校向自己的师弟、师妹们炫耀他们的“高效阅读”本事时，他们的现场表演使这些师弟、师妹发出了阵阵惊叹：“太了不起了，快来教我们一招，也好让我们露一手。”

“语文高效阅读实验的结果，不仅锻炼和培养了学生阅读速度的高效、理解的高效，还有写作与表达的高效。语文高效阅读极大地解放了教师和学生的时间与空间，促进了教师的教学素养的提升，整体提高了学生快速阅读水平和处理信息和应对高考的能力，而且还增强了语文素养和人文精神，这些品质的形成，将对学生受益终身。”教学研究指导中心主任王升仲说。

已升入南京大学、学校 2013 届毕业生的张来同学说：“学校搞的高效阅读实验不仅让我收获了眼前的利益，单位时间内学习效率、做题速度和精准度更高了，学习成绩也不断攀升；同时也收获了丰厚的人文素养，形成健全的人格品质，使我在大学里的学习游刃有余！”

学生上了高中，要求掌握 3500 个英语词汇，比初中段词汇量多、难度加大了不少。为了帮助学生单位时间内掌握高中英语教学大纲规定的词汇量，2012 年 3 月，该校适时从中国教育学会引进“英语星火式学与教研究实验项目”。

“星火式学与教的‘星火’，取‘星星之火，可以燎原’之意。从星火式单词记忆开始教给学生学习英语的方法，然后将这一方法推广到英语阅读、完型填空和短文写作等其他方面。星火式学与教的方法，受益的是师生，真让我有‘授之以渔’的感受。”英语学科教干张志常说。

起初，“英语星火式学与教研究实验项目”先在初、高中教学衔接上下了一番功夫。刚开始，教给学生从熟词、小词记忆延伸到一些小想法、小做法，逐渐培养学生运用此法学习英语的兴趣。

后来，课题组决定从词汇突破，通过立项三个子课题，进行小课题研究。在专家的指导下，全校英语教师进行“教学模式攻关研究”。

一段时间的研究与实践，实现了师生发展的“双赢”。“学生掌握了主动学习的策略，学习由原来的被动变为主动，自主学习能力不断增强。老师的观念也发生了转变，学生的思维被充分调动起来，课堂也飞扬了起来，原来英语学习较差的学生从此焕发了从未有过的成就感和愉悦感。”英语学科教研主任彭连娟说。

“这项改革实验不仅培养了学生自主学习能力，增强了学生的学科素养和自信心，还使学生开阔了视野，把形成的好的习惯、素养和能力迁移、整合到其他学科领域的学习，学生的学业成绩和综合素养不断提高。同时，教师也取得了不少科研成果，收获了专业成长带来的尊严感和幸福感。”刚被全国优秀教师张志常如是说。

正在操场打着篮球的高二六班的学生兴奋地告诉记者：“刚入学时，我读书的速度太慢，很大程度上影响了理解和做题速度、精准度，中考成绩原本不错的我，成绩呈直线下滑。后来，高效阅读和星火记忆训练教学改革帮了我，现在学习成绩又不断提升起来，作业速度和质量也都在提高，也更有时间参加艺术、体育活动了。”

“素质教育必须以立德树人为中心，同时学生应以学为主。科学文化素质则是学生最重要的素质，如今的高考不仅是一种对学生文化水平的测试，同时，更是对学生思想品德、心理素质和意志品格、竞争意识的综合测试。高考与素质教育渐行渐近。素质教育搞好了，高考成绩自然会水涨船高。”校长朱文宏说。

山东省自2008年起大力实施素质教育，推动高考改革以来，十九中在考生逐年增长的情况下，其综合素质越来越高，交出的答卷也一年比一年好。成功秘诀就在于严格执行了国家课程计划，开齐、上足、教好各类课程，从体育、音乐、美术、综合实践活动等非高考科目一课不落，真正将素质教育做精、做细、做到位，从而走出了“考什么教什么”单打独斗的误区，培养出一大批“考不倒”的学生。

在2013年的高考中，全区文理科前十名学生，十九中各占7人。其中，全区文科前五名学生全部出自十九中，张来、寇学静分别夺得全区的文理状元。

近年来，临沂十九中连续四年荣获全市高考先进单位、教学工作先进单位，2014年学校又获得临沂市优秀人才培养基地、山东省首届十大科研示范学校等荣誉称号。

创建多样化扬长机制，促进每个学生人人成才

正如世界上没有完全相同的两片树叶一样，世界上也没有完全相同的两个

人。每个学生都是独一无二的自己，对高中生而言，他们每个人之间的差异更为明显、突出。

“我们的教育如果搞‘一刀切’或整齐划一，不仅是对学生基础的不尊重，也是对他们人格最大的不尊重。只有尊重每个学生的特长和个性差异，让每个学生在自己原有的基础上‘扬长’发展，这才是真正的公平教育。”临沂十九中既抓学困生提高，又抓特优生发展，面向全体，体现了大众教育与精英培养并重。

“教育的主要责任创造适合学生的教育，让学生的学习需求和兴趣得到充分的满足，让每个学生扬长避短，指导学生找到适合自己的成才道路，学生在校园里才会生活得更幸福、更有尊严。”这些做法一直成为临沂十九中每位教师的使命担当。

“为什么我们的学校总是培养不出拔尖创新人才？”

面对著名的“钱学森之问”，临沂十九中的领导者们深入班级、深入学生，深入他们的生源学校进行问卷调研，研究发现学生的创新能力发展情况：创新能力随学段上升而下降；学生的设计能力不强，缺乏创意；学生的批判精神不够，缺乏独立性。有着高度教育自觉的十九中人敏感地意识到，造成这种恶性循环的根本原因在于学生的课业负担过重、教学方法陈旧、培养模式的单一等。

如何突破高考功利主义藩篱，充分利用各种优质社会资源，闯出一条创新人才培养的新途径?

临沂十九中经过反复论证、研究，决定与高等院校或科研院所合作，开展创新人才培养研究实验。2013年9月，临沂十九中的决策者们研究出台了创新人才培养实施计划，设立专项经费，为全体学生建立科技创新专题研修平台。

谈起实施科技创新教育实验的经过，李志国介绍说，科技创新项目的遴选，经过了多次反复、论证。最终从全国著名高等院校多个方案中，选定了山东省发明协会陈明泉老师的“科技创新研究成果”。“我们引进并开发一门科技创新教育课程，最看重的是能否通过实验培养学生的一种精神和核心性的素养，对学生一生有好处。对于高中，要着眼于高中生发展的需求和特点，培养的方法、路径能与高中课程教学一致，有效地与日常教学结合起来，绝不是为了猎奇或心血来潮。”

进入高中阶段，有很多的学生在科技创新方面有天赋，也有这种爱好。但其他高中学校，在面对高考、应试的情况下，一般不会开设这种课程开发学生的创新潜能。然而，十九中人却十分看重科技创新这个项目。

“学生到了高中阶段，老师们要担负起指导、帮助学生生涯规划、确立一生发展方向的任务。教育学生一要面对高考，实现升学，迈入高一级学校深造；一要走入社会，面对创业、发展自己。”

李志国代表学校多次赴济南与山东省发明协会陈明泉教授商谈，一起签订科技创新合作意向，多次组织、邀请陈明全教授到校为全体学生举办各类学术讲座，为不同学生开展个别辅导。

为了实现为高等教育和国家高科技人才培养奠定创新人才发展的基础，十九中人把科技发明与创新视为一种教育，把它当作培养学生创新素养的必选路径，而不是简单地当作科技普及或专利发明活动。

“培养学生勇于探索、敢于尝试，善于打破常规的创新素养，对学生终生的可持续发展非常重要。爱迪生一生发明了上万件专利和科技产品，就是凭着这种科技素养和探索精神，实现了一个又一个梦想。”李志国说。

每学期，陈明泉教授都要来到学校，为全体学生进行讲座、辅导。同时，学校也将科技创新教育计划排上课程表。

信息课上，学生们根据科技创新实施方案，既勇于思考，又敢于动手尝试，自我设计、规划，不断提交自己的创意产品。他们结合对生活的思考，运用学到的数学、物理、化学、生物等理科知识以及语文、英语等方面的语言知识来设计、作图，并配上简短的文字说明。这样，学生的科技素养、综合素质、创新意识和能力等在不知不觉中得到了锻炼和提高，也促进了其他学科的学习，实现了高考与创新的双丰收。

当一件件创新作业、创意作品提交上来，等到下一堂课，老师对此及时作出点评，提出修改建议。

在一次次的创意作业提交、展示、修改和完善过程中，学生们的科技素养、创新意识、探索精神以及面对挫折、不怕失败的勇气得到了培养和锻炼，同时也开阔了心胸和视野。

科技辅导教练周传成老师说："无论是生物科技创新实验还是物理科技教育；无论是理科的学生还是文科的学生，创新素养的提升帮助他们实现了与各科学习的有效整合，获得的奖励、专利或金牌只是一种外在的收获。更有意义的是，学生的自主学习能力和终身学习的兴趣获得了培养，他们学习与工作的自信和战胜困难勇气牢固地占据了学生的内心。"

"我们实施的科技创新教育，采取一种'教、学、做合一模式'，学生既学习掌握了现代科学技术知识或科技前沿知识，又培养了动手操作和实践能力；既培养了学生设计、规划能力，又活学活用了学科知识，使能力与知识融会贯通。"信息科技部主任郭存说。

"创造与创新、批判思维、问题解决与决策能力、团队合作、信息素养与信息技术等，这些 21 世纪人才的十大核心技能都能在科技创新教育中得到了不同程度的培养。"

"科技创新就是一种潜能挖掘。通过潜能挖掘教育，给高考助力，保证了我们每个学生潜能的充分开发。这样的教育让我们走到大学，因此喜欢上了科学与科学发明；走向社会，有利于创业，实现自我价值。"张来同学在获奖感言中说。

最近，从山东省招生考试院获悉获，临沂十九中又有 50 名学生通过科技创新顺利获得自主招生考试资格，他们将借此优势圆自己的大学梦。

在临沂十九中，科技创新教育给学生带来了两个优势：一是通过科技创新教育，学生所获得的奖励、专利，直接与高考挂钩，使获得成果的学生自主招生、高考录取获得优先、优惠；二是让参与科技创新的学生，能开发个人科技创新方面的长处、潜能，培养学生的探索精神、创新素养和协作能力等。教给学生面向社会，面向世界，面向未来的本领，更好地适应未来社会竞争与发展的需要。

"通过科技创新，老师让我们实现了两个目标：一是对接高考，取得进步，二是学生面向社会，面向世界，面向未来，帮助他们实现长远发展。"学生寇学静说。

为了进一步完善、建构多样化人才培养体系，2012年9月，学校组建成立艺体部，将原来培养艺体人才的零星做法和各科散打的局面统整起来，为学校所有具备音乐、美术、体育爱特长的学生建立资源共享的平台，为他们的优势发展提供无条件的服务。

为了将具有不同爱好、兴趣或特长的学生，充分发掘他们的优势潜能，学校积极探索艺体人才培养模式，对具有音乐、美术和体育潜质的学生实施开放式人才培养教育。

“作为一所高中学校，应为学生的特长发展创设各种平台，对每个层次的学生在高中三年的学习中都有学有收获、有所发展。我们从来不因为这些学生的文化课成绩差，把他们当成陪读的人。不断为他们提供适合的教育，通过方方面面的培养，让他们在不同学科、不同领域拔尖和脱颖而出。”艺体部主任孙庆伟说。

为此，该校先后斥资30多万元，改建、扩建艺术教育功能室、琴房、专用舞蹈房和教室、体育教练室，为实行小班化艺体教学改革提供了硬件条件。

在发现、选拔好“苗子”的基础上，艺体部对不同潜质的艺体特长生采取专业培养模式。在教学形式上，采取“研究—教学—实践”相结合的方式。

为了把学生培养成“完整”的人，临沂十九中规定，凡是来校就读的每位学生都要学会至少一种乐器。“先是将陶笛这种乐器引进校园，音乐教学活动因此也开展得有声有色，一方面唤醒了学生的艺术爱好，同时也锻炼、提升了学生的艺术素养和审美情趣，让学生受益一辈子。”音乐教师说。

对艺术方面特别有潜质、文化底子薄弱的特长生的培养，十九中的一贯做法是，采取集体教学和重点培养结合的方式，实行理论与实践（社团活动）结合的培养策略，从内在素养上着力提升他们的专业素养和文化水平。如给这些学生“开小灶”，或经常带这部分同学到杭州著名高中或艺术大学培训部接受专门的专业培训锻炼。

“人人都有自己要实现的梦想，我们这些当家长的，从来都认为自己的孩子最优秀。孩子即使文化成绩差，他从小就喜欢绘画、美术，上高中幸亏遇上了好老师，继续发展他自己的爱好、特长。当初选择十九中求学，可真是选对了。

如今，他在大学里很如愿，也很自信，如鱼得水。教育如果强求一律，那是对学生最大的不公平。”学生张来的家长自豪地说。

据统计，临沂十九中每年都有100多名艺体学生被中央美术学院、清华大学、中国传媒大学、浙江传媒大学等著名大学录取。2014年，学校有2名同学被中央美术学院录取，这一年艺体高考双过线首次突破180人大关，其中陆敏、冯帅同学被中央美术学院录取，王腾同学被同济大学录取。

朱文宏说：“我们的扬长教育包括分层教学和分类教学两个方面的含义：一是对成绩不同层次、学科优势大的学生，尽量发挥他们的学科优长；二是在音乐、美术、体育有先天禀赋的学生，让他们的特长、潜能挖掘出来，这是对学生的真正尊重，是公平教育的体现。这才是我们办学的出发点。”

构建厚德修身教育机制，让每个学生人生路上走得更远

“先成人，后成才”，临沂十九中把“培养合格学生”作为学校办学的基础目标，要求学生首先做到“学会做人、学会做事、学会共处”。

从初中后到高中入学前，成为这所学校的“准学生”，他们要上的“第一课”就是角色体验课。从这时起，每个学生都要受到从初中后的角色体验教育和初高中衔接一致的教育。

孔子云：德之不厚，行之不远。临沂第十九中学自建校初，就注重对学生的厚德教育，加强学生的日常道德修养，培养学生丰厚的精神品质，让学生拥有高远博大的胸怀。

“少年养志，成人养德。”从初中阶段迈入高中阶段的学子们，在度过了立志教育关键期之后，开始进入一生养德的关键期。“在人生的高中阶段是学生人生观、价值观形成的关键时期。学校应抓住这一关键期，对学生进行厚德修身的主题教育，习惯养成、自主成才、理想信念、励志感恩教育，为的是让学生在人生路上走得更远，为学生一生幸福打下坚实的根基。”李志国说。

临沂十九中地处罗庄区城乡接合部，来到这里就读的学生既不像城里的孩子那样斯文、有修养，也不像农村的学生那样纯朴、守规矩……“家长把孩子

交给我们，三年之后给他们找到合适的出路，无形中给学校管理和教学带来了一定的难度。”级部主任姜良威说。

为使每位高中生的品德发展不出现“空档”，临沂十九中自建校初逐步构建了从初中后到高中毕业后的高中“一纵两横”的厚德修身教育体系。

据介绍，“一纵两横”，是对高中整个阶段、各方面育人的统筹。“一纵”是将厚德修身教育课贯穿于从初中后到高中毕业四个阶段，上下衔接，纵向一体。其中的“一横”是指学校实施的四大特色主题序列教育，目的是实现全面育人；“一横”是构建学校教育、家庭教育、社会教育三位一体的立体育人机制，实现全员育人和全面育人。

十九中人让每个学生在高中阶段有一个更好的发展，为每个学生确定了“四大特色主题教育序列课程”，分别是“角色体验课、角色适应课、成人仪式课、离校教育课”，这四大类特色德育修身课，分别对应着学生的爱心教育、意志力和适应教育、责任感教育、感恩教育，而理想信念教育贯穿于学生整个高中阶段，让四课成就幸福人生。

“角色体验课”是临沂十九中培养合格学生的“第一课”，也是每位学生的一门必修课。一是由高一班主任带领新生进行入校体验，听报告、共进晚餐，畅谈高中三年生活未来打算；二是带领新生代表开展夏令营系列活动，参观临沂市境内著名教育基地，接受爱国、励志教育；三是每位新生都要领到一份心仪已久的初高中衔接教材。上好“角色体验课”的目的是为了激发学生热爱学校、热爱同学的好品质。

什么是真正的教育，什么是最好的教育？

苏霍姆林斯基认为，真正的教育是自我教育。临沂十九中的所有老师们非常认同苏霍姆林斯基这一教育思想，一直以来认真思考着这个问题，力图将立德树人根本任务落实到每一个教育教学细节中。

如今，大多数学生都是独生子女，由于家长的包办代替，形成了被动、依赖，缺乏独立意识，他们的自主学习能力普遍不强。

“品行对一个人的影响是长久的，每时每刻都在起着作用。一个人一辈子做事，本质上是做人，也就是品行在起着作用。”朱文宏说。

2011年4月，临沂十九中围绕学生成长需求进行了一次长达5周的主题调研，深入教研组，深入班级，研究学情特点，分析学校的办学优势与劣势，引进了全国著名教育专家黄泰山老师的“杰出青少年自我管理情商教育”课题成果，确立了学生自主成才培养工程，并制定了《学生自主成才实施方案》。

学校将这一工程纳入学校发展规划，并以青黄泰山老师的“自主管理锻造杰出青少年”课题为依托，以《自我管理手册》为教材，通过每月自我规划、每周自我管理、每日自我反省、每节课自我激励，不断提升学生的自我管理能力，逐渐得到“慎独”境界，为每个学生的人生发展提供内心保障。同时，还邀请多次安龙、孙中华、叶建灵等全国知名励志教育专家进校对学生进行励志教育，引导学生自立自强，不断进步。

学生通过自主模拟规划等措施，自主进行生涯规划，学生自主管理、自主发展、自主成才的意识和能力逐步得到了培养。“自主成才工程，帮助指导学生趁早确定自己的人生发展方向，这是为学生幸福人生奠基的实际行动。”李志国说。

学生每天根据每个教育主题，从小事做起，自觉接受自主成才和发现自我方面的教育，坚持每日反思“我学习了什么，收获了什么，还有哪些做得不足”。

每位学生“吾日三省吾身”的过程，使自己的心智更加成熟，思维更加有深度，表现出更加自信，独立意识和自主处事的能力更强了，精神面貌从此发生了很大的变化。

“德育为先，育人为本”，临沂第十九中将自主成才工程贯穿了整个高中阶段，4年来，从未停止探索的脚步，每一次探索都有新的收获。

“作为中学生，要培养他们自我思考、自我管理和独立解决问题的能力，使自己不断走向独立、自主、自我发展的人生道路。这是实现人生幸福的起点。”学校心理健康室李金芝老师说。

2012年，学校根据学生成长的实际需求，组建成立了心理健康教育机构，并专门配备了专职心理健康教育教师。目前，这个心理教育研究室已拥有国家二级咨询师9人，定期或不定期开展“心理教育进课堂”“学习方法指导”“备考专题辅导”“高考心理焦虑疏导”“职业生涯规划指导”等活动。先后邀请北京大学梁钦元教授、华南理工大学宋广文教授、心理教育专家张廷贵等到校为学生做心理健康教育专题报告。这些活动的开展满足了学生多样化的成长需求，促进了学生身心健康和谐发展。

当今的孩子需要什么？学校教育和家庭教育应该给孩子什么？这是程建玺老师一直思考的问题。“有心人”程建玺发现一些新生身上有懈怠、有比吃穿、穿奇装异服，学习不吃苦，对是非、美丑分辨不清的现象。

2013 年，程建玺和同事们商量，决定在高一年级学生中间开展一次社会主义核心价值观教育活动。很快，在十九中校园里引发了一场“什么最美”“什么最贵”大讨论活动。

管子说：“仓廪实而知礼节，衣食足而知荣辱。”这场讨论的发起人程建玺从调研到班级发起持续了数月的时间。同学们围绕生活中出现的“真善美、假恶丑”问题，唇枪舌剑，有时争得面红耳赤，一次次辩论式的价值观批判思维教育报告，在驳论别人的同时也使自己的心里明亮起来，在师生中间引起了强烈的反响。

通过围绕“美的真正含义是什么”进行辩论，对学生进行三观教育：人生观、价值观和世界观的教育，最后经过三轮的讨论、辩论和报告，学生们得出的结论是：奋斗的人生最美，敢于担当的人生最贵。2014 年 11 月期间，共青团中央向全国发出了开展“奋斗的青春最美丽”的分享活动。很显然，这次核心价值观教育活动与共青团中央的决议不谋而合，实现了与上级的高度的价值认同。

为了培养学生持续发展的后劲，学校从新生入学开始，就提出了“丰富学生人生经历，为每个学生的终生幸福负责”的口号。

在现行教育中，无论学校、社区还是家庭，对于培养学生的经历，仍存在着许多不足与误区，比较多地看重学生的成绩与分数，而较少着眼于学生的长远发展，较少按照学生的身心发展规律和教育教学规律实施素质教育。

“这些经历，一是品德形成和人格发展的经历；二是潜能开发和认知发展的经历；三是体育与健身的经历；四是艺术修养和发展的经历；五是社会实践的经历。”朱文宏介绍说。

“丰富学生的人生经历，尤其是在情感、态度、价值观领域加强对学生的熏陶与感染，对学生的成长非常重要。倘若一个人的情感、态度、价值观是在‘盐碱地’生长成的话，怎么能报效祖国？”

让每个学生带着宽阔的视野和丰富的阅历，从高中升入大学，或迈入社会，请大学教授做科技报告、艺术教育报告、体育健身报告、心理健康教育报告，全面应对未来竞争，成为各行各业的“佼佼者”。

适应了高中生活的学子们，立即投入到实现自己美好梦想的自觉学习中。

到了高二年级，每位学生都要接受责任感教育，作为主要的教育形式之一，就是在校园广场举行隆重的十八岁成人仪式。

每当这个时刻到来时，学校的高二年级的全部学生家长，以及各年级的所有学生同时参与。整个会场，隆重热烈，个个潸然然泪下，十分感人。

每位高中生胸前佩戴着学校专门印制的成人纪念卡，纪念卡附有成人誓词。校长亲自为毕业生颁发纪念卡。学生宣誓后，家长与孩子手牵手一起走过红地毯，跨过成人门。

进入成人期的所有学生都盼望着这一人生庄严时刻的到来。他们个个面对团旗，举起坚强的拳头进行成人宣誓。同时，这些进入 18 岁的学生都要给自己的父母写一封感恩信，以表达对父母养育之恩的感激之情。

到了高三年级，这里的学生还要接受“第四课”——以毕业典礼为主的离校修身课。这一教育的主题是学会感恩，理想信念再聚焦。

在毕业来临之际，每个班级都要评选优秀毕业生，由校长颁发获奖证书。评选注重三年的表现，评选指标不单纯是学习成绩，结合三年来平时的每周校园之星（学习之星、艺体之星、勤奋之星、科技之星等），三年内被评为“魅力校园十大风云人物”的学生，评为优秀毕业生的概率会更高一些。

当毕业典礼正式举行，临沂十九中全体师生参加，高三学生的全体家长也参加。全体毕业生面对自己的恩师、父母和同学共叙“师生情、同学谊、父母恩”，共同表达养育之情和同伴的友情。

“共享师生情”：由学生代表给任课教师敬献鲜花，同时给母校赠送纪念品，这一活动已连续举行了三届，学生们形成了一种“自觉”。

“共叙同学谊”：由高一、高二学生代表郑重地向即将毕业的师哥、师姐以发言、诗歌朗诵的方式送去祝福；而高三毕业生则给高一、高二学生提出要求和期望。

“同感父母恩”：这里每位即将离校的学生都要给在场的父母写一封信，与自己的父母热烈拥抱，表达自己对父母的感激之情。

临沂十九中为毕业生创造的这一场面，热烈而有理性，震撼而又富含激情，无不放射出育人的魅力。当学生刚进入高三，就非常期盼这一时刻的到来，收获三年奋斗的成果，开启人生的新起点，迈向美好的人生旅程。如今，十九中人已将毕业典礼提炼为学校最具影响力的校本课程之一，形成了一道教育风景。

教育一直行走在单行道上，学生品德如果出了问题，社会和家庭将责任全部推到学校承担。“事实上，家庭是德育的第一环境，家长是孩子身教的第一资源，最好的德育是自我教育。”

临沂十九中把学生作为教育的第一主体，吸收家长加入学校教育，发挥家庭教育的独特作用。“高中三年教育以哪个年级为主体，哪个年级的学生家长、哪个年级的所有教师和三个年级的全体学生共同参与，实现了学生、家长和教师的全员育人，实现了教育的一体化和育人主体的完整化。这样，教育就由过去的单行道走上了合力与人的多行道，教育效果大大增强。”德育副校长李洪哲说。

每当学生在学习与生活有困惑、迷茫或产生了焦虑，也就是当教育处在一个节骨眼上时，临沂十九中创新德育方式，让班主任要拿起手中的笔给学生写信，用书信对学生进行心灵沟通的教育。

从新生入学开始，老师们都要坚持书信教育，并贯穿于高中教育的全过程。“高中生活怎样度过？”“什么是高考？”“怎样面对挫折？”“怎样克服厌学情绪？”“怎样消除焦虑？”是学生必须收到的 5 封书信。

“书信的内容视不同情况而定，篇幅虽然简短，但教育的意义和价值却是十分巨大的，针对性强，而且能帮助、指导学生找准人生的航向。”班主任介绍说。

“人生的成功不是赢在起跑线上，而是赢在转折点。我的高中三年生活中，一般要收到班主任老师的 5 封信，这些信都是公开的，或亲自收到或父母转交，书信内容都是鼓励性、催人奋进的，有效地融洽了学校、师生和家庭的关系，让我们这些学子们在人生路上不会走错路。”

有位伟大的哲学家曾说过，一个人的知识技能如果出现断层，可以弥补；但如果他的品德出现断层，恐怕一辈子也无法弥补。智慧的临沂十九中人抓住高中生特点，根据教育规律，从新生有志成为十九中的学子那一天起，就通过体验、听报告、宣誓、书信、谈心、对话、实践锻炼等教育形式，对学生加强“爱心、意志力、感恩、友谊、理想、信念”等价值观方面的教育，培养学生的家国情怀。几年的探索，学校形成了按主题、有步骤、分阶段的厚德修身特色德育课程。

“我们对学生进行的入学初衔接教育、书信教育、军训教育、批判思维教育、成人仪式教育、毕业典礼教育，培养学生道德的、人性的思维方式，积极的态度，持久的兴趣，探究的学习素养。通过对学生人生四大‘核心素养’的培育，培育学生健康人格，为学生幸福成长引航。这样，三年前，我们迎来一个个从未成年人走进学校的大门，三年后，我们输送出的是一批合格学生和奔向社会的合格公民。”校长朱文宏说。

临沂十九中从 2011 年开始独立办学以来，高考四年四大步，连年翻番，连续保持四年高考全市前列。2013 年高考，全区文理科前十名各占 5 人、7 人，张来、寇学静同学双双获得文理状元。临沂十九中办学的成功，再一次唤起人们对何为优质高中教育的新认识。

附：校长风采

朱文宏简历

朱文宏，男，汉族，山东临沂人，中共党员，中学高级教师，临沂第十九中学校长。先后获得山东省特级教师、山东省优秀教师、首届沂蒙名校长、第二届沂蒙名校长、临沂市优秀共产党员、临沂市骨干教师、临沂市教学能手、罗庄区劳动模范等荣誉称号。先后两次获市讲课比赛一等奖并在全市执教示范课，五次获市级教学成绩奖，有多篇论文发表于省级、国家级教育刊物上。从教以来，一直坚持素质教育不动摇，旗帜鲜明地将素质教育思想贯穿于教育教学始终。担任校长以来，更是将素质教育作为立德树人的总抓手，坚持以素质教育思想理念统筹特色办学，让每个孩子在自己的发展基础上获得最大发展。

三、大智慧成就大教育
——刘书君校长和他的“责任教育”

大美临沂，物华天宝，人杰地灵。这里商贾云集，车水马龙，是北方地区著名的物流之都。这里历来就有尊师重教的光荣传统，教育事业一直在蓬勃发展。在教育改革的大潮中，这里矗立起一座新的丰碑——临沂第十一中学。

金秋九月，记者慕名来到临沂这座著名的书法文化名城，探访临沂第十一中学的崛起历程，品味学校的责任文化特色，感受校长刘书君的教育责任、教育情怀和教育使命。

大规划，带上责任探求教育理想

1. 挑战自我，唤起创新发展的内生力量

2012 年 4 月，刘书君就任临沂第十一中学校长。

当时的十一中学，校舍陈旧，中考成绩长期低位徘徊，生源流失现象非常严重。为了发展这所学校，上级领导充实了学校领导班子。但面对眼前的尴尬境况，四位同人一时有些茫然不知所措。

“都 49 岁了，才来当校长，糊弄两年，过一下瘾就走了。”面对冷嘲热讽，刘书君没有退缩，他和班子召集全体教师会议，引用海明威《老人与海》的一句话：“人不是生来要被打败的。”“既然政府和人民把学校交给了我们，就要用坚韧的毅力和不屈的精神战胜一切困难，创造性地把学校办好。”

做过初中、职业教育管理工作的刘书君，也看到社会上一些言行不一、言而无信的人，他发现现在教育出现了在大学成年人中才开始行为规范、诚信意识、责任意识的教育。他用“倒推法”追踪学生人生发展的轨迹。认为教育永远不能倒置。美好的道德品质是从小培养形成的，要把握好价值观形成的关键时期，机会绝不能错过。

刘书君发现，校园中很多现象受社会的影响，教师群体、学生群体中个别人身上也有言行不一的现象。学期初确定的目标，汇报时言之凿凿，但到学期末抽查评议时，却发现计划与成效相去甚远，或者根本就是一张空头支票。具有强烈责任感的刘书君会同管理团队，决定抓住初中生人生观、价值观培养的关键期，着力培养学生的责任意识和诚信品质。

“我的学校首先要培养负责任的人，然后才是一个学习者。”刘书君跟班子成员研讨后决定，围绕学生健康成长问题，家校协同开展责任教育活动。每日“三问三省”活动，即“我是谁，我来做什么，我做得怎么样？”要求每位教干教师、每位学生每天发现一个问题，每天解决一个问题，准确定位每个人的自我形象，明确描述学习与工作过程、合理评估学习与工作成效。

“一个人只要有了自我责任意识，才会去尽社会责任。一个人对自己都不负责任，还指望他对他人、对社会尽多少责任？即使尽了，也可能是一时的冲动。”刘书君激动地说。

刘书君心知肚明，校长的自我责任是把课改落实在课堂里，用课堂变化检验课改的成败。对于学生，要求他们在学习上自主当家，倡导自主学习、自我管理、自主发展；对于教师，学校倡导自我负责，要求他们调动一切资源，创造性地备课、上课、辅导，做到因材施教。

校长是教职工的引路人，不仅应尽到教育者的责任，而且还要承担管理者、研究者、设计者的责任。刘书君认为，“身正”是教师弥足珍贵的教育资源。作为一校之长，必须率先士卒，吃苦在前，用身体力行来号令老师进行反省和变革。

谈起学校校训精神，刘书君侃侃而谈，他首先介绍了他家的家训——明礼、向上、健康、和谐。言谈间，刘书君流露出自豪的表情，他用家训精神把独生儿子培养成有教养、有作为的人，他想把他的学生也培养成这样的人。学校基础如此薄弱，刘书君觉得只有用“责任”才能激活这所学校，把全部希望寄托在责任教育上。

“教师有了责任，学生有了责任，领导有了责任，把学校办成一所负责任的名校，就会指日可待。”副校长郑磊说。

教师乐教，学生勤奋，领导服务到位，家长协同配合，责任教育初见成效，学校第一次获得了区级综合荣誉——“兰山区综合督导评估一等奖”，这更加坚定了刘书君办好责任教育的信心和勇气。

办好负责任的学校是每个人的希望所在，要把责任的种子植根于每位学生的心田。刘书君认为，学校发展起步稳健，初见成效，已站在了一个新的起点上。接下来，就是要用更大、更高的规划，去实现更新、更美的梦想。

2. 不忘初心，用行动诠释大教育

在第一年发展规划顺利完成的基础上，刘书君和他的团队确立了详细的发展思路，立足于近期目标，构架起中远期发展规划，力求通过实施“三大工程”，带动实现“三大突破”，即通过课堂模式改革为主体的教学改革工程，实现以中考优秀人数大幅增长为标志的教学质量新突破；通过班级双线管理为主体的精细管理工程，实现以校园秩序井然为标志的校风校貌新突破；通过以校建及内部配套为主体的硬件工程，实现以社会认可、家长满意为标志的社会效益新突破。

为了向老师、学生、家长和社会承诺，刘书君把“三大突破”以标语形式，高高悬挂在校门处显要位置，张贴在办公室里，时刻警示、激励全校教职员工，朝着既定目标奋力前行。这是每一个人都应该牢记的责任，是每一人都应该履行的职责。

在十一中，责任不是一个简单的道德概念，而代表着整体，责任包括生命责任、行为责任、成才责任、回馈责任。要建设一所负责任的特色学校，就要去同质化、去功利化、去行政化，做到不唯书、不唯上、不唯权威，善于打破常规，突破既有的框框，彰显教育文化内涵，办出属于自己的特色。“世界上万事万物，什么都可以等，唯有教育孩子这件事，一刻也不能拖延。抓住发展的大好机遇，学校必须在规定时间内实现弯道超车！”刘书君的话掷地有声。

“学校办学、课堂教学、学校管理和各种育人活动，如果不能指向人，不能指向教师和学生的成长，不能指向立德树人这个核心，不仅偏离了教育轨道，而且也是低效的。”

每个人身上的潜能是无限的。关键是不能把人放错了地方。在责任文化的培育过程中，每个人的生存生活状态彻底发生了变化，老师们既教书又育人，学生们既积累知识、锻炼能力，又学做真人。原来沉寂的气氛被打破，代之而来的，是充满生命活力的课堂、呈现勃勃生机的校园。

不忘初心，用行动书写大爱，学校的大教育格局，在不懈的共同努力中，逐渐有了清晰的结构框架：双线育人—智慧课堂—特色品牌。但每一个框架的构筑，都需要参与者倾注全部热情。

从双线管理到双线育人，学校课程结构发生了巨大变化。为了适应立德树人、立体育人的要求，学校对课程结构和课程实施进行了新的规划，在变革中实现重构。在聚焦学生人生成长中关键问题上，学校启动了“问题导向德育、课堂、管理和评价改革”工程，提出了问题导向初中德育专题课程教学创新、问题导向智慧课堂教学改革、问题导向学校管理机制创新、问题导向学校教育综合评价改革等。

为什么课改总是在原地打转转？这是许多课改人共同遇到过的问题：理念清晰，原初设计的课改方案尽管完美，但理念要转化为实践，中间还存有很大的鸿沟。问题到底出在哪里？刘书君认为，还是出在我们的教育理念、教育思想上。我们说知、情、意、行，但工作总是做在“知、行”两端上，“情、意”被忽略了，中间出现了断层，没有了动力支撑，“知、行”不一致，就是自然的。刘书君举例说，校园里许多司空见惯的做法是：老师先讲学生该做什么，不该做什么，然后就开始检查，没有遵守就扣分。我们的管理不也是同样如此吗？缺乏情感的激发和意志的强化，责任教育也好，德育也好，课改也罢，难点都出在这里。

“变革，必须有一线教师的全力参与，有学生和家长的积极参与，才能取得实效。让教育的每一个人都面向改革，在参与改革和管理中，不仅实现着专业发展，而且也从中体验着责任、享受改革带来的红利。”刘书君深有感触。

3. 担当责任，让人人从平凡走向卓越

纵观刘书君的学校变革逻辑，充满着责任、智慧、情怀和担当。每一项卓有成效的改革都是先行实验，选择有基础的班级、选择可行的领域进行实验，或是实验成功后，立即展开推广；抑或边实验，边推广，改革实验与推广同步进行。当改革规划敲定之后，制定详细的实施路线图和推进时间表，合力推动育人蓝图有序展开。

刘书君主导的改革有一个善抓关键的习惯。对于课改的整个过程有哪些关键制约着或发挥着枢纽作用，他都掌握得一清二楚，这得益于他的洞察力和直觉思维的能力。当课堂教学改革进行到第三个阶段，即形成较为成熟的“235 导学一体”教学策略之后，受班级双线育人成熟经验的启发，整合以前实验探索的成熟经验，在全校启动了人才培养模式改革实验，其中要运用德育线、教学线实行“大双线整合育人”策略，推动学校育人模式的整体变革。

现在有很多学校重智轻德，德育可有可无的认识较为普遍。很多人认为，抓德育与教学质量提高关系不大。而临沂第十一中学却紧紧抓住德育不放手，牢牢确立了立德树人的教育思想，把工作做得扎扎实实、卓有成效。

为实现全员育人、全程育人、全科育人，学校确定了 15 个德育专题，每月一个主题，常年坚持，有条不紊，期望用德育推动课堂教学改革，用德育带动全人教育，用德育写就校园文化的底色。

2015 年 3 月，“孝敬专题开讲”，拉开了十一中德育专题课程实施改革的序幕。在这一个月里，先是启动了“孝敬之星”评选活动，把班级、家庭和任课教师的力量整合起来，开展家长眼中的“孝敬之星”、同学眼中的“孝敬之星”、老师眼中的“孝敬之星”评选。通过自我评、家庭评、班级评、年级评、学校评，最终评审确定校级“孝敬之星”荣誉称号。后续的活动还有“感恩”“责任”“诚信”等专题，按照既定的思路和方案依次有序展开。

每一个专题课程的实施，先由思品课教师主讲、头付专业引领，班主任和辅导员配合服务，在导师引领下开展各种专题实践活动。“每个专题课程实施活动，都开发了一些感人、有趣、有教育意义的案例和环节，让学生真心投入这些活动，学生在真实的体验、感悟中实现真实成长。”思品课教师王媛媛说。

问题导向德育课程改革聚焦学生成长问题，促进了传统思品课教学的变革转型，实现了价值教育从教学体系到成长体系的转变。改革实验的成功，一方面引发了课堂教学的深度变革，另一方面也撬动了学校内部管理体制的根本性创新。

学校创造性地将延续多年的政教处、教学处、后勤处整合，实行扁平化管理机制。按照培养全面发展人的目标要求，将原来科室演变为课程规划发展中心、学生发展指导中心、评价管理中心、后勤保障服务中心，实行“四中心”管理，全面聚焦立德树人根本任务的落实。

当德育改革、管理体制改革这些关键被突破之后，刘书君又把眼光瞄向了课堂教学的深度改革这一关键，他们决意要把课堂改革推向第四个阶段，构建智慧课堂，在课堂上实现全息学习，促进每个学生的全人发展。

大格局，带着情怀真心育人

1. 文化建设，让教师满腔热情

临沂第十一中学的教育格局，以双线育人和智慧课堂为骨架，培植文化为立足点，让文化成为学校的魂，成为教育的根，提升师生的精神境界，塑造学校的鲜明特色。

“起于责任，成于智慧”是临沂第十一中学的校训，也是校园特色文化的着力点。长刘书君的阐释，让我们对该校的教育格局有了更深刻的理解。

“当今社会上为什么有那么多人不思进取，对社会、对工作、对他人冷漠？源于没有责任，没有担当。”刘校长说，“我们的教育就要培养负责任、肯担当、有智慧的全面发展的人。”

“你是未来，你必须成为最好的。”这是刘书君嘴上常挂的一句话。这个“最好的”，就是要求学生、教师、家长和学校做最好的自己。

校园文化培育先从学校精神文化做起。

学校办公楼被命名为“勤正楼”，实验楼被命名为“知行楼”，教学楼被命名为“求真楼”。刘书君给予的解释是：勤，是指勤奋踏实，是工作之需，做事之要；正，是指正直善良，是做人之道，处事之规。勤正楼的命名，意在激励全体教干、教师、学生正直诚信，修上善之德，涵雅慧之风，端正内心，正身率物，公正待人、公正处事。在工作学习中勤奋上进，勤于思考，兢兢业业，脚踏实地，共同创造辉煌灿烂的明天。

行是知之始，知是行之成。知行楼的寓意是知识与实践合二为一。对学生来说，养成目标是知行合一；对教师而言，教育从内心开始，只有发自内心的教育，才是真正的教育。

求，是指追求，真，是指真实。求真楼的总体含义是追求本真，追求真理，追求务实。意在激励师生踏踏实实学知识，本本分分做真人，让教育回归本真。

“千教万教教人求真，千学万学学做真人”的红色标语，镶嵌在教学楼最显眼的位置。这不是一句空洞的标语，而是一个寓意深刻的教育理念，教者的责任、学者的追求，浓缩在这两句平淡的话语中。

走进临沂第十一中学，从校舍布局的规划与设计、道路广场的命名、景点的设置，到每一块文化牌的内容与设计，无一不是责任与智慧文化的物化与外显，诠释着校园文化的真谛。

刘书君介绍，临沂第十一中学位于市区中心，地处全国著名的临沂小商品城，学生来自全国 22 个省市、180 多所学校，家庭状况和学生成分极其复杂，学生到校时间不统一。过去不到时间学校不开门，大门外经常聚着许多早到的学生，秩序混乱，影响交通，存在诸多安全隐患。现在学生随到随进，学生到，校长到，几年来，刘书君每天早上 6 点 40 分到校已成习惯。在他的感召下，从副校长、中层干部、班主任、辅导员到一般教师个个勤政、人人务实。这不仅仅只是榜样的力量，更是责任感内化于行动的表现。可以说，责任与智慧教育已成为临沂第十一中学文化的灵魂。

俞敏洪说过：要把教育当作一种情怀。因为，教育要影响人的生命态度，培养人的人格品质，有责任的教育情怀，一旦化为行动，就能发挥出着无穷的潜能。

“寻求变革的力量，聆听花开的声音”是刘书君博大教育情怀的真心披露。其实，临沂第十一中学教育者的情怀，在校园里发生的每一个故事里，都有着精彩的演绎。

在临沂第十一中学的校园里一块宣传牌，让我们驻足，宣传牌上是“最美教师”温萍萍与丈夫一起接受颁奖时的一张照片。在宣传牌前，刘校长讲述了一个美丽的故事：温萍萍是临沂第十一中学的一位历史教师，丈夫是兰山区基层派出所的一名所长。由于派出所工作繁杂担心顾不上家，丈夫坚决反对妻子担任班主任工作。然而，温老师凭着一腔对教育事业的热爱与执着，干出了优异成绩，被评为2016年度学校“最美教师”。评选委员会给予的颁奖词是这样的：你，循循善诱，把枯燥的历史知识着色添彩描绘成美丽的风景；你，热情饱满，用自己的人格魅力谱写教育志向。你意志坚定，怀揣梦想把教育事业演绎成永恒。一起上台接受颁奖的丈夫，被台下领导老师、社区干部、学生及家长的掌声所感动，他含着眼泪表态：今后就是雇保姆照顾家庭，也要全力支持妻子的事业。

2. 机制变革，让教育回归本真

刘书君认为，教育的本真就是遵循人的最真实最基本的生命本意，要坚持“成长比成功更重要，成人比成绩更重要”这样的教育观，对每位学生挖潜塑造，让其人生大放异彩。“实现培养全面发展的人的目标，践行全人教育理念，是十一中教育大格局的实质。”兰山区教体局局长韩东大加赞赏说。

刘书君在阐释责任教育时说：“在当今社会，培养富有责任感，勇于担当的人，不能再是单纯知识、技能的培养，必须是培养情感、态度、知识、技能等全面发展的人。”

刘书君认为，会学比学会重要，学会思考比学会知识重要。临沂第十一中学的课堂教学改革先后经过了合作学习、翻转课堂、“235导学一体”教学策略、智慧课堂四个发展阶段。目前，智慧课堂正以“互联网+”信息技术为平台，将课堂从课内延伸到课外，让学生课前自主学习与课中知识内化有机结合，在“同伴互助、疑难突破、训练展示、反思评价”环节中，采取“问、学、练、测”等方式，让学生进行知识内化，能力提升。在同伴互助环节，师生合作学习，解决问题；在疑难突破环节，师生参与，解决难题；在训练展示环节，巩固知识，形成能力；在反思评价环节，总结激励，知识建构。通过学生反馈、小组讨论、课堂展示、学习评价等方式，实现生生、师生实时互动。学生主动学习，探究体验，思考感悟，发展核心素养。

课堂变革应落脚于学习方式的变革上：课下自主学习、个性学习、主动体验探究，课上合作学习、内化提升、建构知识；教师角色要变：教师是学生学习的引导者、促进（激励）者、学生思维能力的培养者、求知欲的点燃者；师生关系要变：教育需要和谐、民主、平等的师生关系。课上是师生、课下是朋友，这是学生的渴望与期待。教师、学生、家长的关系和谐，对学生的成绩和成长至关重要。

智慧课堂通过网络和平板电脑，一下子将学生的成长与学校、家庭、社会紧紧地连接在一起，验证着刘校长的家教观："灵魂的成长在家庭，智慧的培养在学校，才能的学习在社会。家庭是最好的学校，家长是最好的教师，饭桌是最好的书桌。"

观看了十一中学的智慧课堂，临沂市教育局局长尹传斌禁不住内心的喜悦："管理机制的改进，是校园文化的再造，是教育格局的升华。"临沂第十一中学受办学场地、师资力量的制约，班额大，学生多，班级管理难度大。2014 年 4 月，借助部队"连长 + 指导员"的管理体制，推行"双线育人"管理制度，为每个班级配备了辅导员，班主任与辅导员既有教育职责的分工与偏重，工作中又相互配合、互相融合，实现了双线管理、双线融合的新型班级管理机制。

其中的学习管理一线是：班主任—班长—学习委员（各科课代表）—纪律委员（小组长）—安全委员（联络员），主要负责与学习有关的事务；文化管理一线是：辅导员—团支书（中队长）—体育委员（小队长）—卫生委员（小队长）—文娱委员（小队长），主要负责生活、娱乐、体育以及营造班级文化等事务。

王媛媛是临沂第十一中学的一名资深班主任，在她看来，"双线育人"管理机制，是班级管理的一次创新。她说："自从班级配备了辅导员后，辅导员分担了班级平时的卫生管理、两操管理、公物管理、团队活动等工作，我有更多精力深入课堂了解学情，投身于智慧课堂教学改革；更有时间密切联系学生家长，具体地针对每个学生进行问题分析，因材施教了。"当记者问及"双线育人"管理效果时，班主任李倩伟说："辅导员和班主任一起潜心研究班级工作，让学生每天发现一个问题，解决一个问题，加强学生自主管理和民主管理，学生的潜能得到了进一步释放，学生的个性得以充分张扬。"

教育回归本真，还要"关注每一个学生的成长，关注学生每一个成长环节，关注学生每一个成长环境"。

临沂第十一中学生源来自全国各地，学生多，学校师资严重不足，教师老龄化突出，管理困难大。教师不乏抱怨，认为对片外学生没有教育义务。

刘书君对教师们讲："全国各地的家长，来临沂投资，发展了当地经济，造福于当地，他们的子女有权利享受到平等的教育。临沂是一个开放的城市，为每一位来临沂发展的家长解除后顾之忧，是学校应有的义务，每一个学生都是家庭的希望，祖国的未来，我们应该有大教育观，必须教育好他们。"

临沂第十一中学建立了"学校、社会、家庭一体"的教育体制。利用智慧课堂"互联网+"搭建起与家庭沟通的桥梁。聘请社会监督员进校园，建立家长委员会，创办家长学校，开展"小手牵大手"教育活动，将家长培训教育纳入学校教育，让教育延伸到家庭，辐射到社会。

刘书君介绍，学校表彰教师，教师的家属必到；表彰学生，学生家长必到；教育活动，社会参与必到。邀请社会知名人士给受表彰者颁奖。这不仅仅是表彰模式的变革，更是在让教育回归本位。

3. 问题德育，让教育生动有效

如何贯彻教育部《全面深化课程改革落实立德树人根本任务的意见》(以下简称《意见》)，实现《意见》提出的培养目标。临沂第十一中学"问题导向"德育课程让我们耳目一新。

"问题导向"德育课程的基本价值追求是培养全面发展的人，培养有社会责任感、能适应社会、对社会做出贡献的人。聚焦学生成长过程中的关键问题和教育者自身育人素养问题；聚焦学生个人修养、家国情怀、社会关爱；聚焦学生自主发展、合作探究和实践能力，遵循教育规律和学生成长规律，将立德树人系列化、问题针对化、生活化、专题化。

德育从来不是空洞的说教或强加灌输的过程，而是从认知到能力、素养转变和内化的过程，教育应该是快乐的。

郑磊介绍说，很多青春期的学生都变得特别逆反，有的同学不再像以前那样尊重自己的父母，甚至动辄就跟父母吵架；同学之间打架、群殴、欺凌等现象，也时有发生。针对问题，学校适时开展"感恩""生命与敬畏"等专题教育，收到了事半功倍的效果。

2015级6班胡馨心同学颇有感触地在《至爱》中写道："从我出生那天起，妈妈对我便灌注了全部的爱，只是我一直沉浸在自己的世界里，觉得这些都是理所当然，便习惯了罢。在这十几年的光阴中，我理所当然地享受这一切，没有给她一丝回报。白驹过隙，时光荏苒，当我们回过头来明白这一切，还有多少时间可以弥补？"她在阅读了《孝子千里背母读大学》后说："我平时经常帮助父母做家务活，我以为自己已经很孝顺了，但与刘秀祥的事迹相比还是差得很远，我要向他学习。"

孙洪典是七年级十四班的学生，学校"生命与敬畏"主题教育让他对生命有了更深刻的认识："我们活着就是对家人的最基本的回报；我们活着，是对朋友最好的关照；我们活着，就是我们家庭的最好的支柱。让我们不只为自己，更为家人的期望、朋友的友谊，家庭的需要，关爱自己，敬畏生命！"

郑磊介绍说，开展"问题导向"德育系列课程以来，临沂第十一中学已举办了"责任、诚信、生命与敬畏、感恩"等12个主题系列活动，每月一个专题。"道德之星""文明之星""学习之星""进步之星""美德少年"评选已经制度化、经常化。

王晨阳，被评为临沂第十一中学2016年"美德少年"，是同学们公认的一个有责任担当的人，一个富有爱心的人，一个睿智聪慧的人。评选委员会给予他的颁奖词：你笃学敏行，勤奋踏实，是学习的楷模；你循循善诱，诲人不倦，是小组中的榜样。学习结对，帮辅同学，帮出了自信、快乐、成功，辅出了成绩、友谊、智慧，命运共同，花开有声，前景美好。他的事迹被刊登在校刊《清泉》第15期。

德育一旦回归本真，承接了地气，就充满了无穷的魅力，让"骨感"的说教，变得有血有肉。"这种让育人回归到生活，以学生生活为导向，以立德树人为根本，润物无声的'问题导向'德育课程，是德育思路的创新、渠道的拓宽。"临沂市教科研中心主任宋玉良点评说。

大智慧，胸怀使命勇于探索

大思路谋求大规划，大手笔构架大格局。临沂第十一中学的大教育，落脚于立德树人，成就于全面育人，最终走向全人教育，与中国学生发展核心素养不谋而合，其核心理念和重点思路都在充满活力的智慧课堂之中。解码十一中的智慧课堂，既可以感受刘书君及其团队的教育大智慧，也可以窥视他们的胸怀、担当、责任感和使命感，还可以追寻他们不断尝试、勇于探索的行动轨迹。

（一）教育管理的智慧

1. 借势，让变革悄然启动

2012 年，刘书君上任临沂第十一中学校长时，这里的教师队伍和课堂教学均不尽如人意。教师在平静的外表下，隐藏着大家共有的惰性和创新不足，课堂在俗套的常规中，丝毫不见生机和活力。不容迟疑，刘书君毅然决定要从变革中寻找前行的动力。

当时的课堂教学已经打上“死结”，走入死胡同，“满堂灌”根深蒂固，教师无法照顾全体，后三排的学生昏昏欲睡，课堂低效甚至无效。而家校之间更是壁垒严重，很多家长把教育学生的任务全部推给了学校，让学校承担了“无限责任”，所谓的“向 45 分钟要质量”，只能化为高负荷题量和重复训练。不变革，就只能在困境中踯躅，这对学生的未来和社会都是极不负责的。

刘书君在充分调研后发现，学校一半以上的学生都是外来经商人员子女，家长的心思和精力，全部投放到商业活动中。由于学生放学后无人管理，学习上无人辅导，很多学生不但成绩差，行为习惯也不够好。当然，要求变革的呼声也是日益高涨，家长迫切要求改变现状，学生急切需要提高学习成绩，一些不甘平庸的教师也真心想走入专业成长的通道。刘书君严密论证，绘制了清晰的课改计划，决定先从教师“少教”开始，将课堂结构划分为“问、学、练、测”四个清晰的环节，给学生留出自主的空间，逐步推进，适当升级。由此掀起了一场静悄悄的课堂变革。

正因为是“静悄悄”的变革，十一中人推动的新课改，并没有看到教师的恐惧，也没有听到教师的抱怨。在尝试了一段时间的“合作学习”之后，他继续加深一步，将翻转课堂理念和技术移植进来，将自主学习延伸到校外。课改以解放学生、解放教师为基本出发点，师生慢慢适应了新型的课堂教学方式，教学质量稳步提升。

在推行教改的过程中，刘书君敏锐地感受到了“互联网 +”教育的巨大影响力，他觉得，单靠教学理念和教学方式的变革，对提升教学质量确实有效，但却不能满足学生自主发展、个性发展的需求，他决定向现代信息技术要育人质量。学校率先接通了校园局域网，然后向学生及家长发出了使用平板电脑进行教学的邀请，得到了广大家长和认同和支持。2013 级新生开学，教改班顺利投入新型课堂教学模式的探索。

事实证明，刘书君是睿智的，他的顺势而动、借势而行，他的密切关注、亲力亲为，让教改班级精神面貌、学习氛围、人际关系呈现出前所未有的全新局面。学生主动性迅速调动起来，教师的热情更是特别高涨。师生的默契配合，学生的自主发展，带动了实验班考试成绩的迅速提升，中考升学率从 5 年前的 20% 飙升到今天的 80%。这样的成绩，让学生欢欣鼓舞，让家长高度兴奋，让社会刮目相看。在一片惊叹声中，“235 导学一体”教学策略，现代信息技术平台，迅速成为社会议论的焦点。

2. 借力，让课改顺利推进

借力实现“互联网 + 教育”，信息技术平台的建设最为关键。为此，学校先后投入 300 多万元，安装了校园局域网，实现主干万兆，6 类网线千兆到桌面，配备了多台高端服务器。每个教室安装 2 台高端 AP，教室无线网络全覆盖，教室多媒体采用最先进的激光投影仪。教师端平板电脑人手一台。同时，教改教师还配备了平板电脑。

教学是一个师生良性互动的过程，仅有先进设备的技术支撑，没有技术服务的力量支持，还不能保证新教学策略能够顺利实施和大面积推广，只有信息技术与教育教学达成深度融合，才能在变革中实现创新，闯出一条独具特色的路子。

期待在升级，技术在升级，品质要升华。十一中坚守课堂改革，从 1.0 版的合作学习、2.0 版的翻转课堂，再到 3.0 版的导学一体，逐步升级为 4.0 版的智慧课堂，形成了“自主学习（自学）、同伴互助（互学）、疑难突破（助学）、训练展示（测学）、归纳反思（评学）”等五步一体、全息学习的基本范式。

目前，学校正在提升智慧课堂的技术和资源，会为教师和学生提供更加丰富的资源，满足教师个性化教学需求，表达教师的创新型教学思维，量身定制专属课堂或专属资源，全面助推智慧课堂教学改革，搭建人人学习、时时学习、处处学习的新格局，全面促进学生的个性化发展。

3. 借智，让教改不同凡响

在具体的教改推进过程中，刘书君和他的团队并没有闭门造车故步自封，相反，他们总是用开放的视角看待课改和教改，他们不断走出校门，走向外面的大世界，真心吸取专家学者的智慧，让课改思路日渐清晰，让教改内容日益丰富，让课堂具有文化含量。

从最初的合作学习，到后来的翻转课堂，还有紧随其后的235导学一体，期间经历了复杂的研讨、论证、实践、探索过程。为开阔视野，刘书君先后向临沂市教科研中心、山东省教科院、华东师范大学、东北师范大学、陕西师范大学的专家教授请教，寻求理论支撑和智慧支持。2016年5月，在完善教学策略基础上，借助校园信息技术平台，将“235导学一体”课堂改革升华为“智慧课堂”。

什么是智慧课堂？东北师大教授钟绍春的解释是：在培养全面发展的人的教育方针和教育目的框架下，在智能技术搭建的智能学习环境中，充分发挥教师的教学创造力，充分激发学生的学习积极性，让学习者在智能学习环境中可以开展个性化、有针对性的快乐学习，并完成学习者个体智慧的提升和发展以及完整人格的养成。钟绍春教授的解读给了刘书君很大启发，也为教学改革赋予了超前的思维、丰富的内容、完善的理念，从而让教改不同凡响、让学校异军突起。

临沂第十一中学的智慧课堂，不仅仅是形式新颖，更重要的在于适应了新时期学生成长的特点，将育人格局嫁接到互联网中，真正实现“互联网＋教育”的理想模式。学校的教改经验不仅通过《中国教师报》《中国教育报》推广，进入了光明网、齐鲁网，还成为辽宁省沈阳市推广学习的范本，山东、安徽、天津、辽宁、广东等地的百余所学校先后派人前来参观学习，学校的教师登上了华东师大信息化教学培训的讲台，校长刘书君更是成了中国教育学会、中国教育技术协会以及众多教育科研机构特别邀请的主讲嘉宾，共同解码临沂第十一中学的智慧课堂。

智慧课堂教改的成功引导着学生实现智慧生长，助推教师实现了华丽蜕变，也把刘书君和临沂第十一中学推向了更加宽、更加高的舞台。刘书君坚信：声势浩大的技术推动的教育变革已经到来。像医院已经告别单一的望闻问切时代，而转向由先进设备技术支持下的科学诊疗一样，教育也必将走向大数据支撑下的诊断、激励和补偿，为教师有效指导学生的学习提供依据，为学生的个性学习、自主学习、体验探究提供最佳的环境条件。

（二）教学策略的智慧

1. 自主，让学生成为学习的主人

临沂第十一中学的智慧课堂，以学生的自主学习为前导，以知识的自主构建、能力的自主养成为基础，形成了课内与课外相结合、线上与线下相结合的学习成长模式，而课前的自主学习，最能清晰地展现学生学习主人的姿态，也能体现学生的个性特长以及对自己负责、对家庭负责的态度。

学校 5:30 放学。当学生进入自习学习阶段，结合学习任务单，观看教师推送的视频。微视频一般 5~7 分钟，观看的过程，平板电脑会实时记录并自动反馈。看完视频，完成相关的作业，拍照后提交数据；到了 9:00~9:30 线上讨论时间，学习小组内的成员，开始交流自主学习的体会和解决问题的思路，实现智慧共享。学生自主学习的数据，既用于课上的评议和展示，也可以由教师发送给家长，这能为家长的后续诊断和指导提供参考。

学校指定的晚上自主学习时间仅有一个半小时，但之前和之后的时间，学生完全可以根据自己的兴趣爱好和个性需求，有选择地在冲浪中进行知识积累和视野开阔，为自己的个性发展开拓空间。

学生使用的平板电脑，经过厂家的技术处理，可以实现无线上网，但只能链接校园局域网，不能链接外网。这里没有电影，没有小说，没有游戏，没有其他形形色色让人眼花缭乱的东西，有的只是丰富多彩的学习软件和各种各样

的知识链接，引导学生走向一片广阔的未知世界。九年级学生黄天畅描述自己在智慧课堂班学习经历的文章，在杂志上发表了。在这篇文章中，黄天畅兴奋地讲述自己在线学习的享受：我们可以穿越上下五千年，也可以畅玩数学游乐场，或者干脆来一次英语单词大冒险。在有趣的智力冲关中，我们兴趣盎然地遨游在知识的海洋里。

课外学习，已经成为学生自我成长、自主发展的重要途径，根本不需要家长的督促，有的只是老师的指点和引领、同学的帮助和协作。学习的过程，学生感受不到外在的压力，没有恐惧感和疲惫感，全凭那种拔节的强劲张力和开花的强烈欲望，快乐，兴奋，个性张扬，欲罢不能。

2. 展示，让学生成为舞台的主角

以“235 导学一体”为骨架构筑的智慧课堂，充分重视学生的自我展示，但这种展示并不仅仅是教学流程中的一个环节，而是贯串在整个课堂之中，不搞花样，不走程式，追求真实，重视效果。这种教育理念，给了学生张扬个性的大舞台。

在同伴互助环节，展示的是小组内 6 名成员的群体智慧；在疑难突破环节，展示的是能力强者的个体智慧，但全班学生的集体智慧也会得到验证；而在训练展示环节，每一个学生都有了公平的展示机会，不但完成作业情况向集体展示，而且，只要够勇敢、够敏锐，完全可以在全体同学面前，客观描述自己的思路，大胆表达自己的思想；在反思提升环节，展示的是个体进行反思总结、提炼归纳的智慧，这不但需要有清晰的思维，更需要有完善的概括提炼能力和清楚流畅的语言表达能力。展示，那真是人人跃跃欲试、个个争先恐后，在这种气氛热烈的场景里，教师清晰地看到了课堂教学真实、全面的效果，这与传统课堂大呼隆举手、走过场扫描相比，简直有着天壤之别。

教学策略的改革，让学生学会了自主学习，学会了合作互助，在互助中培养了真诚的友谊。

在智慧课堂上，学生展示自我的强烈欲望，让我们大为惊叹。就我们观摩的数学课和英语课，没有一个学生甘于默默无闻，没有一个学生甘于独享思维成果。只要同学有疑问，只要在电子白板上发现了错误，都会踊跃辨析，或者举手示意要求上台指正。而在展示解题思路的时候，讲解者在电子白板上每写出一个解题步骤，都会转过身来，诚恳、谦虚地询问台下的同学："这个有问题吗？"在得到否定的回答后，才开始下一个步骤的推理和演算。

智慧和能力的展示锻炼了学生的胆识和勇气，消除了这个年龄段孩子常有的畏惧、羞怯以及与此伴生的交流障碍，让学生成为校园舞台上灵动的主角。说起展示的效果，刘书君非常乐观地告诉我们他的预测：在校内能够成为学习的主角，在以后的社会大舞台上，这些孩子也一定会积极、乐观、勇敢，一定会成就精彩的人生。

3. 合作，让师生成为真正的朋友

智慧课堂是一个生生合作的学习过程。

临沂第十一中学的课堂内，空间布局与众不同：课桌成三列纵队排放，学生双双对面而坐，这样的课桌排列方式，非常便于同组同学之间的交流与合作。无论是在互学环节，还是在助学环节，学生都能非常便捷地面对面进行沟通。同常规的座位横排方式相比，这样的课桌布局既别具一格，又匠心独运。在智慧课堂上，机会公平，气氛和谐，环境友好，没有一个学生受到排斥，也没有一个学生被边缘化。

合作不仅仅是在课堂上，也体现在课堂外。学生合作的基础，是6人学习小组形成的学习共同体，合作的心理机制是相互负责、相互促进。学习小组以学习成绩为聚合条件，讲究强弱搭配，形成固定的互助团队，进步快、成绩好的成员，有责任帮助滞后的成员。尤其是在晚上的线上自习室里，小组成员之间的合作，不断碰撞思维、激发灵感。课上课下的合作，让一个学习小组内的成员形成了关系密切的友好群体，而对小组荣誉的重视，又激发了不甘落后的积极心态，营造了你追我赶的学习氛围，让各成员更有信心在课堂上代表本组同学为大家展示集体智慧。

智慧课堂是一个师生合作的学习过程。

课堂上，借助信息技术平台，教师能够全面掌控学情，能够精准发现问题。由于问题是课堂生成的，教师很难事先预设，所以，师生之间的同频共振就显得特别重要。但教师在课堂上真正要做的，就是巧妙提示、引导和点拨，然后给学生机会，放心让学生探究，放手让学生展示思维探究过程。纵观临沂第十一中学的智慧课堂，笑声不断，掌声不断，合作声同样不断。师生的合作，塑造了民主与和谐、包容与互助，高效因此成为课堂的常态，高效教学目标能够精准落实。

教师的教学服务是全程和高度负责的。课外时间学生的自学，都通过任务单、微视频进行导入和管理。视频要有新颖性，作业要有代表性，思维训练的题目难度要有层次性，教改对教师的要求不言而喻。谈起这些，语文老师于智慧感慨颇多：“235 导学一体”打破了禁锢，解放了思想，但老师只是心情轻松了，实际担负的工作量却没有减少。要截屏，要实时录播，要推送优秀文章，那可真不轻松。不过，累是累在获取新知识上，累在自我成长上。教师稍有松懈，很可能就会被学生超越。魏元杰老师也深有同感：投身智慧课堂，担子重了，压力大了，使命感强了，不过，每个人的成长也更快速了。智慧课堂是生命的课堂，每个学生绽放的笑靥、飞扬的色彩，都惹人陶醉，让人心花怒放，这是执教生涯中最美的相遇、最好的风景。

线上线下的良性互动、友好合作，培养了师生之间超越师生关系的美好情感，学生在高度认同校园文化的同时，产生了归属感、荣誉感和自豪感。刘书君笑着讲了这样一个小故事：一次饭后，两个学生站在优秀教师展板前指点议论。一个学生骄傲地说：这是俺老师，你看厉害吧。另一个学生当仁不让：“他也是俺老师。”前一个纠正道：“他又不教你们班。”后一个义正词严：“他在十一中学教书，我在十一中学学习，他就是俺的老师。”学校良好的师生关系可见一斑。

智慧课堂不仅把课堂延伸到课外，也伸展到家校合作的过程，使全息化学习成为现实。

临沂第十一中学地处临沂商城核心区，目前 2800 名在校生中，只有 1200 余人为本地居民子女，其余均来自经商家庭，生源涉及全国 22 个省份。刘书君诙谐地称之为“我校在全国招生”。

学生基础知识差别很大，给教学造成较大难度，这还在其次。最为关键的是，经商家庭常常忙于商业与应酬，根本顾不上对孩子进行家庭教育，连学习辅导都只能在晚上 9:00 以后。学生 5:30 离校后，大多处在监管空白期，沾染坏习气、养成坏习惯在所难免。

智慧课堂将教学前置、后延，覆盖了家庭教育的空档。在云教学 +235 导学一体环境中，学生没有机会、没有动机也没有兴趣去参与学习以外的事情，而是专心致志谋求知识的积累、能力的成长和素质的提升，努力实现个性化发展，这让家长很放心；学生的学习，有教师的远程指导，有同伴的远程互助，大幅度减轻了家长介入的压力，实现了自助与互助相结合的健康成长，这让家长很省心。假期里，教师也不会停歇，照样按时向学生端推送学习任务单和教学微视频，照样为学生推荐优秀作品和优秀案例，照样进行远程诊断和指导，学生依然像在学校一样自主成长。全面革新，提升了育人质量；全员参与，促进了自我成长；而全程跟踪，则打通了家校壁垒，家长们不但由衷赞美学校推行的智慧课堂，对教育管理给予积极的支持，甚至也不再为学生选报各种假期辅导班了。

冠以“智慧课堂”的教学模式，并不少见，但真正能够运用智慧的方式，催生学生智慧的课堂，却不多见。谈起学校的教学策略和智慧课堂，刘书君如数家珍。在他的眼里，智慧课堂生机无限、前途光明，必定大有作为。刘书君认为，借助云教育平台，智慧课堂将让每一个学生都能享受到优质的教育资源，课堂将更加注重对弱势群体的关照，促进每一个人的公平发展、全人发展，让学生实现真实、全面、各具特色的成长，让他们成为有智慧、有责任、有担当的大写的人。

站得高，看得远，抓得准，走得稳，在大智慧之下，刘书君充分袒露了他的大胸怀，勇敢宣示了他的大担当。

临沂第十一中学校园占地面积虽然仅有 29 亩，但在这狭小的空间里，写满了刘书君和他的团队精诚合作、不懈探索的探索足迹，他们以真诚和负责、胸怀和担当，构筑了一个宏大的基础教育格局，塑造了责任文化特色品牌，描绘了一幅立德树人的大教育图景。在无意间，十一中人让自己成为未来教育的领跑者。

附：校长风采

1. 刘书君简历

刘书君，男，汉族，中共党员。中学高级教师，中学一级校长，山东临沂第十一中学校长。中国教育技术协会云教学联盟副理事长，中国教育装备行业协会教育信息化分会专家组成员，山东师范大学专业学位硕士生合作导师。主持山东省教育科学规划重点课题《翻转课堂与学生能力发展研究》(项目编号 fzkt204)，通过山东省教育科学研究院专家鉴定。《信息技术与课堂教学深度融合研究》获临沂市人民政府第四届教学成果个人一等奖。《问题导向德育课程开发与实施策略研究》获临沂市人民政府第三届教学成果个人二等奖。《山东教育》(2017 年第 10 期) 教改风景线专栏“大智慧成就大教育”全面报道责任教育的实践并成为该期刊物的封面人物。对中学生合作学习、翻转课堂实施、智慧课堂有较深研究。构建了“智慧课堂”模型，形成了“235 导学一体教学策略”，学校成为华东师范大学教育信息化系统工程研究中心“智慧教育实验学校”。临沂市教育科学研究院中心、山东省电化教育馆分别临沂第十一中学召开现场会。2017 年入围教育部基础教育信息化应用典型案例学校，2018 年代表山东参加第三届全国基础教育信息化应用展示交流活动，先后在北大附中、华东师范大学、浙江大学、鲁东大学等校长信息化领导力培训班上做专题分享。受沈阳市教育局、济南市教育局和青州市教育局等单位邀请作报告 50 余场。

2. 办学主张

办学要立足培养整体的人、“大写的人”，要带上责任探求教育理想。一个人只要有了自我责任意识，才会去尽社会责任。一个人对自己都不负责任，还指望他对他人、对社会尽多少责任？即使尽了，也可能是一时的冲动。学校首先要培养负责任的人，然后才是一个学习者。每个人身上的潜能是无限的。关键是不能把人放错了地方。在责任文化的培育过程中，每个人的生存生活状态彻底发生了变化，老师们既教书又育人，学生们既积累知识、锻炼能力，又学做真人。

教育回归本真，还要关注每一个学生的成长，关注学生每一个成长环节，关注学生每一个成长环境。“问题导向”德育课程的基本价值追求是培养全面发展的人，培养有社会责任感、能适应社会、对社会做出贡献的人。聚焦学生成长过程中的关键问题和教育者自身育人素养问题；聚焦学生个人修养、家国情怀、社会关爱；聚焦学生自主发展、合作探究和实践能力，遵循教育规律和学生成长规律，将立德树人系列化、问题针对化、生活化、专题化。办学要有大智慧，全面助推智慧课堂教学改革，搭建人人学习、时时学习、处处学习的新格局，全面促进学生的个性化发展。

四、从理想到现实的超越
——张照升校长和他的“平民教育”

在山东省沂水县黄山铺镇，有这样三件事引起了社会的广泛关注：第一件，原先进城读书的农民子女纷纷回乡就读；第二件，城里娃到乡下拜师学艺；第三件，这里的每位老师都争当“妈妈老师”。是什么力量使这个镇的入学儿童出现了“教育回流”？是什么力量吸引了城里孩子到乡下求学的目光，从此这里没有了“择校”问题，实现了真正意义上的教育均衡？让我们一探究竟。

从“特色项目”到“一校一品”

2008 年 11 月，在山东省素质教育典型推介会上，有一个案例吸引了与会领导和专家们的目光：临沂市沂水县的黄山铺镇在实现了“人人有学上”的基础上，积极探索“让人人上好学”的办学路子。他们立足自身实际，在资源有限、条件相对薄弱的情况下，以特色办学引领全镇的教育均衡发展，走出了“一校一品，让孩子在玩中学”的素质教育特色办学之路。专家组一致认为，这个典型代表了教育均衡发展的未来方向，为乡镇区域均衡发展教育找到了突破口，提供了素质教育好范例。沂水县黄山铺镇的“一校一品特色办学”实践，可以成为全省素质教育典型，他们的典型做法值得在全省推广。

1. 全面建设合格学校，让人人有学上

三年前，黄山铺镇的泉庄小学还是一处薄弱学校。为了转出泉庄小学，舍近求远择校到实验小学，王学荣一家不遗余力地往来奔波，备受煎熬。短短三年过后，家门口的泉庄小学发生了巨大的变化。不仅校园漂亮了，而且书画特色声名远扬，王学荣以前的同学个个都写得一手好字，十分自信。

家住泉庄小学隔壁的王学荣一家，见证了学校的发展变化。王学荣的父亲决定，把孩子从实验小学转回泉庄小学。2009 年春季开学第一天，王学荣终于回到了家门口的泉庄小学……

泉庄小学的变迁只是黄山铺镇 8 所学校变化的一个缩影。

黄山铺镇地处城乡接合部，人口流动频繁，同时，这个乡镇位于沂蒙山区腹地，这里山多、山高，人口居住十分分散。教育问题是这个镇的一个突出问题。

改革开放以来，特别近几年来，这个乡镇始终坚持“教育优先发展，科教强乡”的发展思路，经济、教育文化和社会各项事业走在了全市乃至全省的前列。2004 年 10 月，这个镇被山东省人民政府命名为山东省中心镇。

黄山铺镇下辖 45 个行政村，一条泰沂路将这个镇分为南北两部分。前些年，谁能把孩子送到城里上学，是最令乡里乡亲羡慕的一件事。这个镇离县城仅十公里，城乡界限很模糊，“望子成龙”“望女成凤”心切的农民一有可能就把孩子送到城里读书学习。

如何办好每一所学校，教好每一学生，使全镇的所有适龄儿童不出远门就能受到良好的教育？又如何让镇里每位孩子在学校里放飞生命的希望，促进他们有个性地发展，人人获得成功？

2006 年 3 月，张照升到黄山铺镇就任中心校校长，面对教育发展的系列问题，他深深地思考着，揣度着、策划着。当时，国家刚刚将义务教育经费纳入财政预算的经费保障机制，并以法律的形式固定下来，黄山铺镇的农村孩子也和全国一样享受到了国家免费的义务教育，“有学上”的问题得到了解决。可是，如何让这里的每个孩子像城里孩子一样，人人都能按自己的兴趣学到一技之长，使人人都能获得特色的发展，成为教育发展的一大难题。

“随着城市化进程的加快，如果城乡接合部的学校办不好，老百姓送孩子进城‘上好学’的愿望就会更加强烈。”黄山铺镇中心校长张照升的说法绝非杞人忧天。为了求解教育公平这道难题，张照升校长一上任就选择了调研与创新之路。他决定带领班子成员问津实践，向百姓要答案。

他们很快发现，全镇只有一处市级规范化学校，大多都是县级或以下规范化学校。学校布局分散，大多处于薄弱状态，特别是完小发展参差不齐，区域差距较大。有的学校连台像样的电脑也没有，更谈不上有钢琴等音乐教学的奢侈品了，教学设施与现代化教学很不配套。

“找准切入点，办好每一处学校，教好每一个孩子”，在镇党委政府领导班子教育专题会议给全镇教育发展指出了明确的方向。2007 年 3 月，一场“内外齐动、硬软兼施、科学规划、整体推进”的义务教育突围战，在黄山铺镇拉开序幕。

“标准化建设，特色化推进，捆绑式发展，向着教育强镇迈进”，把优势财力和人力集中起来，形成一股强势力量，着力解决学校布局分散和教育设施基础薄弱的难题，成为该镇推进义务教育均衡发展的总体思路。

树立一个样板，高扬一面旗帜，全面建设规范化学校。在规范中求特色，在特色创建中求优质。这是该镇整体推进特色化办学的工作思路，他们制定出台了《黄山铺镇关于创建规范化学校的实施意见》，推出了建设合格学校的“362”工程。该镇党委、镇政府多方筹措资金，先后投入 1000 多万元用于中小学校舍改造，在学校布局调整、资源整合等方面狠下功夫，薄弱学校基础设施和办学条件有了明显改善，加快了标准化学校建设步伐，使几处完小的硬件建设实实在在地“硬”了起来。

“以前全镇中小学校布局分散、规模过小、质量偏低。为此，他们按照就近入学、相对集中、优化资源配置的原则进行学校布局调整，将全镇 3 所初中并为一所、26 所小学合并为 7 处完小，集中师资和资源建设‘成规模、聚人气、管理好、质量高’的区域中心学校，逐渐形成了规模效益，为全镇学校资源配置均衡奠定了基础。”武传亮镇长这样介绍说。

三年来，这个镇对 1 处初中和龙山完小、泉庄完小等 8 处中小学进行改扩建和异地重建，使学校布局进一步得到了优化。同时，还充分利用农村义务教育专项资金，有计划地加强了学校的现代教育技术装备和常规教学设备建设。自 2005 年开始，学校全面实施“农远工程”，重点抓好了“农村中小学现代远程教育工程项目”管理和中小学仪器更新工程，实现了“班班通”，“堂堂用”。“一年一个样，三年大变样”。“我们这里学校发展得能和城里的学校相媲美了”，每天来校接送孩子的学生家长王明田直竖大拇指。

2. 推进特色办学，让人人都能获得成功

“有了好的教学设施，并不能保证学生能接受到好的教育。”张照升校长深有感触地说，“学校没有特色，学生要想按照自己的兴趣实现个性化发展是不可能的事情，发展的需要很难得到满足。”

“千校一面”“万人同语”是当时学校办学的一种普遍现象。“孩子要想学点特长，得托人到城里去，不知经过多少次折腾才能达到目的。”这是当时全镇大多数学生家长的普遍感受。经反复调研，决定以特色学校建设引领全镇教育均衡发展的方向，在全镇 1 处初中、7 处完小开展“一校一品”特色学校建设工程。

2007 年春季开学，一项旨在让学生人人获得成功的“一校一品”“一校多品”特色化办学工程正式启动。没出一周，立项目、报课题、定方案、搞实验，一场轰轰烈烈的特色化办学实践战开始了。这个镇 8 处中小学紧紧围绕中心校确定的《黄山铺镇“一校一品”特色学校建设研究》课题，分别从传统文化项目、民间习俗、特色课程、师资优势等方面，选择申报了子课题。

在《黄山铺镇中小学特色学校创建实施方案》的引领与指导下，每所学校结合实际，各自发挥自身优势，经反复论证，最终确定了自己的特色强势项目：初中的特色德育、中心小学的“美育教育”、龙山完小的“民乐教育”、泉庄完小的“书法文化”、土沟完小的“童谣诗画”、埠西完小的“体育特色”、小河完小的“英语特色”、爱心小学的“舞蹈”特色等，全镇 8 处中小学校校有特色，校校有品牌，每处学校各打各的“特色牌”，各唱各的“拿手戏”。

“教育均衡发展不是拘泥于硬件的均衡，更要关注深层次的内涵发展。创新办学特色，因材施教，关注每位学生的个性和谐发展，才是教育均衡发展的最高境界。”张照升校长对教育均衡发展有着自己的理解。

特色学校的创建使学校充满了办学活力，每所学校沿着“项目特色—特色项目—学校特色—特色学校”的发展路线，认真摸索，不断地创新实践形式，学校实现了主动发展、和谐发展，全镇初步形成了“一校一品、百花齐放”的办学格局，每所学校都在原有程度上办学品质都有所提升；大部分学生也都找到了适合自己的教育，教育过程公平的现状得到改观，有力地促进了乡镇区域教育的均衡发展。2008 年 10 月，黄山铺镇中心小学被山东省教育厅评为省级规范化学校，成为沂水县乡镇农村小学中第一处省级规范化学校。截至 2009 年 12 月，全镇 1 处初中学校、7 处完全小学全部达到了市级以上规范化学校标准。

看到这里的办学情况，前来调研的全国人大教科文卫副主任王佐书连声称赞说："这里的学校办得好！"

"有教无类"是中国人的千年夙愿，普及义务教育是中国人的百年梦想。如何把梦想变成现实？黄山铺镇以"特色项目群"打造特色学校品牌，将教育公平的理想向现实推进了一大步，为我们在乡镇区域整体推进素质教育提供了很好的范例。

"特色学校引领了教育均衡发展的方向，在某种程度上实现了区域教育发展的公平。在这点上，黄山铺镇给我们开了个好头。"沂水县教育体育局局长夏同波如是说。"一校一品"特色创建活动引领了黄山铺镇教育均衡发展的方向。2009年10月26日，《山东教育报》头版头条以《大山深处花烂漫》为题，对黄山铺镇学校特色化办学的先进经验进行了全面报道。

"点评制"，让这里的每所学校变强大

"教育均衡不是齐步走，更要注重特色发展，这样才是更好的教育均衡。"在全国义务教育均衡发展典型经验交流会上，时任教育部部长袁贵仁这样表示。

一种理念，推开一片天空；一种思路，就是一面旗帜。黄山铺镇的每所学校虽都确立了各自的特色建设项目，但如何使"一校一品"特色化办学理念深入到每位教育者的心中，让更多老百姓的孩子受益，这可是一件"道来容易做起来难"的事。

1. 一枝独秀不是春，百花齐放春满园

"只有适合学生发展的教育，才是最好的教育。"分管全县基础教育工作的沂水县教体局武庆玉副局长一语破的。"学校校长的根本任务就是要全力为学生提供适合的教育，开足开齐课程，让每个孩子按照自己的个性自由和谐发展，为今后的可持续发展增添后劲。"

针对县教体局和镇中心校的要求，每所学校虽都申报了各自的研究课题，有了自己的特色"项目"，但到底"从哪里切入，怎么研究，又如何推进"，有的学校和校长对此还不太清楚。

有效推进“一校一品”工程，单靠开会或坐在办公室里闭门造车是无济于事的。“走出书斋，现场办公，民主点评，快捷高效”——一个贯串创建过程始终，既省时又能现场解决学校疑难的“点评制”策略诞生出来。“导师团”“评价的尺子”成为“点评制”策略运用的两个关键。

在特色学校创建过程中，他们对全镇的每一处学校实行会议点评和现场点评。在每周例会上，导师团认真听取各校的工作情况和动态变化，集中点评，加以指导，对重大或困难的问题集体商讨解决；每月的第一个星期一组织导师团对全镇八处学校逐一分析评价，对重点项目或重大问题现场提出改进建议或指导解决问题，对薄弱学校实行跟踪点评，及时有效地诊断创建过程中存在的不足。

学校发展就要使学生有特长、教师有特性、学校有特色。[①] 偏离了这个主旨，任何特色建设都将是浮光掠影的短期效应与表面文章。

来到黄山铺镇采访，正赶上学校的大课间活动。阵阵锣鼓喧天，嘹亮的京剧唱腔从不远处传来，葫芦丝声声入耳。每到大课间活动或课外活动时间，龙山完小校园里就热闹起来。从 2000 年建校，学校发展一致没有找好定位。自从镇里确立了“特色立校，文化强校”的办学思想，导师团和学校一班人经过一番调研，发现周围村庄有丰厚的民乐资源优势，于是确立了以“民乐教育”为主题的特色创建目标。为促成这个特色项目的成功，导师团成员帮助学校精心策划、构思，从秧歌队、锣鼓队、高跷队组建到特色内容的选材，再到活动的开展，导师团都给予认真点评、指导。为了成立葫芦丝兴趣小组、竖笛兴趣小组、萨克斯兴趣小组等各种兴趣小组，导师团帮助学校筹集到 1 万元，购置了竖笛、葫芦丝等声乐器材。从此，这所学校的“民乐教育”日见其特色，日见其成效。

在六年级读书的王蒙蒙高兴地对记者说：“我在葫芦丝兴趣小组快两年了，现在已经能熟练的吹奏各种名曲了，萨克斯一些曲子吹奏我也很熟练了，长大后想当一个优秀的演奏家！”

“教育的均衡不是千校一面，而在有特色的均衡。每一所学校都要为孩子的

---

① 杨九俊 . 学校特色建设：“寻找属于自己的句子”[J]. 教育研究，2013 (10) .

终身发展奠基，为孩子的个性成长留出空间。”黄山铺镇每处学校正是通过抓特色、扬优势，不断提升办学品位，形成了相对稳定而特色鲜明的育人模式。

“规规矩矩写字，堂堂正正做人”，从早些年起，泉庄完小就开始了“写字特色”的教育探索。经过几年的发展，学校形成了一支师生共同参与的“写字教学”特色教师队伍。在毛笔字练习中，导师团发现教师的基本功不够扎实，导师团邀请县书协专家作书法培训报告，并为学校聘请了校外辅导员，还免费为学生提供书写练习的笔、墨、纸、砚、毡，订阅了《写字》《中国书法》等报刊。同时，学校又出台了“教师三笔字过关验收标准”和“学生写字评价标准”等，使师生训练各有标准和尺度。

为搞好写字教学，学校立足课堂编写了《写字教学校本课程》，不断调整优化课程设置，以确保写字课有充足的课时。随着“写字教学”特色的逐渐完善，学生的自主性、合作意识、自信心、吃苦耐劳等品质也逐渐培养起来，“写字教学”特色发展成为学校的主体文化。

该镇中心小学的“美育教育”固定为一种办学特色。对此，导师团意识到，光是起步早还不够，还要发展快、有创新。导师团指导学校首先从美化环境着手，强化氛围的营造。他们在校园新建了六个不锈钢宣传栏，全面展示该校近年来特色办学的成果，同时还专门开辟了“美育教育室”，将美育教育引入课堂。学校按照实践性、开放性、创造性、自主性的特点，相继开发了《知我家乡、爱我沂蒙》《国画》《剪纸》《我们从这里起飞》等20余种校本教材，优化了课程结构体系，有力地促进了学生个性的和谐发展。学校因此被临沂市教育局授予“美育教育特色学校”,2006年10月，全县“特色学校创建和蓓蕾读书工程”现场会在这里召开。

“特色办学显优势，一校一品惠民生”，黄山铺镇特色均衡教育在使每位学生找到适合自己发展的教育同时，全镇的整体教育因此也收获了一系列成果，黄山铺镇先后获得山东省首批素质教育宣传典型、山东省未成年人思想道德建设工作先进单位、国家级优秀家长学校、临沂市“特色教育实验基地”、临沂市教育工作先进单位、临沂市教学示范学校等50多项荣誉称号。

一枝独秀不是春，百花齐放春满园。走进黄山铺镇，你会被这里每处学校的文化氛围所陶醉，感受到这里学校浓郁的个性风采。“这里的学生受到了不同一般的教育，每项活动都适合每个孩子的个性成长，看到这里的孩子个个精神饱满，我很羡慕。”前来这里采访的县广播电视台记者党永慧这样感慨着。是的，这里的每所学校既能吸纳传统文化，又能自主建构，用教育的光辉照亮每个校园，不断刷新着学校的办学纪录。更为可喜的是，这“满园春色”在规范办学的基础上，突显其个性，壮大其内涵，彰显着巨大的办学活力。用县教体局夏同波局长的话说，黄山铺镇的这些学校，都是规范办学的学校，都是面向全体学生，促进学生全面发展的学校。

2. 以人为本，让“活”的教育资源流动起来

“推进均衡发展，绝不是要搞‘削峰填谷’，而是通过提高薄弱学校的质量来缩小校际差距，让优质教育资源迅速膨胀起来，充分满足人民群众对优质教育的需求。”基于这个认识，为合理配置优质教育资源，张照升校长带领导师团建立了“强弱校帮扶式联盟发展机制”，将几个学校结成帮扶联盟，选派名师下乡支教，并在集体备课、观摩教学、评课评研、考试评价等方面统一“点评”，形成指导性策略，以带动薄弱学校办学水平的提高。①

“教育均衡发展的关键在教师。只有拥有了一流的师资资源，才可谈及教育公平的问题。”为在全镇打造一支师德高尚、业务精湛、作风过硬的一流师资队伍。导师团把主要精力瞄准了老年教师、高职称教师和青年教师“三个教师群体”的专业化建设上。他们依托校本培训这个平台，制定了《黄山中小学教师师德修养二十条》，要求教师做“反思型”“研究型”“创新型”和“专家型”教师。

由于地理位置等客观原因，这个镇一度成为许多优秀教师进城的“跳板”。为了留住人才，导师团从不同层面、不同角度为教师专业成长提供了广阔平台。

“既评管，又评教，也评学”的导师团，是顺利解决这个制约学校发展“第一资源”难题的关键，而如何推选一名导师团领军人物，是关键中的“关键”。该镇中心校校长张照升，是首届山东省齐鲁名校长建设工程人选，山东省优秀教师，山东省科研创新型校长，他的公开课《液体的压强》被山东省教育电视台公开录放，受到专家和同行的一致好评。正是有这位出色的领军人，用教育的

① 李中国.综合实践型教师培养模式研究[M].济南：山东人民出版社，2013.

大智大爱引领着“点评制”有序运转。

教师老龄化日趋严重，一些老年教师因职称到顶、家庭压力等原因，失去了职业发展的动力，职业倦怠普遍发生。如何让他们发挥“余热”，让他们“老树结新花”，更好地激发他们的再成长，成为学校教育可持续发展的一道难题。为让每一位老教师在新的起点上再现辉煌、再出精彩，导师团制定了《中小学高级教师职务聘后管理意见》，从师德、教育教学、教科研、班主任工作、培养青年教师等方面做出了具体的职责要求。在此基础上，为鼓励每位教师成为不同层次上的名师，导师团推出了《中小学高级教师星级评定工程实施方案》，对老教师和高职称教师实施“梯级名师”培养。通过开展“教学质量星”“课堂教学星”“活动辅导星”“教育创新星”等“校园名师”评选活动，对这些明星教师实行动态管理。这一举措极大地焕发了中老年教师教育教学工作的积极性、创造性，从而促进了全镇教师群体的专业成长。

关注青年教师的成长，就是关注教育发展的未来。为使黄山铺镇教育发展不致出现教师“断层”，导师团推出了“青蓝工程”。通过开展“师傅引领课”“徒弟汇报课”和“师徒切磋课”等教学教研活动，鼓励青年教师“跳龙门”，尽快让他们脱颖而出。为此，导师团有分别地对中青年教师提出了培养目标，帮助每位青年教师制订“短期发展规划（一般为一年）”和“中、长期发展规划”。规划的内容一般由“自我现状分析、发展目标、自我规划”三部分组成。在自我规划中，从师德师风、教学实践、教学特色、教育科研等方面，要求设计相应的发展策略，实现“五个一”的专业化发展，即“一项过硬的基本功，一项过人的教学特长，一项引领专业成长的核心课题，一手熟练的课件制作运用技术，一手娴熟的写作技巧”。为保障规划切实可行，导师团引导每位青年教师寻找自己专业发展的突破口，制定出台了一份教师专业化发展的“模本”。“模本”分纵向内容和横向内容，纵向有十项内容，在学历、荣誉、论文成果、公开课、课题研究、“三笔字”、普通话、信息技术、教学思想、教学风格、教学效果等都作出了具体要求，在横向上，分为三至四级，要求中青年教师逐级规划目标。

为了促进“老、中、青”教师的协同发展，导师团建立了教师“三结合”发展的共同体。在名师评定制度中，中心校特别增加了对青年教师的培养内容，让每位骨干教师明确自己在这方面的职责。这些中老年教师在促进青年教师快速成长的同时，也使“老树”焕发出了新的活力，有力地推动了新课程改革的进程和学校的发展。

有一支过硬的师资队伍，才会有一个区域教育的均衡发展，整个教育的公平也才能实现。针对边远薄弱学校师资力量相对薄弱的现状，多年来，黄山铺镇中心校一直致力于健全“教师交流制度”和“优秀教师向薄弱学校流动”的政策。据统计，每年全镇教师交流比例在10%以上，在2006—2009年的4年间，全镇共交流中小学教师近200人，占专任教师总数的近50%。

王观峰，一位导师团的成员，原来在镇中心小学工作。后来，他被派到埠西小学任副校长，主抓该校的教学工作。谈起支教的事，他说：“到这里能将原来学校好的理念、好的做法与这里的老师分享，提高学校的教学水平和管理水平，使这里的孩子也能享受到优质的教育，同时也锻炼了自己，真是一举三得。”

每年，导师团队都组织开展“名师送教下乡”活动，组织名师、教研人员开展听课评课活动，对边远学校教师进行专业引导。2010年3月10日，该镇中心小学的刘培凤、刘法伟等4位教师来到对口帮扶的泉庄小学，给该小学教师送去了4节精彩的公开课。泉庄小学王玉同老师听课后，深有感触地说：“听了这些名师的课，收获很大，震动很大，他们灵活的教学方法值得我们学习借鉴。”

文化让教育实现高位均衡、内涵发展

“教育均衡发展，就是不管学生地域、身份不同和贫富差别，让每一位学生都享受到应该享受的教育。”该镇中心小学花传宝校长对教育均衡做了通俗的解读。黄山铺镇把对留守儿童、家庭困难儿童和后进学生等三个弱势群体的教育纳入年度教育发展计划和中长期教育发展规划之中，常抓不懈，让每个家庭都走进了阳光地带。

1. 用大爱关注弱势群体，用责任打造均衡教育

“爸妈在外打工，顾不上我的生活，是老师给了我关爱和温暖。我每天生活得很幸福、很快乐。"采访中，留守儿童杜元华高兴地对记者说。

"留守儿童"是近年来出现的农村学校特殊教育群体。据了解，该镇3000多名学生中，留守儿童有328个。做好留守学生的教育工作，是摆在农村学校教育工作者面前的一个重要课题。为了让每一个孩子"不掉队"，黄山铺镇把对留守儿童的关爱作为教育工作的重点，从关爱学生的心理健康入手开展各项活动。一是开展亲情感恩教育，通过给留守儿童每月至少通一次电话、写一封书信，定期与其父母沟通，使他们了解父母在外打工的辛苦，能够对父母说一声："你辛苦了"。二是推出"代理家长"和"爱心妈妈"，经常开展亲情联谊活动，弥补留守儿童"亲情和爱的缺失"，使他们享受到正常儿童的温暖。三是为留守儿童成立了"知心家园"小组，让留守儿童互相关心，在一起经常叙说自己的不平事、伤心事和快乐事。"知心家园"成为"留守儿童"温馨的"小家庭"，他们在这里渐渐消除了孤独感，学习成绩也明显提高。家长们说："我们亏欠孩子的，知心家园给补上了。"四是组织召开"我们当自立""男儿当自强"等主题班会，培养留守儿童积极乐观的生活态度和自强不息的精神。五是为留守儿童开设"五点半课堂""家长开放日"和课堂教学"开放周"活动，定期让家长参与听课，以增进家长与教师、学生的沟通。一系列的活动的开展，使留守儿童的心情开朗，乐观自信，充分感受到了同学可爱、老师可亲、上学有味。孩子们深有感触地说："这是我们最最温暖的家。"他们还为每一位家庭困难学生建立"救助档案"，每学期进行调整和确定贫困生重点帮扶对策和措施，进行跟踪管理，确保了每位贫困生不因贫失学。

黄山铺镇的每一处学校，每一位老师都视学生若亲子，倾心关爱每一位贫困学生。校园里，你会经常看到老师们为贫困学生捎衣服、购买学习与生活用品的身影。方云老师"关爱贫困生、一年四季在行动"的故事，在沂水传为佳话。方云老师不但自己资助贫困学生，而且还发动自己的亲戚捐款捐物献爱心，她的哥哥资助了一名贫困生，承担起了该生上学的所有费用。

为了让更多的贫困学生获得资助，学校牵线搭桥，努力争取社会各界和友好人士对贫困生进行资助，构建起了社会化"贫困生救助体系"。团县委和县妇联组织县"青年文明号"与镇中学贫困生结成"帮扶对子"；临沂市爱心联合会与黄山40名中小学生结成对子，每人每年资助500元，直至他们初中毕业；上海东岳集团张成云、王秀琳、孟祥刚三位同志，分别与埠西小学3名学生结成对子，进行“一对一”帮扶，每年都来看望学生，为他们买来生活用品和学习用品等；东营欧瑞石油公司也对该镇中心小学20名学生进行了帮扶。

爱心满校园，大爱育和谐。“绝不让一个学生因为贫困而失学”，在黄山铺镇已不是一句空洞的口号，它已化作一种教育大爱，凝聚成一种和谐的育人力量。

真正的教育是个别化的教育。由于每个学生生存的家庭背景和发展起点的不同，有些个别学生在发展的某个领域一时落伍，成为“后进生”。沂水县黄山铺镇对后进生非但没有弃之不理，反而倍爱有加，呵护得法。在教学中实施分层教学、分类指导、因材施教，专门开设了“五点半课堂”“课程超市”，为学生选择适合自己的教育创造条件。在教学方法上，他们积极倡导“赏识教育法”“信心教育法”和小组合作学习。除此之外，有的老师还通过班组串换、“留学”等小策略，为这些学习一时后进的学生找到信心的“支点”。

文化的力量首先是爱的力量。沂水县黄山铺镇的教育工作者用大爱谱写了一曲教育公平的凯歌。他们的成功做法，先后在山东省电视台《山东新闻》栏目和沂水电视台《民生》栏目做了专题报道。2010年3月，共青团中央青年志愿者工作部副部长侯宝森一行专门到该镇调研留守儿童的教育工作，对该镇关爱留守儿童的做法给予了充分肯定。

2. 以文化打造品牌，促进教育的高位均衡

在学校管理中，近年来流传着这样一种说法，“三流学校”管理靠权力，“二流学校”管理靠制度，“一流学校”管理靠文化。黄山铺镇中心校坚持用文化引领学校管理，充分发挥学校文化的育人功能，实现了教学质量与学校管理水平的同步提升。

“学前抓‘启蒙’，小学抓‘养成’，初中抓‘规范’”，黄山铺镇把学校的文化管理和学校的文化建设全面纳入义务教育“三步走”一体化”发展的整体办学规划中，制定了《黄山铺镇中小学校园文化建设中长期实施方案》，并将其贯穿于学校特色化办学的每一个细节。他们在培育学校特色品牌的同时，形成了以初级中学“育人”、中心小学“奋飞”、爱心小学“腾飞”、龙山完小“超越”、小河完小“飞翔”、泉庄完小“希望”、埠西完小“飞跃”等为主题的校园文化品牌。

在学校的文化建设中，他们以“人文校园”建设为抓手，加强对学校文化建设的指导与引领，逐渐形成有利于特色教育的良好氛围，使特色建设成为师生的自觉行为。一是开展“校训、校旗、校徽、校歌”的征集活动，加强对师生的价值认同教育，让师生普遍树立“校荣我荣，校衰我耻”的“一荣俱荣”的价值观念。二是开展“三月四节”活动，“三月”指文明礼貌月、弘扬民族精神月和德育工作者风采展示月；“四节”指读书节、体育节、艺术节、科技节。三是举办教师艺术节。四是开展“校园文化评比”活动。

镇中心小学按照“硬化、净化、亮化、美化、绿化、书香化、德育化”的标准，对育人环境实行分区域按角色设计，让教学区、实验区、运动区、生活区都分别承担起育人的角色。在4180平方米的“奋进”广场上，假山、喷泉等8处景点各自展示着育人的魅力，使这里成为师生晨读 、晚诵、散步、小憩和创新的乐园。“学校处处皆育人，学校人人是教材”。这所学校成为师生日常学习生活“立体育人场”，校园真正达到了著名教育家苏霍姆林斯基所言的“让每一面墙壁都说话”的育人境界。

黄山铺镇初级中学用“教育主题化”策略打造走廊文化，通过在走廊张贴展板、挂图、宣传画等，一个楼层一个主题，对学生进行常规常识、传统文化、科技知识及人生观、世界观的教育。为方便师生阅读，学校在每个年级组设立一个图书室；学生自己组织成立了《飞扬的旋律》校园广播站。另外，还开办了书画社，组建了棋社、乒乓球活动组和两支舞蹈队，为每名学生搭建了展示才艺的大舞台。

随着经济的发展，农民的生活水平日益提高，孩子越来越难教育。尤其农村孩子身上所表现出来的种种问题让家长们苦恼，也让教育工作者感到困惑。“现在的农村已不再是封闭的世界，孩子终究要走向社会，学会与人相处、与人合作。我们在未来需要既和善诚信，又多才多艺；既有中国精神，又有世界眼光的现代人。实现这个目标，就必须创新学校德育工作的思路和方法，切实增强德育工作的针对性和实效性。”张照升校长在总结学校德育工作发言时这样说。

“我个头不高，却能挑起家务的重担，我是好样的。”这是初二年级学生王钊乐的名言。“幸福就是每天都能做好事”，初三女生张红将这句话作为自己照片的注脚。赵玉娇是匡庄完小六年级的学生。她的母亲李明兰说：“女儿过去放学回家，不喜欢做家务，这几年孩子像变了一个人，一放学回家就主动帮我干活。村里人都夸我娃很懂事。”

春风化雨，润物无声。如今，尊老爱幼、崇尚“四德”之风在黄山铺镇悄然兴起，由校园吹到村里，吹遍了这里的村村落落，校园的文明带动了全镇农村的精神文明建设，推动着社会主义新农村建设。由老干部、老教师、老退伍军人等组成的乡村“五老队伍“也积极行动起来，主动承担起了学生思想道德教育的“校外监督员”。曾当过多年小学校长的刘佃修老人激动地说：“我们一直想做而没有做成的事，终于在今天的学校中实现了。”

看到黄山铺镇近年来教育取得的成就，沂水县教体局局长夏同波同志欣喜地说，黄山铺镇的特色教育，犹如一颗璀璨多姿的明珠，有各级党委政府和上级教育行政部门的亲切关怀，有这里一群教育智者的创新努力，蕴含着无限生机，迸发出鲜艳夺目的光芒，她终将会照耀齐鲁大地。

附：校长风采

1. 张照升简历

张照升，男，山东省沂水实验中学校长，正高级教师。先后荣获山东省特级教师、山东省优秀教育工作者、齐鲁名校长、山东省中小学优秀德育工作者、山东省优秀物理教师、山东省中职和中小学深入学习实践科学发展观先进个人、山东省十佳科研创新校长等荣誉称号。主持探索“三导六步课堂教学”模式获部级学科德育精品课程。主持并完成省级以上课题 9 项，有 39 篇论文在省级以上刊物发表，主编、参编著作8部。

2. 办学主张

“有教无类”是中国人的千年夙愿，普及义务教育是中国人的百年梦想。创新办学特色，因材施教，关注每位学生的个性和谐发展，才是教育均衡发展的最高境界。如何把梦想变成现实？均衡发展作为义务教育的重中之重，也是实现民生工程的重要内容。教育均衡发展不是拘泥于硬件的均衡，更要关注深层次的内涵发展。

乡镇区域要把义务教育发展的难点、重点放在农村每所完小建设上，把镇域教育特色化发展作为教育最高层次的发展上。要以创新作为和实践，推行“一校一品”特色办学，以“点评制”和“导师团”策略整体推进区域教育均衡发展，把教育公平的伟大理想向现实拉近一步，实现“人人有学上”到“让人人上好学”的转变。

参考文献

[1] 叶澜．“新基础教育”论 [M]. 北京：教育科学出版社，2014.

[2] 刘铁芳．什么是好的教育 [M]. 北京：高等教育出版社，2014.

[3] 荣发，朱建婷．新生命伦理学 [M]. 上海：华东理工大学出版社，2011.

[4] 何仁富．生命教育引论 [M]. 北京：中国广播电视出版社，2010.

[5] 高平叔．对于新教育之意见 [M]. 北京：中华书局，1984.

[6] 徐明聪．陶行知德育思想 [M]. 合肥：合肥工业大学出版社，2009.

[7] 李中国．科学磨课设计与实践 [M]. 北京：科学出版社，2017.

[8] 梁歆，黄显华．学校改进：理论与实证研究 [M]. 上海：华东师范大学出版社，2010.

[9] 陈丽，李希贵，等．学校组织变革研究：校长的视角 [M]. 北京：教育科学出版社，2013.

[10] 赫尔巴特．赫尔巴特教育论著精选 [M]. 李其龙，译．杭州：浙江教育出版社，2011.

[11] 刘自成．坚持把习近平新时代中国特色社会主义思想落实到教育综合改革全过程 [J]. 人民教育，2017 (22) .

[12] 付辉．中小学班主任制度变革的新进展与前瞻 [J]. 教育学术月刊，2016 (11).

[13] 王祖亮．德育导师制：中小学德育工作的新模式 [J]. 基础教育研究，2014 (2) .

[14] 刘铁芳．走向深度的特色学校建设 [J]. 教育科学研究，2011 (8).

[15] 唐爱民．思想政治课教学的应试困境及破解 [J]. 中国教育学刊，2015(2).

[16] 宋玉良，苗成彦．“立德树人”何以取得实效 [J]. 当代教育科学，2015(7).

[17] 冯刚 . 以问题为导向推进思想政治教育创新发展 [J]. 思想教育研究，2013(6) .

[18] 白新睿 . 学校特色课程建设的价值定位与路径选择 [J]. 教学与管理，2018(1) .

[19] 张旺 . 人的类生命与素质教育 [J]. 教育研究，2010 (8) .

后 记

我是一位热爱教育、热爱学生、热爱生活的人。在从事课堂教学12年之后，被调到教育部门工作，以为能在更大范围内能对教育做出更多贡献。现在回想起来，当时离开课堂、离开那群可爱的孩子的一刻，自己心感不安，久久不能平静。学校、课堂是教育的实验场、基地、土壤。我与学校、我的学生和同伴们结下了深厚的、难舍难分之情。多年来，我一直为素质教育鼓与呼，以自己的微薄之力上下求索，苦苦探求，为的是让更多的孩子接受更好、更高水平的教育，将来能为国家建设做出更多更大贡献。退一步想，自己虽然不能到学校亲自参加办学、亲身实践，虽然多年没能在课堂与学生接触，与学生面对面交流，和老师们一起身体力行，携手推进素质教育实践探索。但是，多年以来仍然不改初心，坚持把自己的思考、理念和对学生的真爱、对教育的情怀，释放出来奉献给教育这份事业，以弥补心中的缺憾。于是，我决意转变自己的思维方式、生活方式，从另一角度探寻心中梦想实现的路径，尽可能多地为素质教育推进工作做点什么，通过以研究的视角发现、挖掘、提炼和推广素质教育典型办学经验，并将这些宝贵的经验汇编成书，以为更多的学校办学提供鲜活的素质教育案例，聊以自慰。

我从“教育的逻辑起点与本真教育回归”“教育内涵发展与办学机制创新”“德育改革与学校整体育人”“特色化办学与人的全面发展”等方面，全面系统地设计著作框架。为了表述方便，聚焦不同的育人主题，我特意截取几个侧面加以概括、提炼，将一些共同的特点和规律性东西挖掘出来，与大家一起分享。

本书撰写坚持马克思主义关于人的全面发展思想为指导，采撷多年来研究、思考学校办学成果，处于内容、体例、篇幅和思想指向等比较一致的思考，从

《人民教育》《中国教育报》《山东教育》等刊物发表的50多篇文章中选取15篇，按四个主题编著而成《追寻真正的教育》，作为素质教育研究的成果结晶。本书按逻辑循序分四个大的板块，每个板块都有导言。每个板块中的每篇文章都能揭示一所学校整体办学的探索，充分体现作者的意图和学校办学体系，可为读者提供更加有益的借鉴和学习榜样。本书可为教师学习之用，也可为教育行政部门推进区域教育特色化发展提供案例。

在本书的写作过程中，得到了校长和老师们的大力支持，为我提供大量案例、素材和场景等，才使著作得以面世。特别感谢姜怀顺、刘同科、李凯、朱文宏、王凤军、张照升、孙卫东、马英勇、李思栋、袁俊会、刘相俊、王良营、刘振华、刘书君、王立华等校长的无私帮助、取得的办学成果和为之付出的心血。同时，在成书过程中，得到长江学者评审专家、临沂大学社科处李中国处长的精心指导，并提供许多有益的理论支撑，在此一并表示衷心感谢。出版社社长、编辑等也为本书出版进行策划、编辑设计等做出了积极努力，在此一并致谢。

由于作者学术水平和学识有限，并受地区的局限性，学校对素质教育认识水平、实践能力等有待提高，加之采写中尽量遵照原型经验，挖掘与提炼程度不够高，著作水平整体不高也就在所难免了。继《国家中长期教育改革和发展规划纲要（2010—2020年）》把“全面实施素质教育”作为教育改革发展的战略主题，党的十九大首次提出“发展素质教育”，说明党和国家持续推进素质教育决心和勇气以及促进人的全面发展的坚定信念。我们相信，基础教育学校只要坚持以素质教育思想为指导，对学校办学体系、课程建设、课堂教学、师资队伍建设等进行文化重构，教育者的教育价值观就一定会发生的改变，学校的人才培养模式就一定会发生根本性变革，我们的学校就会成为更加美丽、更加优质的学校，教育强国的目标一定会实现，富强民主文明和谐美丽的社会主义现代化强国的伟大目标一定会早日实现。

作者

2019年8月